反兴奋剂法律问题专论

ON THE LEGAL ISSUES OF ANTI DOPING

———· 王霁霞◎等著 ·———

中国政法大学出版社

2020·北京

图书在版编目（CIP）数据

反兴奋剂法律问题专论/王霁霞等著. —北京：中国政法大学出版社，2020.4
ISBN 978-7-5620-9543-9

Ⅰ.①反… Ⅱ.①王… Ⅲ.①运动员－兴奋剂－法律－研究 Ⅳ.①D912.16

中国版本图书馆CIP数据核字(2020)第054908号

出 版 者	中国政法大学出版社
地　　址	北京市海淀区西土城路 25 号
邮寄地址	北京 100088 信箱 8034 分箱　邮编 100088
网　　址	http://www.cuplpress.com (网络实名：中国政法大学出版社)
电　　话	010-58908289(编辑部) 58908334(邮购部)
承　　印	北京九州迅驰传媒文化有限公司
开　　本	880mm×1230mm　1/32
印　　张	10.5
字　　数	240 千字
版　　次	2020 年 4 月第 1 版
印　　次	2020 年 4 月第 1 次印刷
定　　价	49.00 元

前　言
PREFACE

　　反兴奋剂管理是体育管理中的核心内容,反兴奋剂法律问题也是体育法中的重要问题。我国政府一直高度重视反兴奋剂工作,早在 1998 年,国家体育总局就针对兴奋剂问题颁发了 1 号令——《关于严格禁止在体育运动中使用兴奋剂行为的规定(暂行)》。2003 年,国务院通过了行政法规《反兴奋剂条例》。这两部法律是我国反兴奋剂工作的基本纲领和原则,也促进了我国反兴奋剂工作的制度化。2006 年 8 月 17 日,国务院正式批准了《反对在体育运动中使用兴奋剂国际公约》。2009 年,作为该公约的附件《世界反兴奋剂条例(2009 版)》开始生效。在国际法与国内法层面,都建构起一套反兴奋剂法律框架与基本规则。2014 年底,国家体育总局《反兴奋剂管理办法》公布出台,标志着具有中国特色的反兴奋剂法律体系形成。2014 年,党的十八届四中全会对全面推进依法治国、加快建设社会主义法治国家作出重大部署,体育领域尤其是反兴奋剂领域的法治化也被提到一个新的历史高度。2019 年 11 月 18 日,我国最高人民法院发布了《关于审理走私、非法经营、非法使用兴奋剂刑事案件适用法律若干问题的解释》,其中明确规定了涉嫌兴奋剂犯罪的定罪量刑法律适用问题,该解释于 2020 年 1 月 1 日起施行。这一最高人民法院的司法解释的出台标志着我国的兴奋剂规制已经进入到刑法规制阶段。在国际体育规则层面,《世界反兴奋剂条例(2009 版)》迄今经历了两次大的修改,分别是 2015 版修改和 2021 版修改,每次修改都标志着国际体育规则发生了深刻的变化。目前正在适用的是《世界反兴奋剂条例(2015 版)》。2019 年 11 月 7 日,《世界反兴奋剂条例(2021 版)》在世界反兴奋剂大会上通过,将于 2021 年 1 月 1 日起施行。同时,与我国运动员有关的国际体育仲裁案件开始大量增加,许多案件成为国际社会关注的案件且影响着重要的体育规则形成。如 2016 年底,国际奥委会和世界反兴奋剂组织对 2008 年奥运会样本进行复检,我国举重运动员刘春红、陈燮霞、曹磊的样本被查出阳性而被取消 2008 年奥运会比赛成绩与金牌。刘春红与曹磊上诉至国际体育仲裁院,形成了备受关注的奥运会复检样本阳性案件。这一案件涉及样本复检规则和禁用清单能否溯及适用等重要法律问题。对国际体育规则进行分析是体育法的组成部分,也是本书研究的内容。2022 年,我国即将举办冬奥会。对国际体育规则的阅读与熟悉成为建设体育强国的重要内容。

　　本书的研究涵盖了四个主要的反兴奋剂法律问题:国际体育仲裁院的兴奋剂案件审理制度与主要规则研究、《世界反兴奋剂条例》的规则及修改研究、职业体育反兴奋剂法律制度研究、兴奋剂纠纷仲裁制度研究。四个研究内容也是近几年本人承担国家体育总局一系列体育法项目的研究成果,其中一部分已经以论文的形式在《天津体育学院学报》《上海体育学院学报》《西安体育学院学报》《体育文化导刊》等期刊上发表,本人也参加了国家体育总局组织的《世界反兴奋剂条例(2015 版)》的翻译工作。

　　体育法一系列课题成果和本书的完成均离不开我近几年所带研究生赵安琪、陈艳、雷雯的共同努力,本书也有部分内容是她们参与撰写。体育法的研究和本书的写作也得到了国家体育总局科教司、政法司、国家体育总局反兴奋剂中心的大力支持和帮助,许多专家也对本书的完善提出了有益的建议,在此一并表示感谢!

　　由于水平有限,研究成果难免有疏漏与不妥之处,欢迎批评指正。

王霁霞

2020 年 2 月

C目录
CONTENTS

第一章

国际体育仲裁院兴奋剂案件审理规则研究

第一节　国际体育仲裁院历史沿革及发展概况

一、研究的意义与已有研究成果

（一）研究的背景与意义

兴奋剂是一种影响竞技体育的重要因素。运动员在比赛中使用兴奋剂的历史最早可以追溯到古希腊时代，而在 20 世纪二战前著名的环法自行车赛中，在运动员中还普遍流行着使用白兰地作为一种饮品来提高自身的运动能力的现象。[1] 现今，为了比赛的公平，兴奋剂的使用已经受到了禁止与严厉的制裁。早在 20 世纪 80 年代，由国际奥林匹克委员会（International O-lympic Committee，简称 IOC 或"国际奥委会"）主导设立的国际体育仲裁院（Court of Arbitration for Sport，简称 CAS）就已经审理了自己的第一起兴奋剂纠纷案件。[2] 随后，国际体育仲裁院逐渐利用兴奋剂案件仲裁权，树立了独立的、权威性质的兴奋剂纠纷仲裁机构的地位。2000 年以来，随着世界反兴奋剂机构（World Anti-Doping Agency，简称 WADA）成立，世界反兴

---

〔1〕　Mclaren R. ,"CAS Doping Jurisprudence: What Can We Learn", *International Sports Law Review*, 2006（1）, pp. 4–22.

〔2〕　国际体育仲裁院于 1983 年成立，并于次年审理了第一起体育纠纷。

奋剂运动跨入了一个新的阶段：从早期主要由国际奥委会推动，到目前发展至由国家、国际国内各体育联合会、赛事主办方等多方参与的，统一整合在《世界反兴奋剂条例》（World Anti-Doping Code，简称 WADC）框架内的新格局。同时，由于赛事的兴奋剂检测，处罚机制的进一步完善，有关兴奋剂纠纷也进一步增多。2000 年以后，国际体育仲裁院仲裁的兴奋剂案件中，上诉主体除了运动员外，还增加了世界反兴奋剂机构。这也表明了世界反兴奋剂机构作为一个国际层面的监督机构，具有对于体育纪律处罚的合法性及合理性的监督权，同时其还建立起了一系列的兴奋剂检测、处罚相关规则。但终究国际层面的兴奋剂领域内几乎所有事实及法律问题都归于国际体育仲裁院管辖，这点也得到了世界反兴奋剂机构的承认。因而有学者论断，国际体育仲裁院正在形成的普遍原则有一天将会被广泛承认继而成为体育法（lex sportiva[1]）。因此通过国际体育仲裁院的兴奋剂案例梳理出仲裁中使用的规则与普遍原则，对于微观层面上运动员个体权利保护与宏观层面上我国反兴奋剂事业发展都具有重要的意义。

（二）已有研究成果综述

国际体育仲裁院作为专门的体育纠纷仲裁机构，仲裁案件类型广泛，内容专业：从普通的体育商事纠纷到专业的兴奋剂案件上诉仲裁。观之目前国内外对国际体育仲裁院案例法的研究，主要存在两种视角：国际法视角与体育法视角。就此，本书将国内外相关文献按照不同视角、不同问题分类综述如下：

---

〔1〕 Allan Erbsen, *The Substance and Illusion of Lex Sportiva*, in the Court of Arbitration for Sport 1984-2004, Hague：T. M. C. Asser Press，2005，p. 452.

1. 国际法视角相关综述

（1）国际体育仲裁院的仲裁特点。第一，独立与公正。国内外学者一致认为国际体育仲裁院是一个独立于国际奥委会及各个体育单项联合会的独立仲裁机构，其仲裁具有很强的独立性与公正性。如黄世席的《国际体育仲裁制度研究》[1]《奥运会争议仲裁发展浅析》[2]，麦凯伦的《国际体育仲裁院：独立处理世界体育争议的方式》[3]，考夫曼的《国际体育仲裁中的若干问题》[4]，拉贝尔的《奥林匹克体育争议的解决：国际体育仲裁院》[5]；有的学者通过案例评述的方式，也对国际体育仲裁院独立于国际奥委会的地位做出了相关评价，如郭树理、肖伟志的《体育纠纷的法律解决——国际体育界若干著名案例探讨》[6]《CAS 体育仲裁若干问题探讨》[7]，再如陈华栋、黄世席在《都灵冬奥会 CAS 临时仲裁裁决评述》一文中，针对国际体育仲裁院临时仲裁机构所作裁决，认为国际体育仲裁院以其仲裁案件彰显了自身的公平与独立。[8]

另外关于国际体育仲裁院的机构独立性问题还牵涉到仲裁

---

〔1〕 黄世席：《国际体育仲裁制度研究》，武汉大学 2004 年博士学位论文。

〔2〕 黄世席："奥运会争议仲裁发展浅析"，载《山东体育学院学报》2007 年第 4 期。

〔3〕 Richard H. McLaren, "The Court of Arbitration for Sport: An Independent Arena for the World's Sports Dispute", *Valparaiso University Law Review*, Vol. 35, Issue 2（Spring 2001）, pp. 379-406.

〔4〕 Stephen A. Kaufman, "Issues in International Sports Arbitration", *Boston University International Law Journal*, Vol. 13, Issue 2（Fall 1995）, pp. 527-550.

〔5〕 Nancy K. Raber, "Dispute Resolution in Olympic Sports: The Court of Arbitration for Sports", *Seton Hall Journal of Sport Law*, 1998（01）, pp. 91-92.

〔6〕 郭树理等："体育纠纷的法律解决——国际体育界若干著名案例探讨"，载《体育文化导刊》2003 年第 7 期。

〔7〕 郭树理："CAS 体育仲裁若干问题探讨"，载《比较法研究》2004 年第 5 期。

〔8〕 陈华栋、黄世席："都灵冬奥会 CAS 临时仲裁裁决评述"，载《首都体育学院学报》2007 年第 4 期。

员与独立专家等相关领域，关于这些方面，尹雪萍在《国际体育仲裁中指定仲裁员的独立性与公正性——以 Alejandro Valverde 兴奋剂案为视角》一文中指出由于体育兴奋剂纠纷所具有的专业性与复杂性，指定的仲裁员一般较容易同一方当事人关系密切，但是不能因为体育仲裁的自身特殊性就对指定仲裁员的独立性产生怀疑，作者还在文章中引用国际体育仲裁院所在地瑞士法院对此的看法，认为国际体育仲裁院能够保证指定仲裁员的独立性与公正性。[1] 专家证据制度方面，郭树理等在《论兴奋剂案件中双方的专家证据力量之平衡——以国际体育仲裁院专家证据制度为视角》一文中提到国际体育仲裁院庭审当中由于双方专家能力不平衡导致的专家证据的严重不平衡性问题。[2] 总之，国内学者多从国际法角度出发，结合著名案例的分析，普遍认同国际体育仲裁院所具有的独立性与公正性。国外学者多从国际体育仲裁院同其设立者国际奥委会关系的流变出发，结合国际体育仲裁院的改革，对其公正性及独立性做出了自身的评断。一方面，公正性与独立性得到了国外学者的广泛认同，另一方面，国外的学者也从国际体育仲裁院案件判决公开范围小及其同国际奥委会"剪不断理还乱"的错综复杂关系，仍然对其判决的一致性与独立公正性提出了质疑。如尼尔森（Nelson）对国际体育仲裁院受到国际奥委会的影响进行了分析。[3]

---

〔1〕 尹雪萍："国际体育仲裁中指定仲裁员的独立性与公正性——以 Alejandro Valverde 兴奋剂案为视角"，载《天津体育学院学报》2011 年第 3 期。

〔2〕 郭树理等："论兴奋剂案件中双方的专家证据力量之平衡——以国际体育仲裁院专家证据制度为视角"，载《法学评论》2012 年第 1 期。

〔3〕 Marica B. Nelson, "Stuck between Interlocking Rings: Efforts to Resolve the Conflicting Demands Placed on Olympic National Governing Bodies", *Vanderbilt Journal of Transnational Law*, Vol. 26, Issue 4 (November 1993), pp. 895–926.

第二，高效与廉价。国际体育仲裁院的仲裁特点，除去独立公正以外，国外学界还普遍认为，其同国内诉讼相比具有快捷、高效与廉价的特点。此方面主要论述有波尔维诺（Polvino）等人关于国际体育仲裁院争议解决方式与成果的论述。[1]

（2）国际体育仲裁院仲裁管辖权。对于国际体育仲裁院仲裁管辖权问题，国内学者多关注传统的赛事主办方国际奥委会等框架下的管辖权问题。如黄世席的《国际体育仲裁院上诉仲裁制度浅析》[2]《国际体育争端及其解决方式初探》[3]《国际体育仲裁管辖权的新发展》[4]。但亦有学者对其按照仲裁协议类型进行归纳，认为仲裁管辖权来自于：①强制管辖（主要是奥林匹克宪章）；②协议管辖（国际体育单项联合会承诺）；③自愿的仲裁契约协议。如杨波等《国际体育仲裁制度探析》[5]。

（3）国际体育仲裁与国内法关系。与一般的商事仲裁一样，国际体育仲裁院的仲裁结果也可以通过向法院起诉获得救济。但无论是国际体育仲裁院还是国际体育仲裁院临时仲裁机构（*Ad Hoc* Division，简称 AHD）的仲裁结果的诉讼管辖权都归于国际体育仲裁院所在地瑞士法院，适用瑞士法律管辖。这方面研究有黄世席的《国际体育仲裁裁决的撤销》，郭树理的《北京奥运体育仲裁的理论与实践》《多元的体育纠纷及其救济机制的多元化》以及张淼的《国际体育仲裁院奥运会临时仲裁庭的管

---

〔1〕　Anthony T. Polvino, "Arbitration as Preventative Medicine for Olympic Ailments: The International Olympic Committee's Court of Court of Arbitration for Sport and the Future for the Settlement of International Sporting Disputes", *Emory International Law Review*, Vol. 8, Issue 1 (Spring 1994), pp. 347–382.

〔2〕　黄世席："国际体育仲裁院上诉仲裁制度浅析"，载《社会科学》2005 年第 6 期。

〔3〕　黄世席："国际体育争端及其解决方式初探"，载《法商研究》2003 年第 1 期。

〔4〕　黄世席："国际体育仲裁管辖权的新发展"，载《体育与科学》2011 年第 5 期。

〔5〕　杨波等："国际体育仲裁制度探析"，载《成都体育学院学报》2003 年第 5 期。

辖权研究》等。

2. 国际体育法视角

国际体育法（*Lex sportiva*）[1]视角下，国外学者普遍认为，国际体育仲裁院的案例正在不断地形塑着国际体育法的一般规则与原则，即国际体育仲裁院通过案例的形式形成了一整套关于国际体育法的理论。如纳夫齐格（James Nafziger）教授在《国际体育法》一书中论述其观察到国际体育仲裁院的仲裁裁决"对后来的案件提供了指引，强烈地影响了后来的仲裁裁决，以及经常起到先例的作用"，这些都加强并帮助"建立起了国际体育法的规则和原则"[2]。凯恩（Darren Kane）在《国际体育仲裁院二十年发展回顾》一文中讨论了国际体育法规则以及特别讨论了国际体育仲裁院对于发展这些规则所起到的作用。[3]埃尔布森（Allan Erbsen）在《国际体育法的实质与幻象》一文中指出国际体育仲裁院不但创造了国际体育法而且还依靠情形创设了四种类型的不同的法律（Law），特别是国际体育仲裁院可能成为规则的创设者与规则的来源，规范并构造出对于（体育纪律处罚主体）自由裁量权的外在限制。对于解释有冲突的或不确定的规定，国际体育仲裁院将是普通法解释（Common Law Interpretation）的提供者，弥补规定与事实之间的缝隙，是普通

---

〔1〕 "*Lex sportive*"最早出现在由马泰修·里布（Mattehieu Reeb）主编的 CAS 1986–1998 案例集当中。参见 Mattehieu Reeb, *The Court of Arbitration for Sport*: 1984–2004, Hague: T. M. C. Asser Press, 2006. 为避免与国内体育法相混淆，故在此翻译为国际体育法。

〔2〕 James A. R. Nafziger, *International Sports Law*, 2nd ed., New York: Transnational Publishers, Inc., 2004.

〔3〕 Darren Kane, "Twenty Years On: An Evaluation of the Court of Arbitration for Sport", *Melbourne Journal of International Law*, 2003（2）.

法的创设者。[1]

3. 国内体育法视角

众多的国内学者在研究国际体育仲裁院的案例时几乎都抱着依照国际体育仲裁院建构我国的体育仲裁机构及制度的目的。国内学者的论述多集中在体育仲裁机构设置、体育仲裁理论与规则方面。如黄世席的《国际体育仲裁制度研究》[2]、郭树理的《国际奥委会体育仲裁院体育仲裁制度述评》[3]、刘想树的《国际体育仲裁制度研究》[4]等。

4. 目前研究状况总结

就目前研究状况来看，学界关于国际体育仲裁院的研究主要从两个视角入手研究，其符合国际体育仲裁院国际仲裁与体育纠纷仲裁的机构性质。但是仅就兴奋剂类型纠纷的专门研究还十分缺乏。关于兴奋剂案件审理规则方面比较系统的研究主要来自宋彬龄的《论兴奋剂案件中过错程度的证明》等关于国际体育仲裁院兴奋剂案件的研究，[5]涉及部分案件审理规则。国外的研究内容多集中在国际体育仲裁院本身如其独立性等特点、国际体育仲裁院案例的先例性等方面，但是对于兴奋剂案件亦少有学者单独地集中研究。尤其是，在目前世界反兴奋剂机构主导下世界反兴奋剂格局不断加强的情况下，对于更多更广泛的主体参与下的兴奋剂案例法研究还显现出种种不足。另

---

〔1〕　Erbsen A., "The Substance and Illusion of Lex Sportiva", in Siekmann R., Soek J. (eds), *Lex Sportiva*: *What is Sports Law*? ASSER International Sports Law Series, Hague: T. M. C. Asser Press, 2012, pp. 91–108.

〔2〕　黄世席：《国际体育仲裁制度研究》，武汉大学 2004 年博士学位论文。

〔3〕　郭树理："国际奥委会体育仲裁院体育仲裁制度述评"，载《仲裁与法律》2002年第 4 期。

〔4〕　刘想树主编：《国际体育仲裁研究》，法律出版社 2010 年版。

〔5〕　宋彬龄："论兴奋剂案件中过错程度的证明"，载《体育科学》2012 年第 7 期。

外，国际体育仲裁院的仲裁裁决本身具有先例的作用。今后对于国际体育仲裁院的研究应当是以仲裁裁决文本为基本出发点，在梳理仲裁裁决的基础上结合国际法与体育法，总结国际体育仲裁院兴奋剂案例法当中包含的一般规则与普遍原则，这是可行可为的第一步。

二、国际反兴奋剂运动及相关机构

（一）国际反兴奋剂运动与世界反兴奋剂机构

虽然使用酒精、药物等以提升运动表现的做法自古希腊时代已经出现，但是现代意义上的兴奋剂的产生以及反对在赛场使用兴奋剂都同奥林匹克运动密切相关。1967 年，国际奥委会反兴奋剂规则发布并于次年的墨西哥奥运会生效，这是现代意义上的反兴奋剂运动的发端。[1] 而引发国际奥委会反兴奋剂规则的颁布是 1967 年环法自行车赛中黄衫领骑者辛普森（Tommy Simpson）的猝死事件。[2] 1968 年，国际奥委会反兴奋剂规则生效后，墨西哥奥运会男子 200 米金牌与铜牌得主史密斯（Tommie Smith）与卡洛斯（John Carlos）就因为兴奋剂检测呈阳性而被处以禁赛终生的处罚。自此国际奥委会作为奥运会的主办方，一直都是国际反兴奋剂运动的主要推动者和参与者。但在 1999 年盐湖城冬奥会贿赂丑闻后，国际奥委会自身的独立与权威性受到了广泛的质疑。因此国际奥委会于 1999 年成立了独立的机构，即世界反兴奋剂机构来负责全球范围内赛场反兴奋剂运动

---

〔1〕 之所以将此立为发端主要是考虑到规则的明确性、兴奋剂测试规则的完善性与处罚规则的有效性。而此前的一些行会（如国际田联等）的规则都停留在文本上，没有确切的测试办法，亦没有产生处罚。

〔2〕 二战后英国最著名的公路自行车运动员，于 1968 年猝死于环法公开赛第 13 赛段。

的推广。

1. 世界反兴奋剂机构的产生与发展

世界反兴奋剂机构最早于国际奥委会的支持下成立于 1999 年，其作为一个独立于国际奥委会的机构，宗旨是在全球范围内领导由各方广泛合作的保证运动赛场零兴奋剂使用的运动（战斗）。在此宗旨下，以《世界反兴奋剂条例》和联合国教科文组织的《反对在体育运动中使用兴奋剂国际公约》为法律框架，世界反兴奋剂机构设立了多个项目引领世界反兴奋剂运动的开展。值得注意的是，目前通过《世界反兴奋剂条例》，将包括国际奥委会、各个国际单项体育联合会（International Sports Federations，简称 ISF 或 "国际单项体育协会"）和各个签约国政府在内的主体联合起来，达成了一个全球范围内的联动的反兴奋剂联盟（Anti-Doping Community）。目前，世界反兴奋剂机构还致力于加强其与世界海关组织的合作，完成旨在 "追踪兴奋剂案件中的犯罪源头，严厉打击向体育界提供违禁药物的非法组织和个人" 的赛场外反兴奋剂行动。

同样，随着我国成为《世界反兴奋剂条例》的签署国，中国反兴奋剂中心也建立起来，在国内发挥着反兴奋剂监督教育的重要作用。目前所有《世界反兴奋剂条例》签约国都已建立了自己的反兴奋剂机构，履行着《世界反兴奋剂条例》中的政府责任，成了本国打击兴奋剂维护赛场公平的中坚力量。

2. 世界反兴奋剂机构框架内的反兴奋剂义务主体

通过签署《世界反兴奋剂条例》，世界反兴奋剂机构构建起了一个广泛主体参与的世界反兴奋剂联盟（Anti-Doping Community）。其主体包括运动员、国际单项体育协会、国家反兴奋剂组织、地域反兴奋剂组织、国际奥委会、残奥会委员会

（NOC）、重大赛事主办方、政府、反兴奋剂实验室以及国际体育仲裁院。其中政府主体来自联合国教科文组织《反对在体育运动中使用兴奋剂国际公约》签署国；反兴奋剂实验室是接受世界反兴奋剂机构认证的，负责兴奋剂检测的独立检测方；国际体育仲裁院是获得《世界反兴奋剂条例》承认的具有管辖兴奋剂纠纷仲裁的最高类司法机构。

世界反兴奋剂机构在世界反兴奋剂运动中主要是推动者、协调者与监督者。反兴奋剂联盟框架内的反兴奋剂义务主体可以分为政府与机构两类，其中义务主体当中排除仲裁方国际体育仲裁院与检测方实验室，这两者在组织性质上应当与世界反兴奋剂机构相互独立。这些义务主体有义务遵守世界反兴奋剂机构制定的反兴奋剂程序和实体规则，并享有对兴奋剂违规运动员及其他当事人的体育纪律处罚权。详细如下图：

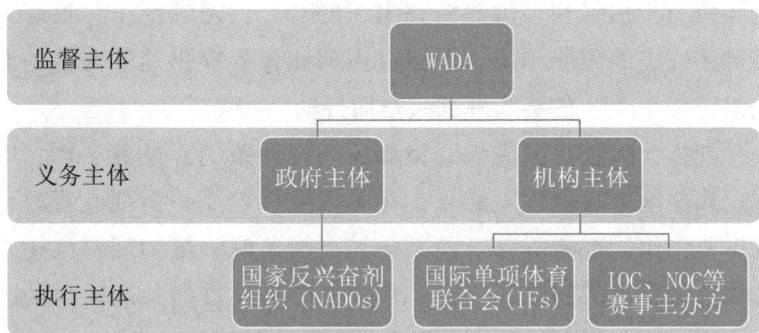

3. 世界反兴奋剂机构的监督途径

如前文所述，世界反兴奋剂机构除了协调推动国际层面的反兴奋剂运动外，其主要职责是监督《世界反兴奋剂条例》义务主体的反兴奋剂活动。总结来看，世界反兴奋剂机构的监督途径基本有两种：

（1）规则监督。根据《世界反兴奋剂条例》的规定，世界反兴奋剂机构及其执委会可以适时修改规则。如此，通过规则的制定来达到对义务主体监督的方式，可以认为是世界反兴奋剂机构监督模式中主要的一种，即规则监督。《世界反兴奋剂条例》2009版在世界反兴奋剂规划部分指出："世界反兴奋剂规划涵盖为确保国际和国家反兴奋剂规划的高度协调一致和最佳实施所必需的所有文件。"2009版与2015版《世界反兴奋剂条例》均将世界反兴奋剂规划分为三个层次两种类别：第一层次是《世界反兴奋剂条例》本身，第二层次即国际标准（International Stands），这两个层次的规范构成了约束义务主体的强制性规范。第三层次是最佳实施模式及指南，这部分没有强制效力，属于世界反兴奋剂机构推荐规则。其中国际标准类规则明确规定了禁药与禁用方法列表，国际检测标准（International Standard of Test，简称IST），国际实验室标准（International Standard of Laboratory，简称ISL）等规范，对从兴奋剂的定义到检测乃至到实验室认定等全过程进行监督。2021版《世界反兴奋剂条例》在规则体系方面，增加了反兴奋剂教育国际标准和结果管理国际标准等。这些规则与第一层级《世界反兴奋剂条例》规定的签约方责任、具体处罚规则等规范一起构成了世界反兴奋剂机构完整的规则监督体系。

（2）实体监督。实体监督是指世界反兴奋剂机构依靠自身机构设置对具体的兴奋剂纠纷进行的监督，其中又分为实验室认证监督和上诉人监督。

实验室质量控制是世界反兴奋剂机构的一种特有的监督方式，是指世界反兴奋剂机构根据自身规则对符合条件的兴奋剂检测实验室进行的认证活动，并通过不断地检查等程序对实验室资格进行维持或者吊销。所有实验室认证资格条件由世界反兴奋剂机构公布，并由其负责对实验室资格的审核与监控。实验室作为独立的检测方，其本身亦受到规范监督与认证监督两种方式的监督，如实验室必须根据世界反兴奋剂机构发布的规范确定检测结果是否为阳性，在检测过程中必须严格遵守国际检测标准等世界反兴奋剂机构发布的规则。

上诉人监督是指世界反兴奋剂机构享有上诉人资格，有权向国际体育仲裁院提起兴奋剂纠纷上诉仲裁。这种监督方式，一般发生在世界反兴奋剂机构针对兴奋剂处罚决定，认为处罚方对运动员进行的处罚不适当的情况下提出，被诉方是一般是处罚权人或受处罚者。上诉人监督是一种直接的针对兴奋剂处罚个案的监督，与宏观的规则监督不同，是一种微观的直接监督。

世界反兴奋剂机构的监督途径总结如下图：

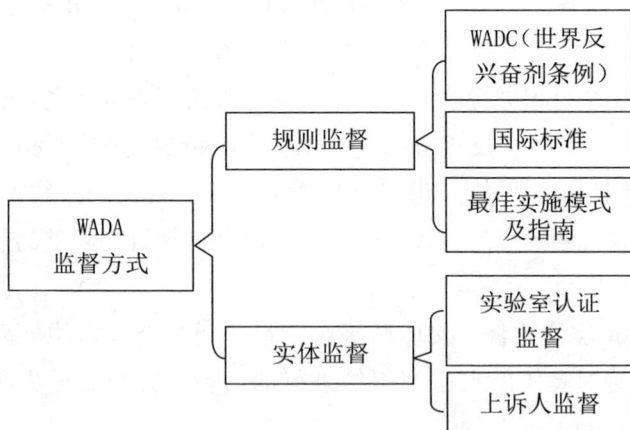

（二）国际体育仲裁院

1. 国际体育仲裁院的成立

在兴奋剂纠纷不断增多的背景下，国际体育仲裁院承担了定分止争的终局裁判者的角色。国际体育仲裁院最早由国际奥委会于1983年设立。国际体育仲裁院成立的目标是解决与运动相关的纠纷。其裁决的纠纷范围非常广泛，从赞助商一类的体育商业纠纷到各种体育协会之间的关系等。

2. 国际体育仲裁院的发展

国际体育仲裁院的发展学界一般划分为两个阶段，即以1993年国际仲裁体育委员会（The International Council of Arbitration for Sport，简称ICAS）的成立为标志分为两段。国际仲裁体育委员会成立源于一起寻求司法救济的仲裁案件，即瑞士联邦法院受理的甘德尔诉国际体育仲裁院案件。最终瑞士联邦法院虽然裁定维持了国际体育仲裁院的裁决，并认为国际体育仲裁院是一个"真正独立的仲裁机构"[1]，但是其在裁判同时制作的一份关于国际奥委会与国际体育仲裁院之间紧密联系的报告，指出了国际体育仲裁院与国际奥委会组织与经济上的联系，如国际奥委会在修改国际体育仲裁院章程、提供经费、人事任命上的众多权力，暗示了国际体育仲裁院缺乏独立性的隐忧[2]。此后国际奥委会主导并通过签署巴黎协定的方式，将国际体育仲裁院的财政行政责任与控制权转移给国际仲裁体育委员会，国际仲裁体育委员会正式成立。自此国际体育仲裁院正式摆脱了国际奥委会的从属地位，并通过一系列改革使得其独立性得

---

〔1〕　G v. Federation Equestrian Internationle（1993）1 Digest of CAS Awards 561, 568-569.

〔2〕　G v. Federation Equestrian Internationle（1993）1 Digest of CAS Awards 561, 569-570.

到了广泛地承认与认可，后来国际体育仲裁院在几件国际奥委会作为被上诉人的重要案件中，通过公正的仲裁，显示出了其不同于以前的独立性。国际仲裁体育委员会成立前的阶段统称为国际体育仲裁院改革前阶段。

在改革后，国际体育仲裁院创立了它的分部与临时仲裁机构，进行了一次重大的结构扩张。目前为止，国际体育仲裁院分别在澳大利亚悉尼与美国纽约设有两个国际体育仲裁院办事处并根据奥林匹克宪章中的临时仲裁机构条款获得仲裁授权，2012 年在上海设立听证中心；同时，每届奥运会成立奥运地临时仲裁庭（Ad Hoc Division，简称 AHD）来对相关纠纷进行仲裁。

3. 国际体育仲裁院的新发展

世界反兴奋剂机构成立后，随着国际层面的反兴奋剂运动的发展，国际体育仲裁院也出现了一些新变化。如国际体育仲裁院受理仲裁的上诉人为世界反兴奋剂机构的新类型兴奋剂纠纷，再如通过世界反兴奋剂机构的规则监督、实体监督两个方式，几乎所有兴奋剂纠纷案件中实体与程序性规则都必须采用世界反兴奋剂机构制定的规则，这构成了国际体育仲裁院在兴奋剂纠纷上诉审查仲裁中的主要依据规范。这一阶段是一种不同于以往的新的发展阶段。虽然此阶段对国际体育仲裁院机构本身而言没有什么重大变化，但是对于实体裁判规则方面，世界反兴奋剂机构的崛起与不断地发展无疑给国际体育仲裁院仲裁的兴奋剂案件带来了新的变化。故本书认为应该将 2004 年世界反兴奋剂机构成立后至今归为国际体育仲裁院兴奋剂案例纠纷发展的第三个阶段。

（三）国际体育兴奋剂控制机构与国际体育仲裁院

在此，根据国际反兴奋剂运动当中不同机构的性质职能，本书将世界反兴奋剂机构、《世界反兴奋剂条例》框架内义务主体方划归为国际体育兴奋剂控制机构；国际体育仲裁院为国际体育兴奋剂纠纷的解决机构。

1. 国际体育兴奋剂控制机构内部关系

如同前述，国际体育兴奋剂控制机构概念主体多元，既有非政府组织（Non-governmental organization，简称NGO）类型的国际单项体育协会、重大赛事主办方、国际奥委会，又有政府类型的各国国家反兴奋剂组织（NADOs）。这部分机构范围可以等同于《世界反兴奋剂条例》反兴奋剂联盟的义务主体范围。另外一些拥有兴奋剂处罚权但又未加入《世界反兴奋剂条例》的机构也同属国际体育兴奋剂控制机构。国际体育兴奋剂控制机构的首要特点是享有兴奋剂处罚权，其次具有兴奋剂处罚监督权，另外，根据相关协议可以成为国际体育仲裁院兴奋剂纠纷案件的一方当事人。其中处罚权与监督权可以不同时具备，如世界反兴奋剂机构享有的只是处罚监督权，并不直接对违规者进行处罚。根据机构行使职能的不同，本书将国际体育兴奋剂控制机构划为两种：一种是享有兴奋剂直接处罚权的机构，它们的特点是可以直接根据各自内部规则对运动员及其他当事人作出体育纪律处罚；另一种是享有监督权的机构主体，主要包括世界反兴奋剂机构及各国国家反兴奋剂组织。这部分主体的职责是监督国际及国内层面的反兴奋剂运动，并且具有自己独特的规则及实体监督方式。

2. 国际兴奋剂控制机构与国际体育仲裁院的关系

国际体育仲裁院一直以来在国际兴奋剂运动中扮演着终局仲裁者的角色。虽然其具有国际商事仲裁的特性，但是根据相关的协议[1]，国际兴奋剂纠纷最终会归于国际体育仲裁院仲裁。
国际兴奋剂控制机构与国际体育仲裁院的关系就体现在仲裁的
当事人关系中，即国际体育仲裁院仲裁的兴奋剂案件中，国际
兴奋剂控制机构是通过上诉被诉纳入国际体育仲裁院仲裁体系
当中的，并通过仲裁结果进一步加强或修正对于兴奋剂的管控。
一般而言，国际体育仲裁院仲裁结果具有很强的公正性及独立
性，不会被司法权撤销。[2] 根据仲裁纠纷当事人的不同类型，
国际体育仲裁院的兴奋剂案件一般可以分为两类：一般类型与
世界反兴奋剂机构上诉人类型。如下图所示：

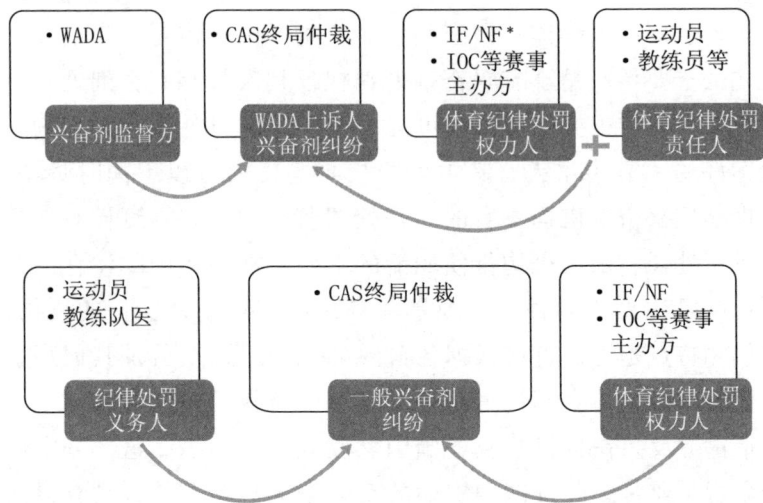

---

　　〔1〕　主要指《世界反兴奋剂条例》与国际奥委会相关协议。

　　〔2〕　CAS 的仲裁一般不会被瑞士法院撤销，但是仍然存在，有关研究参见黄世席：
"国际体育仲裁裁决的撤销"，载《天津体育学院学报》2011 年第 5 期。

　　＊　IF（International Federation）是指国际单项体育联合会；NF（National Federation）
是指国内单项体育联合会。

第二节 国际体育仲裁院兴奋剂案件仲裁规则

一、国际体育仲裁院兴奋剂案件仲裁程序规则

本部分内容以分析国际体育仲裁院仲裁兴奋剂案例为基础，梳理出国际体育仲裁院兴奋剂案件仲裁中的程序规则，具体而言包括管辖权、审查标准、仲裁程序、证据规则、裁决执行与救济五部分。

（一）管辖权

国际体育仲裁院的体育纠纷仲裁管辖权权源多元，根据不同的类型，有学者将其总结为三种：强制管辖、协议管辖（国际体育单项联合会承诺）、自愿的仲裁契约协议。[1] 总体而言，国际体育仲裁院的仲裁管辖权是建立在仲裁当事人双方合意的基础上。根据国际体育仲裁院自身的规定即《国际体育仲裁委员会与体育仲裁院章程及规则》（在仲裁裁决中简称 CAS CODE 或 THE CODE，即《国际体育仲裁院仲裁规则》[2]）第 S1 条规定："仲裁只有在所涉体育机构的章程或规章中，或在一份具体的协议中……将纠纷交由国际体育仲裁院仲裁，国际体育仲裁院才能享有管辖权。"故任何有能力实施法律行为的自然人和法人都可以就国际体育仲裁院受理的纠纷向其寻求仲裁民事救济。这些主体包括：国际单项体育协会、体育协会、体育组织委员会等。具体而言，根据国际体育仲裁院的自身机构设置，国际

---

〔1〕 杨波等："国际体育仲裁制度探析"，载《成都体育学院学报》2003 年第 5 期。

〔2〕 这两种简称来源于案件裁判仲裁文本中对于该规则的称谓，CAS 仲裁小组一般在仲裁书中将其称谓 THE CODE 或 CAS CODE。CAS CODE 最新的版本于 2019 年 1 月 1 日生效，如无特别说明，本书中的 CAS CODE 均指最新版本。最新版本内容可参见 https：//www.tas-cas.org/fileadmin/user_upload/Code_2019_en_.pdf.

体育仲裁院兴奋剂案件纠纷的管辖权权源分为两类：国际体育仲裁院临时仲裁机构的管辖权，国际体育仲裁院一般机构的管辖权。

1. 国际体育仲裁院临时仲裁机构的管辖权

根据《国际体育仲裁院仲裁规则》第 S6 条第 2 款第 9 项规定，如果国际仲裁体育委员会"认为合适"，可以为国际体育仲裁院设立永久性或临时性的分支机构（*Ad Hoc* Division，简称 AHD）。根据国际体育仲裁院内部章程设置的临时性机构，在实际中大多是为大型国际体育赛事服务的仲裁分支机构。尽管国际体育仲裁院也为英联邦运动会、世界杯等重大国际比赛设立临时仲裁机构，但目前国际体育仲裁院临时仲裁机构仲裁的案件，其全部为奥运会临时仲裁案件，故本部分以奥运会临时仲裁管辖权作为讨论界限。

（1）奥运会临时仲裁庭（AHD）管辖权权源与特点。

奥运会临时仲裁庭（AHD）的管辖权的权源实质上是来自于《奥林匹克宪章》（Olympic Charter，简称 OC）的规定。《奥林匹克宪章》第 74 条规定："在奥运会举办期间发生的或者与奥运会有关的任何争议，须按照《体育仲裁规则》的有关规定，提请国际体育仲裁院独家仲裁。"这条规定源于 1995 年国际奥委会对于《奥林匹克宪章》的修改。随后 1996 年亚特兰大奥运会上，国际体育仲裁院就设立了专门的奥运会临时仲裁机构来处理奥运会期间发生的所有纠纷。奥运会临时仲裁庭的管辖权具有强制性，对于所有参加奥运会的主体都适用。形式上，奥运会临时仲裁庭的管辖权直接来源于参加奥运会的运动员签署的报名表，报名表中包含了《奥林匹克宪章》第 74 条所述的仲裁协议条款。以亚特兰大奥运会的报名表为例，其规定依照国际体育仲裁委员会的程序，任何纠纷都必须提交国际体育仲裁院，接受其"仲裁的终局性和约束力"。

奥运会临时仲裁庭的管辖权具有一级管辖及强制性的特点。所谓的一级管辖是同其他领域反兴奋剂案件的仲裁管辖级别相区分的。兴奋剂案件救济方式中，除了国际体育仲裁院仲裁外还有其他主体的仲裁，如美国国家仲裁协会（American Arbitration Association，简称 AAA）对于美国境内兴奋剂仲裁的管辖。在提请国际体育仲裁院仲裁前，强调穷尽内部救济。但奥运会临时仲裁庭根据《奥林匹克宪章》获得专门仲裁权，对发生在奥运会期间的兴奋剂纠纷案件具有管辖权，不必经过其他内部仲裁程序，在仲裁级别上属于一级管辖。事实上奥运会临时仲裁庭的管辖权对参加奥运会运动员具有强制性，这种强制性规则来自于《奥林匹克宪章》，并在《奥林匹克运动会仲裁规则》[1]中得到了进一步确认与解释。其法理上源于"奥林匹克运动会是国际奥委会的专有财产"[2]，即国际奥委会对奥林匹克运动这一庞大稀有资源的实际控制权和最高决定权。有学者是这样描述运动员如何面对强制性仲裁条款："①签署合同，遵循合同中仲裁条款的规定，参加国家奥林匹克队的选拔；②拒绝签署合同，通过电视观看奥运会。"[3]

（2）奥运会临时仲裁庭管辖权限制。

对于奥运会临时仲裁庭管辖权限制，主要有两个方面：一方面是争议发生时间上的限制，现行的《奥林匹克运动会仲裁规则》将这个时间区间限定为奥运会开幕前十天至当届奥运会闭幕；另一方面是争议主体上的限制，现行的《奥林匹克运动

---

〔1〕　2003 年 10 月 14 日，在印度新德里通过了《奥林匹克运动会仲裁规则》。

〔2〕　参见《奥林匹克宪章》（2004 年修订版）第 7 条。

〔3〕　Stephen A. Kaufman, "Issues in International Sports Arbitration", *Boston University International Law Journal*, Vol. 13, Issue 2 (Fall 1995), pp. 527-550.

会仲裁规则》将这个主体空间限定为与奥运会有实际联系的一切组织和个人。以长野冬奥会上两个案件为例，第一个案例是卡斯法瑞克诉德国速滑协会，在该案中奥运会临时仲裁庭声明："它处理产生于或有关于奥运会的纠纷时，管辖权是受限的；对于没有明显违反《奥林匹克宪章》或其他可使用规则的请求，奥运会临时仲裁庭是无权在奥运会上进行仲裁的。"另一件是斯蒂尔（Steele）案，在该案中国际体育仲裁院认为上诉人斯蒂尔非参加奥运会运动员，无权将争议提交奥运会临时仲裁庭仲裁。[1]

2. 国际体育仲裁院一般仲裁机构的管辖权

（1）权源。

通过对国际体育仲裁院兴奋剂案例仲裁裁决书的文本分析，本书发现国际体育仲裁院个案仲裁小组在厘清案件管辖权时分为两部分：一部分是《国际体育仲裁院仲裁规则》，另一部分是仲裁案件双方当事人所属协会承认的仲裁规则。以切帕洛娃（Chepalova）与国际雪联的仲裁案（Yuliya Chepalova v. FIS）为例，[2]仲裁裁决首先援引《国际体育仲裁院仲裁规则》[3]，提出个案中管辖权的内部依据，其次将会援引仲裁案件双方当事人所属的协会组织承认的国际体育仲裁院管辖的规则。具体依据《国际体育仲裁院仲裁规则》第 R47 条："当事人可以就纪律委员会或联合会、协会或体育组织的类似机构所作的决定提出

─────────

〔1〕 Richard H. Mclaren, "International Sports Law Perspective: Introducing the Court of Arbitration for Sports: The ad hoc Division at the Olympic Games", *Marquette Sports Law Review*, Vol. 12, Issue 1 (Fall 2001), pp. 515-542.

〔2〕 CAS 2010/A/2041 Yuliya Chepalova v. FIS, Arbitral Award, paras. 60, 61.

〔3〕 该规则自 1994 年制定后经过多次修改，目前最新的版本为 2019 年 1 月 1 日生效版本，内容可参见 https://www.tas-cas.org/fileadmin/user_upload/Code_2019__en_.pdf，下同。

上诉，只要前述体育机构的章程或条例如此规定或当事人达成特别仲裁协议且上诉人在上诉前已根据前述章程或条例竭尽其可用的法律救济。"另外管辖权还出现在第 S12 条"仲裁庭责任"中的描述："通过上诉仲裁程序解决争议（包括有关兴奋剂争议），该类争议有关于纪律委员会或者联合会、协会或其他体育组织的类似机构的决定，但是上述体育组织的章程或条例或特殊协议须有此规定。"可以看出，无论是文本现实还是规则现实，国际体育仲裁院管辖权都指向了体育组织的章程或条例的承认。以具体案件为例，在切帕洛娃诉国际滑雪联合会案中，[1] 仲裁小组在案件裁决书中对管辖权进行了如下厘清：国际体育仲裁院的管辖权是无异议的，也通过双方签订法定程序得到确认。另外，该管辖权依据是《国际体育仲裁院仲裁规则》第 R47 条规定，同时也在国际滑雪联合会反兴奋剂规则（FIS Anti-Doping Rules，简称 FIS ADR）第 13 条规定所预设"。更具体地说，国际单项体育协会反兴奋剂规则中包含的相关条款对诉讼有以下影响：

根据第 13 条规定，可以向国际体育仲裁院提出对国际单项体育协会兴奋剂委员会做出决定的上诉。

13.1　可以上诉的判决

依据这些反兴奋剂条例作出的判决可以依据条例 13.2 条到 13.4 条或其他规定进行上诉。除非上诉人要求更改，这些判决在上诉时仍然有效。在上诉开始前，在授权这些条例时，必须穷尽所有的事后判决审查。

---

〔1〕　案件编号：CAS 2010/A/2041 Yuliya Chepalova. 裁决可以在 CAS 官网上查询（下同）：https://www.tas-cas.org/en/index.html.

13.2 关于违反反兴奋剂条例的结果

临时性禁赛等决定的上诉构成违反反兴奋剂条例的判决，违反反兴奋剂条例的处罚结果的判决，或不构成违反反兴奋剂条例的判决只能依据第13.2条进行上诉。

13.2.1 涉及国际级别运动员的上诉

在国际赛事中发生的案件或是涉及国际级别运动员的案件中，依据国际体育仲裁院适用的条款，这些判决只能向国际体育仲裁院上诉。

故体育组织的章程或条例对国际体育仲裁院管辖权的承认是国际体育仲裁院获得管辖权的基础，究其原因主要源于兴奋剂案件仲裁首先存在一个兴奋剂处罚决定，而对于运动员或其他当事人拥有体育纪律处罚权的主体只能是赛事主办方或运动员所属体育联合会。

（2）特点。

第一，强制性。根据国际商事仲裁管辖权原理，一般兴奋剂案件的仲裁管辖权源于纠纷双方的合意，其权源是存在于当事人双方的仲裁协议，即协议管辖。但依据实例，国际体育仲裁院在国际体育体系中的地位越来越具有司法性质，体育界自治的理念试图最大程度地排除法院对体育纠纷的司法管辖权。当事人在体育仲裁中的意思自治已经被严重削弱，它甚至取代法院成为体育领域内"权利救济的最后一道防线"[1]。这种司法强制性趋势表现在管辖权方面就是运动员个体对于仲裁的选择权的弱化。正如有的学者针对此认为体育事项中最大的特点

---

〔1〕 郭树理、李倩："奥运会特别仲裁机制司法化趋势探讨"，载《体育科学》2010年第4期。

是"仲裁条款从来没有被运动员自主接受过":运动员没有参与协商的权利,要么接受强加给他的条款从而参加比赛,要么只能"在花园中象征性地从事他的体育活动,没有对手也没有同伴……"[1] 实际上国际所有体育单项协会都在自己的章程或者兴奋剂规定中将兴奋剂案件纠纷的救济权归于国际体育仲裁院。并且这一权力在目前的《世界反兴奋剂条例》框架下得到了加强。这种国际体育仲裁院仲裁权的扩张,司法性的趋势受到了广泛的关注。如美国法中,针对弱势方的强制仲裁条款的有效性,在案例法与法学著作中业已成了最有争议的问题[2]。国内学者黄世席认为国际体育仲裁院仲裁权当中国际组织对于国际体育仲裁院仲裁条款的引用是一种要约,而最终需要搭配上运动员等参赛主体的承诺才能成为完整的仲裁合同条款。但是本书认为,这样的分析方式似乎有忽略运动员参赛意愿以及国际赛事主办方对于赛事的稀缺资源的控制力的嫌疑。所以综合来看,对于参赛方或者运动员个体,国际体育仲裁院对于兴奋剂案件仲裁权具有强制性。并且这种强制性导致的不平衡性已经受到国际体育仲裁院所在地瑞士联邦法院的审查,如在卡纳斯诉国际网联一案中,瑞士联邦法院指出:"在体育运动中,运动员同意此类排他性协议的意思明显并不是自愿的。和主管的体育协会相比,在大多数情况下运动员都没有很大的谈判权,不管其对有关的体育规则喜欢与否,只能选择接受。作为参加比赛的先决条件,球员必须签署包括国际体育仲裁院仲裁条款的

---

〔1〕 Andrea Pinna, "The Trials and Tribulations of The Court of Arbitration for Sport: Contribution to the Study of the Arbitration of Disputes Concerning Disciplinary Sanctions", *The International Sports Law Journal*, 2005 (1).

〔2〕 K. N. Halton, "Agreements to Waive or to Arbitrate Legal Claims: An Economic Analysis", *S. Ct Econ. Rev.*, 2000 (8), p. 209.

文件。尽管因此，作为一种平衡，运动员有权利将国际体育仲裁院裁决上诉至瑞士联邦法院进行司法审查，以对国际体育仲裁院裁决中可能违反基本原则和基本程序保障的问题进行救济。"[1]法院实质上的意思是体育仲裁本质上是强制性的，或者至少并不是完全自愿的，不能因此就不承认运动员是被迫放弃其本国的仲裁管辖权以及国家法院对仲裁裁决的司法审查权。在大多数的奥林匹克运动中，这是事实。[2]最终，该案以国际体育仲裁院侵犯卡纳斯的听证权为由，发回重审。虽然瑞士联邦法院并未直接根据公平原则对国际体育仲裁院仲裁条款的效力进行审查，但是其判决中关于这种强制性的表述还是具有代表性的，并且引人关注。

第二，国际性。虽然如上所述，国际体育仲裁院仲裁管辖权对于运动员个体而言是具有司法性质的强制性的，但是这种强制性亦有限制，首先来自于运动员级别的要求，即要求运动员的国际级别性。如《世界反兴奋剂条例》2009 版、2015 版与2021 版均规定："对国际赛事中所发生案件的裁决或涉及国际级运动员案件的裁决，可以按照国际体育仲裁院的适用规定向该仲裁庭单独提出上诉。"这种国际级别性质主要来源于运动员参加比赛的级别一般是国际单项体育协会组织的国际赛事。单纯的国内案件并不能排除国内管辖直接上诉至国际体育仲裁院，但其前提是需要相关反兴奋剂组织（国家体育单项联合会或国家反兴奋剂机构等）授权，给予其国家级运动员直接向国际体

---

〔1〕 黄世席："国际体育仲裁裁决的撤销"，载《天津体育学院学报》2011 年第 5 期。

〔2〕 Bonnie D. Ford, "In U. S. Federal Court Motion, Landis Claims Arbitrators Had Conflicts of Interest", http://sports. espn. go. com/oly/cycling/news/story? id＝3611019, 2019-05-14.

育仲裁院提出上诉的权利。如在巴西球员诉国际足联和世界反兴奋剂机构的案件中，国际体育仲裁院以上诉人曾 5 次入选国家队，认定上诉人为国际性球员，具有国际性质。因此在巴西国内足协没有规定国际体育仲裁院仲裁条款的情况下，根据球员国际性质认定国际足协章程对上诉巴西球员具有约束，国际体育仲裁院因此获得该案的管辖权。[1]

第三，诚实信用原则限制下的管辖权自治。仲裁庭可以自裁其管辖权是国际仲裁的通行惯例，根据《瑞士联邦国际私法》（Federal Statute on Private International Law，简称 PIL）[2]第 186 条规定："仲裁庭有权自我裁定是否享有管辖权，不用考虑同一争议的当事人是否在其他国家法律提起诉讼或者其他仲裁机构提起请求。"以瑞士联邦法院对国际体育仲裁院仲裁权的判决案例考察为限，瑞士联邦法院对于国际体育仲裁院仲裁权采取最大有利的开放态度。目前为止，瑞士联邦法院并没有对国际体育仲裁院决定的是非曲直进行挑战。[3]在确定是否存在提交国际体育仲裁院仲裁的意向时，法院采取的是某种程度的"自由主义"的态度。尤其是在全球性引用某一仲裁条款时，根据诚信原则，当事人的行为在某种程度上可以被认为就是有效仲裁协议的替代形式。[4]如在运动员阿尔（Arles）诉国际篮联的案件[5]中，瑞士联邦法院根据诚实信用原则，考虑到该争议的具

---

〔1〕　黄世席："国际体育仲裁裁决的撤销"，载《天津体育学院学报》2011 年第 5 期。

〔2〕　由于 CAS 位于瑞士，其仲裁权需要遵循《瑞士联邦国际私法》，瑞士联邦法院对 CAS 仲裁有撤销权与审查权。

〔3〕　黄世席："国际体育仲裁裁决的撤销"，载《天津体育学院学报》2011 年第 5 期。

〔4〕　黄世席："国际体育仲裁管辖权的新发展"，载《体育与科学》2011 年第 5 期。

〔5〕　Matthieu Reeb, *Digest of CAS Awards II* 1998-2000, Hague：Kluwer Law International，2002，pp. 808~813.

体情况后认为："其一，当事人对某全球性体育组织的章程性文件的同意可以解释为接受了该文件中所含有的国际体育仲裁院仲裁条款；其二，一般而言，如果某当事人毫无保留地接受了一个全球性组织的章程文件，则可推定他熟悉其中包括的仲裁条款并且同意该仲裁条款的内容；其三，还可以推定的是，一个运动员如果申请参加某体育协会举办的一般比赛或者获得比赛的许可，他应当被视为了解该体育协会的规范内容，并愿意接受这些规范的约束。"[1] 诚实信用原则可以支持这种管辖权自治导致的全球性引用《国际体育仲裁院仲裁规则》的管辖权正当性。但同时，瑞士联邦法院亦根据此原则对国际体育仲裁院管辖权进行了限制，如在德国冰球运动员布希（Busch）案中，国际体育仲裁院裁决球员参加国际冰联赛事的报名表有国际体育仲裁院仲裁条款，因此自己享有管辖权。布希上诉后，法院认为当为参加特定比赛而签字时，运动员可能不会考虑到其同时也同意将与特定比赛有关的争议提交仲裁。根据诚信原则，上诉人在签署报名表时不会想到其将会签署一个接受兴奋剂检测处罚的仲裁协议。并且法院还提出，该案争议是世界反兴奋剂机构涉足德国反兴奋剂机构禁赛 2 年的处罚而引起的，其不是国际冰联报名表中所列的争议。虽然可以根据国际体育联合会章程中规定的仲裁条款确定国际体育仲裁院管辖权，但是本争议的有关事实表明并不存在相关的联系。因此当事人之间并不存在有效的仲裁协议，撤销国际体育仲裁院仲裁裁决。[2] 管辖权自治很大程度上将仲裁协议与民事主体主合同有效性分离

---

〔1〕 黄世席：《奥林匹克赛事争议与仲裁》，法律出版社 2005 年版，第 89 页。

〔2〕 黄世席："国际体育仲裁裁决的撤销"，载《天津体育学院学报》2011 年第 5 期。

出来，[1]形成了独立的有效的仲裁协议。但是这种管辖权自裁的自治模式很有可能造成国际体育仲裁院仲裁权的扩张，进而影响到当事人寻求司法救济的权利。同时以瑞士联邦法院的判决为例，其对于这种扩张原则上是支持的，但是亦存在利用法律原则（诚实信用原则）对其进行限制。一方面，国际体育仲裁院在国际体育界内的地位逐步上升，已经表现出司法化的趋向，另一方面，国际体育兴奋剂处罚中处罚人的协议弱势地位应当受到重视与权利的保护。这些都意味着国际体育仲裁院有必要进一步提高自身裁判的透明度与独立性，以期打击兴奋剂违反行为，正当地保证赛场公平。

（二）仲裁程序

1994年11月生效的《国际体育仲裁委员会与体育仲裁院章程及规则》将国际体育仲裁院分为普通仲裁院与上诉仲裁院，分别按照普通仲裁程序和上诉仲裁程序进行仲裁，并且共同承担咨询任务。2003年年底国际体育仲裁院对该规则进行了修改，将新的规则命名为《体育相关仲裁法典》（Code of Sports-relate Arbitration），从2004年1月1日起生效；此后，该法典经历了2012、2013、2016、2017、2019版本的多次修改，目前适用的是自2019年1月1日生效的2019版。[2]在规则称谓上，上述不同版本的规则在所有国际体育仲裁裁决中均统一称为CAS CODE或THE CODE（《国际体育仲裁院仲裁规则》），以指称案件发生时有效实施的国际体育仲裁院仲裁规则。总之，国际体育仲裁院仲裁具有两种不同的仲裁程序，兴奋剂案件具体应当适用

---

〔1〕　张春良："论国际体育仲裁协议的自治性——特别述及国际体育仲裁院之规则与实践"，载《天津体育学院学报》2011年第6期。

〔2〕　2019版本全文可参见 https://www.tas-cas.org/fileadmin/user_upload/Code_2019_en_.pdf.

上诉程序。上诉程序适用于上诉方对业已产生的兴奋剂体育纪律处罚决定的上诉。这个决定通常是由拥有处罚权的国际单项体育联合会、国际赛事主办方、国际国内兴奋剂监督机构依照兴奋剂检测结果，根据自身的处罚规定针对运动员与利益相关人进行的体育纪律处罚。如在切帕洛娃诉国际滑雪联合会一案中，国际体育仲裁院仲裁小组对此问题进行澄清表示道："在国际性质的纪律性案件中，依据条例设立的目的被认为是上诉仲裁程序"[1]。故本书仅对兴奋剂案件适用的上诉仲裁程序进行讨论。

1. 上诉程序的一般规则

《国际体育仲裁院仲裁规则》[2]中第二部分程序规则中第一章第 R27 条规定："如当事人约定将有关体育之争议提交国际体育仲裁院解决，本程序规则适用。……或涉及针对纪律委员会或者某联合会、协会或体育组织的类似机构做出的决定，但前提是上述体育组织的章程或条例须规定或有特别协议约定向国际体育仲裁院提起上诉（上诉仲裁程序）。"该章中分别规定了适用于三种不同程序的一般规定，如仲裁地（瑞士洛桑）、仲裁的工作语言（英语和法语）、代理和协助（当事人可由其选择的人代理或协助）、通知和通讯（拟送达当事人的所有通知和通讯均应通过仲裁院办公室做出）、时限的确定、临时救济措施、仲裁员的独立性和资格以及仲裁员的回避、撤换、替换等方面。

---

〔1〕 CAS 2010/A/2041 Yuliya Chepalova v. FIS, Arbitral Award, para. 62.

〔2〕《国际体育仲裁院仲裁规则》（CAS CODE）自 1994 至 2019 版本均有该规定，如无特别说明，本书中所有《国际体育仲裁院仲裁规则》均指最新的 2019 版本。

2. 上诉仲裁程序适用的特殊规则

（1）上诉仲裁程序的开始。依照《国际体育仲裁院仲裁规则》第 R47、R48、R52 条的规定，上诉程序开始应当符合以下条件：其一，"穷尽内部救济"：上诉当事人可以就纪律委员会或联合会、协会或体育组织的类似机构所作的决定提出上诉，只要前述体育机构的章程或条例如此规定或当事人达成特别仲裁协议且上诉人在上诉前已根据前述章程或条例竭尽其可用的法律救济。其二，适格的上诉说明书的提交是启动仲裁的前提。说明书内容应包括：被上诉人的名称和地址；被上诉的决定；上诉人的救济请求；上诉人从国际体育仲裁院名单中委任的仲裁员，除非当事人约定仲裁庭由独任仲裁员组成；如适当，停止执行被上诉的决定的申请书并附理由；规定向国际体育仲裁院上诉的章程或条例或特别协议的副本。并且上诉人在提交上诉说明书时应根据第 65.2 条的规定向仲裁院办公室支付费用。其三，除非一开始即明显不存在提交国际体育仲裁院仲裁的协议，国际体育仲裁院应采取所有适当的措施以启动仲裁程序。为此目的，仲裁院办公室应向被上诉人送达上诉说明书，处主席（President of the Division）[1] 应根据第 R53 条和第 R54 条进行仲裁庭组成程序。如必要，其亦应立即就停止申请书做出决定。

（2）上诉时限。如相关联合会、协会或体育组织的章程或条例或事前协议中未规定上诉时限，则上诉时限应为 21 天，从被上诉的决定送达之日起算。

（3）仲裁庭的组成。根据《国际体育仲裁院仲裁规则》第

---

〔1〕　处主席指普通仲裁处或上诉仲裁处主席，该名称自 1994 年《国际体育仲裁委员会与体育仲裁院章程及规则》中译本一直沿用至今。

R50 条的规定，仲裁庭一般由 3 名仲裁员或者由 1 名仲裁员组成，独任仲裁庭组成条件是：除非上诉人在提交上诉说明书时说明当事人已约定 1 名独任仲裁员组成仲裁庭，或处主席认为鉴于有关事项紧急，上诉须交由 1 名独任仲裁员审理，此人员由国际体育仲裁院处主席自收到上诉申请后即应委任。而普通情况下被上诉人应在收到上诉说明书后 10 日内委任 1 名仲裁员。如未在此时限内委任仲裁员，处主席应代被上诉人委任仲裁员。如应委任 3 名仲裁员，则处主席在被上诉人委任仲裁员后即应委任仲裁庭主席。当事人选定的仲裁员仅在由处主席予以确认后方视为已经委任。在进行确认程序前，处主席应查实仲裁员满足第 R33 条关于仲裁员的独立性和资格的要求。

（4）仲裁庭进行的程序。仲裁庭收到上诉说明书和被上诉人的答辩，案卷就会移交给首席仲裁员。案卷一经移交，首席仲裁员即应发出有关聆训当事人、证人和专家以及口头陈述的指示，并且可以确定开庭日期。

（三）法律适用

1. 实体问题法律适用

（1）一般上诉程序实体问题法律适用。根据《国际体育仲裁院仲裁规则》第 R58 条，仲裁中实体法律适用的规定表述为："仲裁庭应依据当事人选择的可适用的规定及法律规则决定争议；或如无此选择，则根据做出该被上诉的决定的联合会、协会或体育组织所在国的法律决定，这种适用应被小组认为是合适的，并且出现此情况时，仲裁庭应给出适用法律决定的原因。"以合并审理的瓦迪姆·德维亚托夫斯基诉国际奥委会、茨克恩诉国际奥委会案（CAS 2009/A/1752 Vadim Devyatovskiy, CAS 2009/A/1753 Ivan Tsikhan，因为两运动员为白俄罗斯国籍运动员，简称"白俄罗斯案件"）为例，仲裁庭对法律适用具体表述道：

3.2　［对事实适用的法律］

A.《第29届北京奥运会反兴奋剂规则》（The International Olympic Committee Anti-Doping Rules Applicalble to the Games of the XXIX Olympiad，简称IOC ADR）

3.2.1　在签署上述程序规定时，双方特别同意以下事项：

……

B. 国际实验室标准（International Standard for Laboratories，简称SL）和技术性文件

3.2.7　ISL首次被世界反兴奋剂机构于2003年6月通过……[1]

国际体育仲裁院仲裁庭对于上诉仲裁程序中适用法律的合意的确认是充分的，符合当事人意思自治原则。但是其中亦存在着同管辖权一样的强制性的特性，运动员在挑选适用法律时无一例外指向所属联合会或者赛事举办方规则，合意通常都是以国际体育组织当中的格式性条款形式出现。而基于先有处罚的兴奋剂案件纠纷，国际体育仲裁院的上诉程序更接近于行政诉讼，这点也体现在：如果没有当事人合意，上诉程序法律适用依照体育组织等所在国的国内法，而普通程序则是根据公平善良原则确定。

（2）AHD 的实体问题法律适用。专门为奥运会设立的临时

---

〔1〕　CAS 2009/A/1752 Vadim Devyatovskiy v/IOC &CAS 2009/A/1753 Ivan Tsikhan v/IOC.

仲裁庭具有不同的仲裁规则，其实体法律适用亦有不同规定，具体以案件为例，如在梅林特诉国际田联的案件中，对于实体法律适用国际体育仲裁院是这样表述的："根据《奥林匹克宪章》第17条的规定，仲裁小组可以依据《奥林匹克宪章》、一般适用的规则（applicable regulations）、法律原则（general principals of law）及仲裁员认为适当的规范以裁决纠纷。"[1]根据兴奋剂纠纷案件中处罚决定在先的特点，临时仲裁庭的实体法律适用当中"一般适用的规则"是指有关国内体育运动协会或者国际单项体育联合会的内部兴奋剂规范，包括国际奥委会反兴奋剂规则、世界反兴奋剂机构制定的受到国际奥委会反兴奋剂规则承认的兴奋剂控制规则。而法律原则，在兴奋剂案件中主要关联的是一些刑法行政法原则，如法无明文规定者不为罪、公平待遇、相称原则以及诚信原则等，[2]这也是兴奋剂纠纷包含的体育纪律处罚特性所决定的。值得注意的是，法律原则还应包括国际体育仲裁院根据案例法确定下来的体育法一般原则，与兴奋剂案件联系最紧密的就是严格责任原则。仲裁员认为适当地规范此部分基本属于仲裁自治的特点的一种体现，这点体现不但出现在仲裁管辖权当中，亦包含了仲裁适用法律自治，还表现在审查标准方面，同时这些自治都体现出了国际体育仲裁院的司法化趋向。

2. 程序问题法律适用

对于仲裁程序的法律适用，与诉讼程序适用法院地法的一般规则不同，现代各国立法和实践允许当事人合意选择仲裁程

---

[1] CAS ad hoc Division OG 00/015 Arbitral Award，para. 8.

[2] Michael J. Beloff，Tim Kerr，*Marie Demerriou*：*Sports Law*，Oxford：Oxford-Portland Oregon：Hart Publishing，1999，pp. 9-12.

序的准据法；若无此种选择，往往适用仲裁机构自己的仲裁规则或仲裁地法。[1] 以案例实证考察此问题，在白俄罗斯案件中，仲裁小组专门对程序适用问题做以厘清，具体如下：

3.1　　[上诉程序适用法律]

3.1.1　　目前的仲裁受到《瑞士联邦国际私法》（PIL）的第 12 章管辖。国际体育仲裁院根据《国际体育仲裁院仲裁规则》[2] 第 R28 条适用其注册地瑞士洛桑的法律，上诉人主张的适用其住所地或其在瑞士经常居住地的要求不符合 PIL 第 176 条，不被适用。

3.1.2　　根据 PIL 第 182（1）条规定，双方可以，直接适用或参考已有的或双方协商的仲裁规则，确认裁程序适用规则。考虑到向国际体育仲裁院提出的纠纷，根据《国际体育仲裁院仲裁规则》第 R27（1）条规定，双方应该接受国际体育仲裁院仲裁规则规定的仲裁程序。在适用程序规则存在缝隙或空白的情况下，PIL 第 182（2）条规定：除非双方对此作出相反的协议，否则仲裁法庭应该在必要情况下确认程序，直接适用或引用一条仲裁规范或规范。[3]

另外，国际体育仲裁院根据《国际体育仲裁院仲裁规则》有权设立仲裁分处，目前国际体育仲裁院分别在美国纽约与澳大利亚悉尼设有分处，这样产生了仲裁地处于他处的问题，最

---

[1]　肖永平：《国际私法原理》，法律出版社 2003 年版，第 463 页。

[2]　在该案中生效的版本是 2004 版《国际体育仲裁院仲裁规则》。

[3]　CAS 2009/A/1752 Vadim Devyatovskiy v/IOC & CAS 2009/A/1753 Ivan Tsikhan v/IOC.

明显的是国际体育仲裁院为奥运会在举办地设立的临时仲裁庭的仲裁地问题。关于此，早在 1994 版《国际体育仲裁院仲裁规则》第 R28 条就已经进行了明确规定，后来的各个版本均对该规定进行了保留："国际体育仲裁院所在地及各个仲裁庭的仲裁地位于瑞士的洛桑。"并且在裁决中确定了所有分处包括临时仲裁庭的仲裁地都归于总部，而且这种统一仲裁地的做法得到了国内法院的承认。如 2000 年 9 月 1 日，澳大利亚新南威尔士法院就拉各兹诉沙利文作出的判决承认瑞士洛桑为国际体育仲裁院所在地，并因此排除了法院对于案件的管辖权。[1]

（四）审查范围与标准

1. 审查范围

《国际体育仲裁院仲裁规则》第 R57 条指出，仲裁庭审理范围是审查案件事实和法律适用。在国际体育仲裁院仲裁庭案件审理中，这点得到了不断强调与阐明，如在瑞士自行车联合会被起诉案中涉及对于仲裁庭审理范围的厘定。该案件中，仲裁庭明确指出，"仲裁庭有完全的权力审查案件事实和法律问题，体育组织内部程序中的任何程序瑕疵均可由国际体育仲裁院仲裁程序得以补救。"[2] 切帕洛娃诉国际滑雪联合会案中关于审查范围，仲裁小组特别强调："小组有权重新发布一个新的决定以替代受到审查的决定，或者撤销处罚决定以及将案件发回重审。"[3]

---

〔1〕 Sullivan v. the Judo Federation of Australia Inc.；Raguz v. the Judo Federation of Australia Inc., Sullivan, & CAS. 对这两个案件的分析，可参见李智："国际体育仲裁裁决司法审查标准及其发展趋势"，载《西安体育学院学报》2012 年第 5 期。

〔2〕 CAS 2001/A/345, M./Swiss Cycling.

〔3〕 CAS 2010/A/2041 Yuliya Chepalova v. FIS.

2. 审查标准

审查标准，又称为审查强度或者审查限度，这些表述都是行政诉讼法当中的制度元素。由于行政诉讼法当中的司法审查根据不同的标准或者强度产生了对于行政权力的不同管控程度，因此在行政法当中司法审查的审查标准容易和法治及司法权扩张、行政权限制挂钩，受到了广泛地讨论。这个行政诉讼法概念对于本书研究对象国际体育仲裁院仲裁的兴奋剂纠纷案件而言，其实是具有密切相关性的：首先，兴奋剂纠纷案产生的前提就是存在体育纪律处罚决定，即先有处罚决定后有上诉纠纷的上诉审模式。其次，《世界反兴奋剂条例》与《奥林匹克宪章》以及各个体育运动管理组织章程性质的规则都赋予了体育组织纪律处罚权，这种处罚权带来的后果对于运动员运动生命的影响，包括如禁赛或者终身禁赛等。虽然在《世界反兴奋剂条例》框架内，这些纷乱的规则已经得到了一定的统一，但是各个体育组织本质上拥有很大的纪律处罚裁量权且体育运动组织保有高度的行业自主权。纪律处罚具有行政处罚的特性：如相对人与处罚权人的权力比对，处罚的自由裁量权等。故由于类似的性质，可以将国际体育仲裁院的审查范围同行政诉讼法原理中的审查标准做对比，以期更好地厘清此问题。在行政诉讼中我国惯用的是只针对合法性进行的程序性审查，即形式合法性审查标准。这种审查标准导致的结果是对于适用法律合理性本身的无司法权审查。而以美国为例，根据不同的案件事实，法院可以区分采取不同的审查标准。如此带来的是司法权对于行政权力的限制，加强了对于弱势公民个体权利的保护，是社会权力格局当中司法权最受推崇的法治土壤的标识。国际体育仲裁院可以对于兴奋剂纠纷当中的事实与法律进行审查，并且拥有对适用法律的实质合理性的审查权力。这个标准对于确立国际体育仲裁院的独一无二的体育界类司法权是必不可少的。国际体育仲裁院不但可以针对单独个案审查相关的适用规则（一般都是体育组织的规范），而且其在仲裁中可以根据自由裁量，以恰当的目的用仲裁来矫正体育组织的程序瑕疵。值得注意的是，国际体育仲裁院的审查标准赋予了国际体育仲裁院对适用法律的规范合理性的审查，必要时，国际体育仲裁院可以利用案例法进行法官造法以纠正各个体育组织规范本身及其程序的瑕疵，而这种复审约束力以及终局约束力的仲裁效力构成了国际体育仲裁院"体育世界的最高法院"[1]所独具的体育法学特殊机制。

（五）证据规则

国际体育仲裁院仲裁兴奋剂纠纷由于其特殊性产生了独具特点的证据规则，兴奋剂纠纷的特殊证据规则包括举证责任与证明标准，其连同特殊的归责原则共同构成了兴奋剂案件的特殊制度设计，并在国际体育仲裁院仲裁案件中得到了不断澄清与加强，构成了目前为止"体育法"理论及实践的重要框架。

1. 举证责任

（1）对兴奋剂违规的举证责任。对于兴奋剂案件中出现的兴奋剂违规，体育纪律处罚方对此负有举证责任，如切帕洛娃诉国际滑雪联合会案件当中国际体育仲裁院对此表述为"证明责任和标准，国际滑雪联合会及其国家滑雪协会应负有证明违反反兴奋剂的责任"[2]。再如白俄罗斯案件中仲裁小组认为：

---

〔1〕 Richard H. McLaren, "Twenty-five Years of the Court of Arbitrations for Sport: A Look in the Rear-view Mirror", *Marquette Sports Law Review*, 2010 (20), pp. 305-325.

〔2〕 CAS 2010/A/2041 Yuliya Chepalova v. FIS.

"证明责任和标准：国际奥委会应该承担证明反兴奋剂条约的违规发生的责任。"[1]一般而言，体育纪律处罚方对于运动员违反兴奋剂的指证证据就是来自世界反兴奋剂机构认证的实验室的兴奋剂报告。

（2）运动员的举证责任——可反驳的过错推定。在兴奋剂案件中，不同于刑事案件中的无罪推定，受到兴奋剂违规指控的运动员的举证责任的分配存在一个可反驳的过错推定。过错的推定是指只要兴奋剂处罚权人证明运动员体内存在兴奋剂，运动员就被推定为存在过错，其需要对其体内不存在兴奋剂进行证明。可反驳性是指，运动员可以通过举证对此推定进行反驳，在事实上证明没有发生相关的兴奋剂违规，即证明实验室阳性结果错误，才能获得无"罪"的后果。另外主观方面如非故意过失受人陷害等只能属于减轻处罚情节，满足这些情节与否，都需要运动员及其他当事人的证明。严格意义上来说，运动员这种过错推定是来源于兴奋剂案件中独特的一种归责原则——严格责任原则，是与严格责任相配的证据制度设计的一个环节。

（3）检测方的特殊推定。在2004年《世界反兴奋剂条例》生效后，兴奋剂案件中检测方统一成了世界反兴奋剂机构认证的兴奋剂检测实验室，运动员兴奋剂违反经过实验室的检测进行报告，并构成了指控运动员违反相关规则、承认《世界反兴奋剂条例》的体育组织对阳性检测结果[2]进行处罚的唯一依据。随着国际足联于2004年签署承认《世界反兴奋剂条例》，目前

---

[1] CAS 2009/A/1752 Vadim Devyatovskiy v/IOC &CAS 2009/A/1753 Ivan Tsikhan v/IOC.

[2] 兴奋剂违规行为除了包含阳性检测结果的违规还有其他如逃避检测、篡改结果等形式的非阳性结果的违规形式。

所有奥运会参赛项目的国际单项联合会都签署了《世界反兴奋剂条例》，并遵照《世界反兴奋剂条例》履行着自己的义务。检测方的特殊推定直接关系到个案的处罚，具体论述如下：对于检测方，举证责任方面的特殊推定是指，经过世界反兴奋剂机构认证的实验室的检测结果推定已经遵循了世界反兴奋剂机构发布的国际实验室标准（ISL），当运动员对阳性检测结果本身提出质疑时，其要承担证明实验室操作过程中一切与违反 ISL 相关的证明责任。如白俄罗斯案件中该证明责任就构成了案件主要争议点：

3.2.1　世界反兴奋剂机构认证的实验室被假设为根据国际实验室标准进行了样本分析以及遵守了保管程序。运动员可能通过证明对国际标准违反行为存在可能合理地导致阳性检测结果，来反驳这样的假设。如果运动员通过表明发生了对国际标准的违反且其能合理地导致阳性检测结果来反驳对之前（实验室）的假定，那么国际奥委会应该承担证明这样的违规不能导致阳性检测结果的举证责任。

3.2.2　测试的国际标准的违反如果不能导致阳性检测结果或导致其他对反兴奋剂条约的违反，这个结果就不能被认为是无效的检测结果。如果运动员证明了对在测试中发生了对国际标准的违反，而后反兴奋剂组织应该承担证明这些违反没有导致阳性检测结果或其他对作为反兴奋剂基础的事实的违反。[1]

---

〔1〕　CAS 2009/A/1752 Vadim Devyatovskiy v/IOC &CAS 2009/A/1753 Ivan Tsikhan v/IOC.

在白俄罗斯案件中，关于证明实验室违反国际标准所牵涉的证明责任是该案的一个焦点。主要争执点源于《世界反兴奋剂条例》2009 版对关于谁承担违反实验室国际标准可能引起阳性检测结果的证明责任的修正，而这种证明责任在《世界反兴奋剂条例》2003 版当中是由兴奋剂处罚方承担的。两版本关于此的规定对比如下：

[2003 版] 3.2.1　世界反兴奋剂机构认证的实验室被假设为根据国际实验室标准进行了样本分析以及遵守了保管程序。运动员可能通过证明对国际标准违反行为的存在可能合理的导致阳性检测结果，来反驳这样的假设。

[2009 版] 3.2.1　如果运动员通过表明发生了对国际标准的违反且其能合理地导致阳性检测结果来反驳对之前（实验室）的假定，那么国际奥委会应该承担证明这样的违规不能导致阳性检测结果的举证责任。[1]

在该案中仲裁小组认为这种文字修订实质上构成了运动员举证责任的扩大，约束该案发生的生效文件应当是《2008 年北京奥运会反兴奋剂规则》（即 IOC ADR 2008），其吸收的是《世界反兴奋剂条例》2003 版相关条款的规定，而国际奥委会该案上诉答辩中主张适用《世界反兴奋剂条例》2009 年新版本相关的举证责任规定，这构成了该案的主要争论点。关于此，仲裁庭认为："这种对责任的改变使得运动员在 29 届奥运会期间根据《2008 年北京奥运会反兴奋剂规则》的规定得到了一个不协调不统一的指引。这种矛盾显示出运动员的国家或国际联合会

―――――――――

〔1〕　CAS 2009/A/1752 Vadim Devyatovskiy v/IOC &CAS 2009/A/1753 Ivan Tsikhan v/IOC.

在国际奥委会作出违规的裁定后，启动随后的程序时被适用的不同的举证责任的规则。"[1] 最终仲裁庭认为，"适用规范的矛盾必须被解释为相反规则。如，因产生了冲突或矛盾的规定的情况下应对规则的制定者推定不利"，[2] 进而认定该案中应当"适用《世界反兴奋剂条例》2003 版第 3.2.1 条关于运动员的举证责任"的规定。通过个案分析，可以发现关于反驳检测方特殊推定的举证责任随着《世界反兴奋剂条例》2009 版的生效出现了一个明显的变化：《世界反兴奋剂条例》2009 版将证明实验室违反国际标准的行为将合理地导致兴奋剂阳性检测结果的证明责任倒置于运动员，即《世界反兴奋剂条例》2009 版生效后，运动员如果对实验室检测结果进行质疑，运动员不仅要承担证明实验室违反国际标准的责任，而且还要承担证明这种违反将合理地导致阳性检测结果的责任。而后者，根据《世界反兴奋剂条例》2003 版规定是归于兴奋剂处罚方承担的。《世界反兴奋剂条例》在后来 2015 版和 2021 版的修订继续沿用了 2009 版的这一举证规则。

值得说明的是，已经签署《世界反兴奋剂条例》的签约方有义务将《世界反兴奋剂条例》纳入到自身的规定当中，并根据《世界反兴奋剂条例》的修改不断地进行新的改进。而《世界反兴奋剂条例》目前已经获得国际足联、欧足联、国际奥委会等众多国际重要体育组织的签署与承认，其作为以统一协调世界反兴奋剂运动的主导者，发布的规则无论是程序的还是实质的，都已然成了国际体育仲裁院适用法律的主要来源。

---

〔1〕 CAS 2009/A/1752 Vadim Devyatovskiy v/IOC &CAS 2009/A/1753 Ivan Tsikhan v/IOC.

〔2〕 CAS 2009/A/1752 Vadim Devyatovskiy v/IOC &CAS 2009/A/1753 Ivan Tsikhan v/IOC.

2. 证明标准

（1）兴奋剂纪律处罚权人的证明标准。国际体育仲裁院对于兴奋剂纪律处罚权人设定的证明标准是"完全满意"，是一种高于民事证明标准低于刑事证明标准的特殊标准。如白俄罗斯案件中，作为处罚权人的国际奥委会所遵守的证明标准是："考虑到起诉的严肃性，证明标准应该是国际奥委会是否向听证主体完全满意地证明发生了违规。在所有案件中的证明标准应该大于一个纯粹的盖然性平衡但是少于排除合理性怀疑。"[1] 这种"使仲裁小组完全满意"的证明标准在另一案件兰迪（Landis）诉国际自行车联合会中得到了进一步解释，在该案中美国籍自行车运动员兰迪在获得 2006 年环法自行车赛冠军后，由于兴奋剂检查呈阳性，遭到了国际自行车联合会的禁赛 2 年并取消环法成绩的处罚，兰迪请求美国反兴奋剂机构（US Anti-Doping Agency，简称 USADA）撤销此决定，但被美国反兴奋剂机构驳回，后兰迪又针对此向 AAA 提起仲裁，未被支持，最终向国际体育仲裁院提出上诉，被上诉人为美国反兴奋剂机构。该案中国际体育仲裁院对被上诉人的证明标准表述如下："证据证明标准是'完全满意'，世界反兴奋剂条例[2]第 3.1 条解释如下：'证明的标准应是，反兴奋剂组织是否确定听证对象清楚被指控的严重性，对其违反反兴奋剂规则的指控是完全令人满意的。在所有案件中，此证明标准的要求是高于简单的盖然性

---

〔1〕　CAS 2009/A/1752 Vadim Devyatovskiy v/IOC &CAS 2009/A/1753 Ivan Tsikhan v/IOC.

〔2〕　本案中关于举证责任等多种规则适用《世界反兴奋剂条例》（WADC）规定，关于此法律适用 CAS 在本案中解释道："UCI 管理委员会将世界反兴奋剂规则（WADC）纳入了美国自行车联合会反兴奋剂条例，从 2004 年 8 月 13 日开始适用于所有持牌自行车手。USADA 协议和 UCI/ADR 吸收了 WADC 中的约束性条款，其中包括对兴奋剂的定义、举证责任、违禁药物和方法、处罚方式。"参见 CAS 2007/A/1394.

权衡标准，但比排除合理怀疑的证明标准要求低。'"〔1〕总之，关于兴奋剂处罚方所承担的证明标准——完全满意这个标准的要求是高于民事低于刑事的一种较重的证明标准。之所以这样设置，主要是基于兴奋剂处罚给运动员以及其他当事人所带来的巨大利益影响。同时，同举证责任一样，证明标准的统一化不但是国际体育仲裁院一直遵守的仲裁程序性原则，而且随着世界反兴奋剂机构的设立与发展，已然构成了成文法规范，《世界反兴奋剂条例》已然成了世界反兴奋剂法域中的权源性文件。

（2）运动员及其他当事人的证明标准。运动员及其他当事人的证明标准是"盖然性权衡"的民事证明标准。如白俄罗斯案件中，国际体育仲裁院对此问题如此表述："对于运动员或其他当事人被断定违反了反兴奋剂条约而其反驳这样的假设的证明标准或证明特别事实或情况的存在，这些规则规定证据应该符合盖然性权衡的证明标准。"〔2〕兰迪一案中国际体育仲裁院对引用了世界反兴奋剂条例的相关规定，如此认为："通过指出违背国际标准的行为的发生，运动员可能会反驳这样的推定：《世界反兴奋剂条例》第3.2.1条。为了推翻这个推定，运动员必须满足'盖然性权衡'来'证明违背国际标准的行为发生'。《世界反兴奋剂条例》第3.1条规定如下：'运动员或其他被认为是违反反兴奋剂规则的人，对该推定或确认规定的事实或情节提出反证，负有举证责任，证据标准应适用盖然性权衡。'"〔3〕通过案件实例可以看出，对于运动员及其利益相关

---

〔1〕 CAS 2007/A/1394, Floyd Landis v. USADA.

〔2〕 CAS 2009/A/1752 Vadim Devyatovskiy v/IOC &CAS 2009/A/1753 Ivan Tsikhan v/IOC.

〔3〕 CAS 2007/A/1394, Floyd Landis v. USADA.

人的证明责任是小于兴奋剂纪律处罚方的，这是符合证据的一般特性的，即从距离证据的远近而言，纪律处罚方作为委托检测方，必然在证据方面天然地拥有优势，从原则上而言，这种均衡显示的是在仲裁规范中对运动员弱势权益的保护。

3. 证据规则的特殊性

国际体育仲裁院兴奋剂案件当中的证据规则的特殊设置原因来自于兴奋剂案件自身特有的性质。从以上对于证明标准举证责任两方面的分析，本书认为，除了这种特殊的机制受到关注以外，国际体育仲裁院在裁判当中多次大量援引包括世界反兴奋剂条例、实验室国际标准在内的世界反兴奋剂机构规范，以及对于世界反兴奋剂条例同其他国际体育组织关系的厘清，都表明了国际体育仲裁院这个体育界最高法院对于世界反兴奋剂机构这个体育界统一规范制定者的尊重，并且国际体育仲裁院通过仲裁给世界反兴奋剂条例规范赋予了一种实际的约束力。一方面这种新的特点显示出世界反兴奋剂机构框架内的规范协调统一，另一方面这种统一的规范也促进了国际体育仲裁院裁判的统一协调性，进一步将国际体育仲裁院推向了"最高法院"的地位。另外，根据2009年、2015年后的世界反兴奋剂条例规则修改以及白俄罗斯案件实例可以看出，在证据规则之举证责任方面存在着一个明显的变化，即要求运动员对实验室违反国际标准可能造成阳性结果的科学事实进行证明，而这种证明责任原先应当由体育组织承担。这种举证责任倒置进一步削弱了运动员质疑兴奋剂检测结果的能力，就个案当事人双方对证据的获取度而言，这样的证据规则设置似有不公平地加重运动员举证责任的嫌疑，当然这点还有待国际体育仲裁院在实例裁判中进一步地对其进行明确解释，但就目前为止，运动员举证责任是要远远大于处罚人，这也造成了国际体育仲裁院兴奋剂案件中鲜有运动员上诉质疑实验室检测结果真实性，而就此事实质疑成功的少之又少。自此，通过分析国际体育仲裁院兴奋剂案例法当中所包含的特殊的证据规则以及证据规则的变化可以得出：作为最高审判者的国际体育仲裁院与作为最高规则制定者的世界反兴奋剂机构构成了统一的联盟，一方面这样的特殊性可以加强赛场打击兴奋剂使用的程度，另一方面也隐含着运动员个体权利受到不当侵犯的隐忧。但是正如国际体育仲裁院与世界反兴奋剂机构一致强调的，保护运动赛场的公平性才是兴奋剂战争中的主要目标。就此目的而言，特殊的证据规则的设置是符合目标的，当然这种推定亦是以"公平优先"的体育竞技界特殊价值位阶为前提而产生的。

（六）裁决

1. 裁决的作出

根据《国际体育仲裁院仲裁规则》规定，在上诉程序中，仲裁庭原则上应在收到上诉通知之日起 4 个月内作出裁决。裁决应依多数意见作出；如未能形成多数意见，则由首席仲裁员单独作出。裁决应是书面的并且应简要说明理由，注明日期并由仲裁员签署。另外，裁决应是终局的，并在仲裁院办公室送达当事人的时候对当事人具有约束力。

2. 裁决的效力与保密

国际体育仲裁院仲裁裁决一经仲裁院办公室送达当事人立即生效，上诉仲裁裁决通常是公开的，不同于普通仲裁程序的裁决具有保密性，但是当事人协议保密的除外。[1] 通常兴奋剂

---

[1] Art. R59, Statutes of the Bodies Working for the Settlement of Sports-related Disputes, http://www.tas-cas.org/en/code/frmco.htm, 最后访问日期：2018 年 1 月 1 日。

案件由于具有警戒性质而被公布。

3. 裁决的执行

国际体育仲裁院仲裁裁决的执行主要依靠 1958 年《承认和执行外国仲裁裁决公约》（简称《纽约公约》）获得承认保有执行力。[1]目前我国已经签署该公约，但是保留了关于商事仲裁效力。[2]另外，根据《关于承认国际非政府组织的法律人格的欧洲公约》，国际体育仲裁院在国际上的法律地位也得到了承认。兴奋剂案件纠纷当中，仲裁裁决涉及的是兴奋剂处罚决定的有效性问题，这种决定一般由做出决定的处罚权力人进行执行，即由国际单项体育协会或者国际体育运动赛事主办方执行。一般不涉及法院承认仲裁效力问题。而在仲裁裁决书当中对于费用以及附加的罚款事项的仲裁决定，可能涉及申请法院强制执行的问题。这类可以依照《纽约公约》进行司法协助以获得强制执行力。

4. 裁决的司法救济

如国际体育仲裁院在案件仲裁裁决书中对其所受司法管辖所述："国际体育仲裁院目前的仲裁受到《瑞士联邦国际私法》的第 12 章管辖。"根据《瑞士联邦国际私法》第 191 条规定，当事人对仲裁裁决不服而提出上诉的，由联邦法院受理。瑞士联邦法院享有国际体育仲裁院仲裁裁决的司法救济管辖权，并且排除其他国家对此司法管辖权。《国际体育仲裁院仲裁规则》第 R58 条规定："当事人在瑞士无住所、惯常居所或营业机构且仲裁协议或随后所签之协议，特别是在仲裁开始时签订的协议，

---

〔1〕 据国际体育仲裁院仲裁指南的规定，国际体育仲裁院仲裁裁决和承认和执行适用 1958 年缔结的《承认和执行外国仲裁裁决公约》，参见 Guide to Arbitration：Award，http://www.tas-cas.org/en/code/fr-mco.htm.

〔2〕 刘想树主编：《国际体育仲裁研究》，法律出版社 2010 年版，第 376 页。

已明示排除所有撤销程序时，不得通过撤销之诉对裁决提出异议。"《瑞士联邦国际私法》第190条规定了撤销之诉，即"法院可以以以下理由对仲裁裁决进行撤销：独任仲裁员或者仲裁庭的组成不合理；仲裁庭错误地承认或者拒绝管辖权；仲裁庭越权仲裁或者未能就当事人提交的事项仲裁；当事人的平等权和听证权没有得到尊重；或者裁决与瑞士公共政策不符"。就目前来看，瑞士地方法院行使司法权对国际体育仲裁院仲裁行使撤销权十分谨慎，其尽最大可能维护了国际体育仲裁院仲裁的终局效力。

二、国际体育仲裁院兴奋剂案件仲裁实体规则

(一) 归责原则

国际体育仲裁院兴奋剂案例中归责原则特殊，学界统一表述为严格责任原则。关于严格责任原则实际上是通过国际体育仲裁院案例法确定的兴奋剂案件处罚的中心原则。国际体育仲裁院最初所裁决的兴奋剂案件之一即是援引了国际马术联合会条文，将发现兴奋剂即取消参赛资格表述为"绝对的严格责任"。[1]自2009年至今，严格责任原则已经正式纳入《世界反兴奋剂条例》，并且世界反兴奋剂机构对其进行了相关释义："在'严格责任'的原则下，只要从运动员体内采集的样品中发现了某种禁用物质，就构成违规。无论运动员是否故意地使用了某种禁用物质，或是由于疏忽大意或因其他过错所致，均构成违规。"[2]严格责任原则指的是只要运动员送检样本发现存在

---

〔1〕 G. v. FEI, arbitration 91/53, Matthieu Reeb, *Digest of CAS Awards* 1986 - 1998, Switzerland Editions Stmpfli SA, 1998, p. 87.

〔2〕 2009版《世界反兴奋剂条例》对第2.1.1条的释义，这一内容被后来的2015版、2021版《世界反兴奋剂条例》保留。

某种禁用物质，就构成了对兴奋剂规则的违反，而不考虑运动员是否存在过错的主观因素。严格责任自从确立以来，就被认为是适当的、符合兴奋剂控制目的的一项基本性的归责原则。国际体育仲裁院以案例法形式不断重申该原则。如 2000 年悉尼奥运会的拉杜坎案件就是一例著名的引起广泛关注也引起广泛同情的严格责任原则的适用。2000 年悉尼奥运会，罗马尼亚体操选手拉杜坎获得了女子体操全能冠军，但在随后的尿检中，其尿样被检测出存在伪麻黄物质，被宣告为检测结果呈"阳性"。国际奥委会根据检测结果对拉杜坎处以剥夺金牌及比赛成绩的处罚。事实上，拉杜坎所有的伪麻黄物质经证明都是由于服用了两片含有此物质的感冒药而引起的。尽管拉杜坎成功地证明自己体内的禁用物质来自于两片感冒药，自己不曾也不想利用这些物质来提高运动成绩，不存在故意服用兴奋剂的主观意图。但是在该案中悉尼奥运会临时仲裁小组还是援引了国际体育仲裁院通过案例裁判确认的严格责任原则以及奥林匹克兴奋剂控制规范等，支持了国际奥委会对拉杜坎的处罚决定。国际体育仲裁院临时仲裁小组在本案裁决书中还特别对严格责任做出了以下的强调性表述："反兴奋剂章程中将兴奋剂违反视为严格责任，这意味着兴奋剂违反的成立不需要任何主观性因素，只要尿样[1]中出现了禁止物质就已足够，这是经过国际体育仲裁院反复地确认过的。"

（二）处罚类型

兴奋剂案件的国际体育仲裁院仲裁，具有明显的上诉审的特点。在这类案件中，必定是先有兴奋剂纪律处罚，后有纠纷

---

〔1〕　在拉杜坎案件中检测样本为尿样，送检样本还可包括血样和尿样，都可统称为送检样本。

产生乃至上诉至国际体育仲裁院要求仲裁。原则上各个国际体育单项联合会对属于本组织内的运动员具有处罚权，在大型的赛事中，主办方也对违规运动员拥有处罚权。其中兴奋剂体育纪律处罚类型，目前以《世界反兴奋剂条例》形式得到了统一与规范。国际体育仲裁院虽然没有权力直接对运动员进行纪律处罚，但是国际体育仲裁院保有对处罚决定进行实质审查的权力，并可以根据合适的法律适用、确认、撤销已有处罚决定，甚至是根据仲裁中适用的法律做出新的处罚决定。从这个意义上说，国际体育仲裁院基本上在上诉审查范围及标准的框架内获得了对于运动员的处罚权。

兴奋剂纪律处罚一般分为取消、禁赛以及临时停赛三种类型，此外，自 2009 版起，《世界反兴奋剂条例》还增加了经济处罚的条款，经济处罚作为一种有效的处罚方式被 2015 版、2021 版《世界反兴奋剂条例》沿用。《世界反兴奋剂条例》框架内兴奋剂处罚规范得到了进一步的统一，同时考虑到几乎所有的国际单项体育协会都签署了《世界反兴奋剂条例》，并遵照《世界反兴奋剂条例》规定义务，将《世界反兴奋剂条例》有关规定吸收进入自己的内部章程及相关规范当中，故本部分处罚类型基本来源于世界反兴奋剂条例的相关规定，而非国际单项体育协会的规定。

1. 取消

取消处罚是对于业已发生的事实的一种补足性措施，对个人而言，取消处罚会有自动取消与可能取消的不同区别，而对于集体项目中的集体而言，取消处罚的裁量权由各个单项联合会或赛事主办方等反兴奋剂组织保有，并根据他们自己的规定在世界反兴奋剂条例规定的最低限度以上具体实施。

（1）个人比赛成绩的取消。第一，自动取消。自动取消是指存在违规的运动员所参加的单场比赛成绩的当然的撤销，以及违规样本采集后、兴奋剂处罚前所有比赛成绩的当然撤销。2015 版及 2021 版《世界反兴奋剂条例》第 9 条均规定了成绩的自动取消："在某次个人项目的赛内检查中兴奋剂违规，将导致运动员在该项目比赛中所取得的成绩自动取消，以及由此所产生的所有后果，包括取消所获得的任何奖牌、积分和奖金。"2015 版《世界反兴奋剂条例》第 10.8 条和 2021 版《世界反兴奋剂条例》第 10.10 条均规定："除按照第 9 条自动取消采集到呈阳性样本的该场比赛成绩外还应取消从采集到呈阳性样本（无论赛内检查还是赛外检查）或发生其他兴奋剂违规当日起，直至任何临时停赛或禁赛处罚期开始期间运动员所获得的所有其他比赛成绩，包括收回已获得的任何奖牌、积分和奖金……"依照这些规范，自动取消实质上包含了对样本呈阳性的单场比赛成绩的取消和从阳性样本采集日（或其他兴奋剂违规发生日）到临时禁赛或禁赛开始时的所有成绩。只要运动员的兴奋剂违规成立，那么这些时间阶段内的成绩会被自动取消，不存在其他豁免的情形。故这种自动取消具有强制适用的特点。自动取消的设置主要是考虑到赛场的公平，自动取消处罚类型的归责原则应当与严格责任原则类似，即不考虑过失形式，仅依照客观适用或不适用处罚，处罚的适用形式应当为全有或全无型。需要注意的是，就集体项目而言，如果一名或多名运动员兴奋剂违规，是否取消该队的比赛资格或给予其他纪律处罚，应依照相关国际单项体育联合会的适用规则执行。

第二，可能取消。可能取消是指根据不同情形确定运动员参加赛事当中其他项目的成绩取消与否。2015 版及 2021 版《世界反兴奋剂条例》第 10.1 条均规定："赛事期间发生的或与赛事有关的兴奋剂违规事件，可导致运动员在赛事中取得的所有个人成绩的取消，包括收回所有奖牌、积分和奖金。"根据这两款规定，以及参考 2015 版及 2021 版《世界反兴奋剂条例》第 10.1 条释义中的例子，可以总结出对于单项比赛成绩和所有比赛成绩的不同的取消政策：即被检测出阳性的单项比赛中的成绩自动取消，并且可能进一步导致赛事所有项目成绩的取消。是否取消其他成绩考虑因素可能包括兴奋剂违规的严重程度以及该运动员在其他比赛中检测结果是否为阴性。如拉杜坎案件中，该运动员不但参加了女子体操全能比赛，而且还参加了团体以及单项比赛。之所以国际奥委会仅仅取消了检测出兴奋剂违规的女子体操全能成绩，而并未取消其所有成绩是考虑到拉杜坎在单项比赛后检测并未呈阳性以及团体检测中并未抽取其成为检测对象这些原因。

（2）集体项目中的取消处罚。集体项目是指在比赛中允许替换队员的运动项目，2015 版与 2021 版《世界反兴奋剂条例》第 11 条均对集体项目运动队违规的后果进行了规定："在集体项目中，如果某队有两名以上运动员被发现在某赛事期间兴奋剂违规，该赛事的管理机构除对违规运动员进行处罚外，还应给予该队适当的处罚（如扣除积分，取消参加某场比赛或该赛事的资格，或其他形式的处罚）。"一般而言，集体的违规当中除了取消集体继续比赛资格外，还会对集体的比赛成绩进行取消。赛事管理机构被赋予了处罚裁量权，其有权对集体项目施加更为严厉的违规处罚。如国际奥委会可制定规定，对在奥运会期间发生数量更少的兴奋剂违规取消该队参加奥运会的资格。具体个案如美国奥委会诉国际奥委会与国际田联一案［United

States Olympic Committee（USOC）v. International Olympic Committee（IOC）& International Association of Athletics Federation（IAAF）〕，就是一起由于个人违规导致集体成绩被不当取消的兴奋剂纠纷案件。[1]

2. 禁赛

禁赛处罚主要是针对运动员的后续期待利益的一种剥夺。《世界反兴奋剂条例》2009 版对禁赛的定义为："禁赛，意指运动员或其他当事人在一段时间内被禁止参加任何比赛或其他活动，或禁止接受第 10.9 条款提及的资助。"2015 版《世界反兴奋剂条例》在 2009 版的基础上对禁赛期间的身份进行了扩展：禁赛不仅意味着不能参加比赛，同时不能重返训练，也不能使用《世界反兴奋剂条例》签约方及其所属俱乐部的设施。2021 版《世界反兴奋剂条例》第 10.14 条基本沿用了 2015 版《世界反兴奋剂条例》关于禁赛期身份的规定。这类处罚具有很强的人身性以及一定程度的财产性，对于运动员的运动生涯而言影响巨大，能够达到最大程度惩罚兴奋剂使用行为的效果。值得注意的是禁赛的责任主体不但包括违规运动员本人，而且还包括其他如运动辅助人员。对于这类人员的处罚更为严厉：参与对运动员使用兴奋剂或包庇使用兴奋剂行为的人，应该受到比兴奋剂检查呈阳性的运动员更为严厉的处罚。

3. 临时停赛

临时停赛属于一种临时处罚措施，2015 版与 2021 版《世界反兴奋剂条例》均对于临时停赛含义进行了专门的定义："临时停赛意指在第 8 条参加公正听证会的权利中规定的听证会作出

---

〔1〕　United States Olympic Committee（USOC）v. International Olympic Committee（IOC）& International Association of Athletics Federation（IAAF），CAS 2004/A/725.

最终裁定之前，运动员或其他当事人暂时被禁止参加任何比赛。"这种处罚的适用范围十分有限而且通常运动员具有一定的选择权。临时停赛的使用是在运动员 A 样本检测呈阳性后、未举行处罚听证前可以被相关体育组织实施停赛的临时性措施。但根据后续程序，运动员 B 样本打开检测后并未呈阳性、未能有效确认 A 样本检测结果的，临时停赛处罚则必须被撤销。运动员或运动队在可能的情况下可以继续参赛。运动员的选择权是指在发生 A 样本呈阳性而未举行相关听证时，运动员可以自愿接受临时停赛，如果兴奋剂违规成立，那么该临时停赛期将会被计算到禁赛时限期内。通常，各个国际单项联合会都会设立临时禁赛的处罚，基于 A 样本的结果没有得到 B 样本确认的情形十分罕见，但同时作为临时停赛的一种替代措施，反兴奋剂组织通常也可以选择不给予临时停赛，而按照第 8 条的规定立即直接安排召开最终听证会。

4. 经济处罚

《世界反兴奋剂条例》2009 版、2015 版与 2021 版均规定了对于兴奋剂违规行为的经济处罚：反兴奋剂组织可以在自己的规则内规定对违规行为进行经济处罚。然而经济处罚不应该被视为缩减依照本条例所给予的禁赛期和其他处罚的依据，对于这类处罚国际单项体育协会或其他拥有体育纪律处罚权的主体对其保有自由裁量权，不因经济处罚而缩减其他各类处罚。这些规定进一步明确了经济处罚附加处罚的性质，即要求现有纪律处罚如禁赛和取消成绩的处罚，才可附加经济处罚，不可能出现仅仅只有经济处罚，并未对其进行纪律处罚的情况。

（三）处罚标准

1. 常规处罚标准

兴奋剂纪律处罚标准根据不同的兴奋剂种类在禁赛时限上区别较大，而在取消和临时停赛措施上不存在不同。一般而言，常规处罚针对使用兴奋剂类别的不同以及其他大致分为以下三个类别：

（1）特定物质常规处罚标准。特定物质一般是指那些广泛地被包含在药物当中，通常不大可能用于提高运动效能的物质。在兴奋剂控制机构发布的禁用清单上其被标记为特殊物质，并使用罗列式的内容定义。2021 版与 2015 版《世界反兴奋剂条例》关于发现使用特定物质的处罚标准基本一致：第一次违规，最轻给予严厉批评但不禁赛，最重给予禁赛 2 年。第二次违规，规定了三种处罚结果，禁赛期应在三者中选择期限最长的适用，分别为：①包括 6 个月；②第一次违规实施的禁赛期的一半，而不考虑对该禁赛期进行的任何缩减；或③如果是第二次违规，则将该行为视为第一次发生，予以两倍的禁赛期，而不考虑任何缩减。第三次违规，终身禁赛，除非有特定缩减处罚的情形出现。这种规定主要是基于处罚灵活性的考虑，但同时运动员被赋予承担如下证明责任：某种特定物质是如何进入自己体内，或如何成为自己持有物，而自己本无意使用该物质提高运动能力或掩盖某种提高运动能力物质的使用。

（2）禁用物质和禁用方法的常规处罚标准。禁用清单当中除了包含特定物质外还包含禁用物质与禁用方法两个部分。2021 版与 2015 版《世界反兴奋剂条例》关于发现使用禁用物质和禁用方法的常规处罚标准基本一致，对于检测出这两部分内容的违规时或发现使用或企图使用这类物质和方法时将会被施以禁赛处罚：第一次违规，禁赛 4 年；第二次违规，在三种处罚结果中选择禁赛期限最长的；第三次违规，终身禁赛，除非有特定缩减处罚的情形出现。

（3）其他违规的常规处罚标准。2009 版《世界反兴奋剂条例》在对违规行为界定中，除了特定或非特定物质呈阳性外，其他违规行为主要包括：①行踪信息填报失败和/或错过检查（Filing Failures and/or Missed Tests，简称 FFMT）；②拒绝或未完成样本采集；③篡改或企图篡改兴奋剂管制过程中的任何环节；④持有某种禁用物质或禁用方法；⑤从事或企图从事任何禁用物质或禁用方法的交易；⑥赛内对运动员施用或企图施用任何禁用方法或禁用物质，或赛外对运动员施用或企图施用任何赛外禁用物质或禁用方法的行为。2015 版《世界反兴奋剂条例》对违规行为的种类在 2009 版《世界反兴奋剂条例》的基础上又增加了 2 种；2021 版《世界反兴奋剂条例》在 2015 版的基础上又增加了 1 种。总结这两次修订增加的其他违规情形为：①协助、鼓励、资助、教唆、策划、掩盖等故意共谋行为；②禁止的联系与合作行为；③对兴奋剂管制工作人员的报复行为。处罚标准除了行踪失败作为单独处理处罚较轻外，其余基本均纳入第一次禁赛 4 年，第二次按照三种禁赛期最长计算，第三次终身禁赛，除非出现特定缩减处罚情形。

2. 处罚的免除

处罚的免除是指对业已发生的兴奋剂违规行为在可免除的处罚类型范围内不对其进行处罚的一种行为。处罚的免除带来的是两种后果：即首先对可免除的处罚进行免除，其次为了避免不恰当地适用多次违规禁赛处罚规定，本次检测结果阳性不被记为兴奋剂违规。

（1）可免除的处罚类型。可免除类型主要是禁赛类处罚。当运动员证明兴奋剂违规发生中自己无过错或无疏忽即可免除其禁赛期。自动取消（成绩）的处罚的适用是同兴奋剂违规与否相勾连的全有全无式适用，不存在免除情节。临时停赛根据处罚性质不具有可免除性。

（2）免除情节。第一，可能取消（成绩）的免除情节。"可能取消"处罚是可以根据违规人具体情节予以免除的。具体免除情节为：如果运动员能证实自己对违规无过错或无疏忽，则不应取消该运动员在该赛事其他比赛中的个人成绩，但可能已受到该运动员违规行为影响的比赛除外。此外，是否取消赛事中其他比赛的成绩，考虑的相关因素可能包括诸如运动员兴奋剂违规的严重程度以及运动员在其他的比赛中检测结果是否为阴性等。故可能取消的处罚免除情节为运动员无过失或无疏忽。

第二，禁赛的免除情节。根据《世界反兴奋剂条例》规定[1]，当运动员在个案中能够证明自己"无过错或无疏忽"即可免除其禁赛期。另外在本条的释义中对无过错或无疏忽进行了进一步澄清："只有运动员能够证明，尽管自己尽到了应尽的注意义务，还是没能躲过某个参赛者的破坏，才能因无过错和无疏忽而免除全部处罚。但是，在下列情况下不能因无过错和无疏忽而完全免除处罚：①因服用药品标签错误或受污染的维生素或营养补剂而导致的检测结果阳性（运动员应对其摄入体内的任何物质负责，而且已告诫运动员营养补品有受到污染的可能）；②运动员的私人医生或体能教练在未告知运动员的情况

---

〔1〕　2015版《世界反兴奋剂条例》第10.4条，2021版《世界反兴奋剂条例》第10.5条。

下给运动员使用禁用物质（运动员要对他们自己选择的医疗人员负责，并有义务告知医疗人员自己不得使用任何禁用物质）；③运动员的配偶、教练或与运动员有关的其他人，有意在运动员的食品或饮料中投放了禁用物质（运动员应对其摄入体内的任何物质负责，也应对受其委托、可接触其食品或饮料的人们的行为负责）。"

3. 处罚的缩减

处罚的缩减是指在可缩减的处罚类型中根据不同的缩减情节，可以对运动员及其他相关人所受到的处罚进行缩减的处罚行为。

（1）可缩减的处罚类型。处罚的缩减是针对禁赛这种处罚类型。取消类的处罚由于其对于业已发生的结果进行补救，不具有缩减性。

（2）缩减情节。第一，无重大过错或无重大疏忽。"无重大过错或无重大疏忽"是可以缩减处罚的一种情节。根据《世界反兴奋剂条例》关于"无重大过错或无重大疏忽"条款的适用规定[1]：如果运动员或其他当事人能证实自己无重大过错或重大疏忽，则可进一步根据缩减禁赛期条款[2]缩减或免除禁赛期；如果无法证实则根据运动员或其他当事人的过错程度缩减禁赛期，但缩减后的禁赛期不得少于适用的最短禁赛期的一半。如果适用的禁赛期是终身禁赛，则本条中所提及的缩减后的禁赛期不得少于8年。

第二，切实协助发现或证实兴奋剂违规。切实协助发现或

---

〔1〕 2015 版《世界反兴奋剂条例》第 10.5.2 条，2021 版《世界反兴奋剂条例》第 10.6.2 条。

〔2〕 2015 版《世界反兴奋剂条例》第 10.6 条，2021 版《世界反兴奋剂条例》第 10.7 条。

证实兴奋剂违规是另一种重要的缩减情节，其目的是提高打击使用兴奋剂的力度。《世界反兴奋剂条例》关于切实协助条款的规定[1]：如果运动员或其他当事人向反兴奋剂组织、刑事机构、专业纪检机构提供切实协助，使得这些组织发现或证实另一名当事人违反了反兴奋剂规则、构成刑事犯罪或违反了职业规划，负责兴奋剂违规结果管理的反兴奋剂组织可以依据第 13 条"上诉"中在最终受理上诉决定前或上诉截止日期前，暂缓实施该个案中的部分禁赛期。根据第 13 条在最终受理上诉决定或上诉截止日期后，反兴奋剂组织在获得世界反兴奋剂机构和相应国际单项体育联合会批准后，才有可能暂缓部分禁赛期。但是，暂缓禁赛期的长短应取决于运动员或其他当事人兴奋剂违规的严重程度和他为减少体育运动中使用兴奋剂所提供的切实协助的价值。可暂缓执行期不应超过原禁赛期 3/4。如果为终身禁赛的，则执行期限不得少于 8 年。

　　第三，在无其他证据的情况下承认兴奋剂违规。根据《世界反兴奋剂条例》关于主动承认条款的规定，[2]如果运动员或其他当事人在收到可能证明兴奋剂违规的样本采集通知之前（或除第 2.1 条以外的其他兴奋剂违规，收到依照第 7 条被确认违规的首次通知前），主动承认兴奋剂违规，且该承认在当时是违规的唯一可靠证据，则可以缩减禁赛期，但最终执行期限不得低于适用禁赛期的一半。故本条所述的缩减情形即为一种主动承认的情节。

---

　　〔1〕　2015 版《世界反兴奋剂条例》第 10.6.1 条，2021 版《世界反兴奋剂条例》第 10.7.1 条。

　　〔2〕　2015 版《世界反兴奋剂条例》第 10.6.2 条，2021 版《世界反兴奋剂条例》第 10.7.2 条。

第三节　国际体育仲裁院典型兴奋剂
案例及规则研究

一、一事不再罚原则——以梅里特案件和大阪规则为切入点的分析

（一）一事不再罚原则的基本内涵

一事不再罚原则（ne bis in idem）是一项法律原则，一般被国家承认作为普通刑事法律规则或者宪法性原则。一事不再罚原则源于古罗马法中的一事不再罚（ne bis in idem）原则，传统的一事不再罚原则一般包含两方面内容：即非因同一违反行为受到多于一个的起诉（nemo debet bis vexari pro una et eadem causa）以及非因同一违反行为受到多于一个的惩罚（nemo debet bis puniri pro uno delicto）。[1]一事不再罚原则在大陆法系得到了广泛立法承认，已经被当作重要的人权性质法律原则，广泛地在刑法、行政法甚至宪法中得到了承认。一般而言，一事不再罚原则内容可以作禁止双重惩罚理解。

具体而言，在国际体育仲裁界，一事不再罚原则主要体现在对国际奥委会处罚权的限制。其起因是国际奥委会执行理事会于 2008 年 6 月 27 日通过的"大阪规则"（Osaka Rules），该规则由国际奥委会执行理事会根据《奥林匹克宪章》制定并于 2008 年 6 月 27 日日本大阪会议时确定，其主要内容是"禁止受到禁赛处罚 6 个月以上的运动员参加下届奥运会"。此后美国田径名将拉肖恩·梅里特（Lashawn Merritt）因兴奋剂违规被美国

---

〔1〕　John A. E. Vervaele, "The Transnational *ne bis in idem* Principle in the EU Mutual Recognition and Equivalent Protection of Human Rights", *Utrecht Law Review*, Volume 1, Issue 2 (December) 2005.

反兴奋剂组织上诉至美国仲裁协会（AAA），要求支持其做出的禁止梅里特参加伦敦奥运会的决定。后美国仲裁协会仲裁小组驳回了美国反兴奋剂组织关于禁止梅里特参加国际奥委会举办的奥运会的决定，并裁定其禁赛期于 2011 年 6 月 27 日到期。[1]与此相类似，美国仲裁协会对哈迪（Jessica Hardy）一案也作出了类似的裁定。[2]至此，国际奥委会的体育界终极掌控者的权威似乎得到了挑战，而所谓的赛场对兴奋剂"零容忍"的豪言壮志似乎也沦为了一种"口号"，对大阪规则的探讨也在体育法学界兴起，而这场论战在国际体育仲裁院的美国奥委会诉国际奥委会一案中达到了白热化。

（二）国际体育仲裁院仲裁案例中的一事不再罚原则

美国仲裁协会的裁决使得关于大阪规则的矛盾呈现在了公众面前，作为这些案件的延续，美国奥委会于 2011 年 6 月直接针对大阪规则以国际奥委会为被诉人，向国际体育仲裁院提起了上诉，于是有了世界关注的美国奥委会诉国际奥委会一案。[3]在该案中，上诉人美国奥委会针对国际奥委会大阪规则提出异议，认为该规则"不符合世界反兴奋剂条例与奥林匹克宪章；违反了包括相称原则、平等对待和程序原则、一事不再罚原则在内的瑞士法律和基本法律原则并且侵犯了运动员个人权利；不合法地限制了竞赛"[4]。最终国际体育仲裁院支持了美国奥委会的上诉，认定国际奥委会的大阪规则与《世界反兴奋剂条

---

〔1〕　USADA v. Merritt（AAA No. 77 190 00293），http://www. usada. org/files/active/arbitration_ rulings/merritt. pdf，最后访问日期：2017 年 2 月 1 日。

〔2〕　USADA V. Hardy（AAA No. 190 00288 08），http://www. usada. org/files/active/arbitration_ rulings/AAA_ CAS%20Decision%20-%20Hardy%20-%20May%202009. pdf，最后访问日期：2017 年 2 月 1 日。

〔3〕　CAS 2011/O/2422 USOC v. IOC.

〔4〕　CAS 2011/O/2422, USOC v. IOC.

例》的规定不符，而《世界反兴奋剂条例》更符合奥林匹克宪章，因此该项规定无效以及不具有强制力。

在英国奥委会诉世界反兴奋剂机构一案中，世界反兴奋剂机构根据美国奥委会诉国际奥委会胜诉的国际体育仲裁院仲裁决定，要求英国奥委会取消关于"凡是发现兴奋剂违规者，取消其参选英国奥运代表队资格"的规定，而英国奥委会对此规定坚持不妥协，并最终将世界反兴奋剂机构上诉到了国际体育仲裁院。[1]案件的焦点集中在英国奥委会根据反兴奋剂地方法规（Anti-Doping Bye-Law）对运动员采取的取消参选国家奥运代表队资格是否属于实质性处罚，以及其是否违反了一事不再罚原则。最终在近一年的仲裁后，国际体育仲裁院上诉小组作出了支持世界反兴奋剂机构的应诉意见，认为英国奥委会的反兴奋剂地方法规实质上构成了兴奋剂处罚，是一种额外的或双重的处罚（an "extra" or a "double sanction"）；[2]同时英国奥委会作为《世界反兴奋剂条例》的签署方，有义务遵守自己签署的《世界反兴奋剂条例》有关规定，其反兴奋剂地方法规构成了对《世界反兴奋剂条例》的违反，故对相关运动员不产生效力。

（三）一事不再罚原则的未来展望

仅依照以上呈现出的两个案件仲裁裁判作为探讨范围，可以得出如下结论：

1. 国际体育仲裁院的独立性

国际体育仲裁院的独立性与裁判的公正性在上述两案中得到了极大的印证。国际体育仲裁院成立之初由国际奥委会支持，并同其在财务上存在千丝万缕的联系，但随后这种情况由著名

---

〔1〕 CAS 2011/A/2658.

〔2〕 CAS 2011/A/2658 BOA v. WADA.

的甘德尔案件推动产生了国际体育仲裁院的第一次改革，即以1993 年国际仲裁体育委员会的成立为标志，国际体育仲裁院进入了一种独立的外部治理结构环境当中。在上述两案中，国际体育仲裁院直接针对兴奋剂惩罚规定，通过细致的听证、完善的推理，做到了不偏不倚，在目前的规则背景下保证了个案的公正公平。同时也进一步增加了其机构的公信力，这不失为对在其强制仲裁权下的一种利益平衡。

2. 国际体育仲裁院对法律原则的巧妙应用

国际体育仲裁院在个案裁判中对一事不再罚的法律原则的应用，并非是一种在法律规则出现漏洞或冲突时的全有全无式的价值应用，而是仅仅建立在判断大阪规则是否是一种实质性惩罚，是否构成了对运动员的双重惩罚的现实层面，至于国际奥委会大阪规则的无效则是由其对国际奥委会自身上位法的违反而引起的。同时英国奥委会一案中，英国奥委会的地方性法规无效也是由于该内容实质上违反了其签署的世界反兴奋剂条例。这种将一事不再罚原则作为法理判断进而推至对规则的效力的考察的做法，不得不说是一种对原则价值的巧妙应用：一方面，在现有规则下保障了个案公正；另一方面，也为惩罚规则的进一步改进留下了空间。国际体育仲裁院如果用一事不再罚原则替代规则冲突作为裁判理由，那么国际组织对该规则的进一步改进与合法化就会受到巨大冲击，而就此宣称了所谓的"零容忍"只是口号而已。

3. "一事不再罚"原则未来的发展

在国际奥委会败诉后，时任主席罗格就已经表示要在 2015版《世界反兴奋剂条例》的修改中将大阪规则纳入议程，而后来在《世界反兴奋剂条例》2015 版第一阶段征求意见稿中，大阪规则已经被纳入讨论意见中，在《世界反兴奋剂条例》中实质性增加了奥运会禁赛的附加处罚规定。国际奥委会与世界反兴奋剂机构原本想通过 2015 版《世界反兴奋剂条例》的颁布，使附加处罚在运动员、各个国际单项联合会、国际奥委会、各个国家反兴奋剂机构等多种签约方中生效，突破"一事不再罚"原则。但在最终生效的 2015 版《世界反兴奋剂条例》中，奥运会附加处罚被删除（但初次违规基本改为处罚 4 年，注定错过下届奥运会)[1]，可见，国际奥委会与世界反兴奋剂机构想单方通过修改条例突破"一事不再罚"原则但遭到各签约方的抵制。2021 版《世界反兴奋剂条例》也未将奥运会附加处罚作为修改内容增加。在未来，"一事不再罚"原则应当仍然是反兴奋剂领域处罚的基本原则，国际体育仲裁院也仍然会坚持以这一原则进行裁决。

4. 国际体育仲裁院对运动员权益与反兴奋剂运动的平衡

奥运会的附加禁赛处罚在目前的规则背景下无疑违反了一事不再罚的原则，是否对运动员意味着公平？是否意味着对运动员人权的侵犯？其实这些回答可能是模糊的，或者说对于反兴奋剂运动而言，国际体育界一致认为兴奋剂所带来的不公比某些规则带来的不公更具影响，这种对全体运动员公正的价值位阶是更高的。但同时，国际体育仲裁院作为独立的国际体育仲裁权人，对运动员个体公正与反兴奋剂运动全体公正中的平衡也是精妙的。这主要体现在国际体育仲裁院对于程序正义的追求，比如中国籍运动员佟文的胜诉案件，就是一个例证。[2]

---

〔1〕 World Anti-Doping Code Draft 2015 (version 3.0), http://www.wada-ama.org/Documents/World_Anti-Doping_Program/WADP-The-Code/code_Review/Code%20Review%20 2015/WADC-2015-draftversion3.0.pdf, 最后访问日期：2014 年 1 月 1 日。

〔2〕 CAS 2010/A/2161 Wen Tong v. International Judo Federation.

也就是说只有从程序公正的层面保住最后的底线，才能在运动员权益与公众权益当中取得平衡，保障国际体育仲裁院的独立与公正的机构威信。

二、兴奋剂样本复检规则研究——以刘春红、曹磊案为切入点的分析

2008 年北京奥运会上，中国女子举重运动员曹磊、陈燮霞、刘春红在比赛中斩获金牌。在时隔 8 年的 2016 年里约奥运会之前，国际奥委会、世界反兴奋剂机构和各国际单项体育联合会开启了对 2008 年、2012 年奥运会样本的兴奋剂复检工作。据国际奥委会医疗科技部主任理查德·巴吉特（Richard Budgett）介绍，在对 2008 年北京奥运会和 2012 年伦敦奥运会来自 19 个国家的运动员的 1400 多例样品的复检中，共发现 98 例阳性，做出处罚决定 65 项。[1] 在此次大规模复检中，中国举重运动员曹磊、陈燮霞、刘春红的样本复检显示阳性结果（Presumptive Adverse Analytical Finding，简称 PAAF）。国际奥委会于 2017 年 1 月 10 日对 3 人做出了取消成绩和收回金牌的处罚决定。曹磊、陈燮霞、刘春红的样本均被检测出生长激素释放肽 2（Growth Hormone Releasing Peptide-2，简称 GHRP-2）阳性，刘春红的样本除了 GHRP-2 阳性外，还被检测出西布曲明（Sibutramine）阳性。此后，陈燮霞放弃了上诉，刘春红与曹磊就该处罚决定向国际体育仲裁院（Court of Arbitration for Sport，简称 CAS）提起上诉，形成了备受关注的奥运会样本复检阳性的兴奋剂仲裁案

---

〔1〕 "兴奋剂检测再升级！北京与伦敦奥运复查 98 例阳性"，载 http://www.sohu.com/a/110778721_183834，最后访问日期：2019 年 5 月 12 日。

件。[1] 其中核心的上诉理由在于复检（re-analysis）规则在 2008 年时并无规定，所查处的 GHRP-2 物质并未在 2008 年的禁用清单上明确列举。国际体育仲裁院最终作出裁决驳回刘春红与曹磊的上诉。这两起案件引起了国际体育界广泛关注，其中涉及复检规则、时效规定、禁用清单是否溯及既往等反兴奋剂领域的基本问题，均需要进行仔细分析与探讨，以进一步明确国际体育仲裁院的规则适用。

（一）刘春红与曹磊案中争议焦点及样本检测规则的适用分析

两起案件主要涉及四个方面的争议，且这四方面争议均涉及今后对世界反兴奋剂规则的理解，因此有必要逐一进行分析：

1. 禁用清单非穷举式列举方式的适用探讨

在刘春红和曹磊案中，第一个争议点是对于被查出的禁用物质——GHRP-2 的违规认定。运动员在上诉意见中坚持认为 GHRP-2 未在 2008 年的禁用物质清单上明确列出，直到 2015 年才明确列入禁用物质清单，而对禁用清单的适用不应当追溯适用。因此，在刘春红和曹磊案中，第一个关键的争议点就是认定 2008 年清单中未明确列举的 GHRP-2 物质违规是否构成了溯及适用？

从物质的性质来看，GHRP-2 实际上是人体生长激素（Human Growth Hormone，简称 HGH 或 hGH）的一种释放因子（releasing factor）。2008 年的禁用清单没有明确列举这一物质，但在"S2 激素及相关物质"的项下有一项对"下列物质及其释放因子"的表述。在刘春红和曹磊案中，世界反兴奋剂机构的答辩理由是：此前在 2015 年的禁用清单的注释说明中已经注明，

---

〔1〕 CAS 2017/A/4973 Chunhong Liu v. International Olympic Committee（IOC）；CAS 2017/A/4974 Lei Cao v. International Olympic Committee（IOC）.

GHRP-2 作为生长激素的大类下的物质已经在 S2 列目下进行列举，后来由于技术的进步，生长激素的释放因子被进一步地明确分为了几种类型，GHRP-2 才有了具体的名称。2015 版《世界反兴奋剂条例》第 4.2.2 条规定：除了禁用清单上列出的蛋白同化制剂、激素、刺激剂、激素拮抗剂与调节剂外，所有禁用物质都是"特定物质"。国际体育仲裁院采纳了世界反兴奋剂机构的答辩理由，认为 GHRP-2 已经出现在了 2008 年禁用清单上，不过是以非穷举式（即采取"下列物质及其释放因子"的表述）的列举包含在了"S2 激素及相关物质"项下，在 2015 年的禁用清单上，GHRP 作为一种明确列举的生长激素物质，而 GHRP-2 正是作为一种生长激素释放物质的类型。

除了刘春红与曹磊案之外，类似的案例还有 2004 年雅库布瓦夫里亚克案件（CAS2009/A/1918）。案件中争议的禁用物质甲基乙胺（methyl-hexanamine），在一开始也是未在禁用清单上明确列举，国际体育仲裁院在裁判中认为世界反兴奋剂机构禁用清单是一份"开放式清单"（open-list），包括"即使未在目前检测中确定但在药理学上归类为兴奋剂的所有物质"。[1] 国际体育仲裁院在这一案件中运用了明确的"类推适用"方法，把具有相同化学结构和相同药理性的物质类推适用，即使未在禁用清单上明确列举此物质，但由于此物质与清单上的某种物质具有相同的化学结构和药理性也视为相应的违规物质。这意味着，即使世界反兴奋剂机构在特定时间内未识别此物质，甲基乙胺本质是一种兴奋剂，其仍然是在此之前已被禁止的物质。由此可见，以打击兴奋剂违规为主要任务的国际体育机构在对

---

〔1〕　CAS Jakub Wawrzyniak v. Hellenic Football Federation（HFF）.

禁用物质的态度上以非穷尽式列举为一贯做法。由这些案件以及相应的规定我们可以得出结论：对于包括蛋白同化制剂、激素等非特定物质，可不采取穷尽列举的方式进行追究兴奋剂违规。因为在相应的激素领域内，会有很多相似的物品特性因子，其无法通过清单一一列举，在实践中会通过对兴奋剂的药理性特征进行追责。所以，随着反兴奋剂领域的不断发展，对于非特定兴奋剂物质的外延采"非穷举法"已成为常态，这一做法在国际体育仲裁院的案例中反复被确认，运动员、教练员及辅助人员等切勿对属于大类别禁用物质却未明确列举的兴奋剂物质抱有侥幸心理。

2. 复检规则是否适用于本案

在刘春红与曹磊案中，第二个争议的焦点是复检（re-analysis）规则本身能否溯及适用于 2008 年北京奥运会的样本？与复检相对的是对样本的初次检测，也称为原始检测（initial testing）。刘春红与曹磊在上诉中认为，2008 年奥运会适用的规则是 2003 版《世界反兴奋剂条例》，条例中并没有规定允许对样本进行复检。复检在条例中的明确规定，始于 2009 版《世界反兴奋剂条例》。2009 版《世界反兴奋剂条例》第 6.5 条规定：只有在启动和指导该样本采集的反兴奋剂组织或世界反兴奋剂机构的要求下，方可保存样本并随时重新分析样本（Retesting samples）。[1] 从法不能溯及既往的角度，刘春红与曹磊均认为 2009 年才有的复检规则不能溯及适用于 2008 年的样本。

复检规则的适用涉及国际奥委会对 2008 年北京奥运会几百

---

〔1〕 WADA 2009 world Anti-Doping. code, https://www.wada-ama.org/sites/default/files/resources/files/wada_Anti-Doping_code_2009_en_0.pdf，最后访问日期：2019 年 5 月 12 日。

例样本复检的合法性问题，其中 60 例检测结果为阳性的运动员均被国际奥委会取消了成绩和奖牌，因此，国际体育仲裁院对复检规则的适用认定关涉到整个复检计划的合法性问题。关于复检规则的适用，国际体育仲裁院的裁决进行了详细分析，最终认定复检规则适用于本案，也适用于所有对 2008 年北京奥运会复检的案件，其论证逻辑如下：首先，2003 版《世界反兴奋剂条例》虽未明确提及复检，但是复检被 2009 版《世界反兴奋剂条例》所规定，依照该条款的释义："尽管该条为新加条款，但反兴奋剂组织一直有权对样本进行复检"，可以合理推断出在此之前反兴奋剂组织拥有对兴奋剂样本复检的权力。其次，即使不以 2009 版《世界反兴奋剂条例》的规则为依据，2008 年适用的《实验室国际标准 2008》（International Standard Laboratory 2008，简称 ISL2008）第 5.2.2.12 条中有关于重启样本进行重新检测（re-sealing of samples for future re-testing）的规定，这一规定也包含了反兴奋剂组织有权对样本进行重新检测。ISL2008 在 2008 年是作为 2003 版《世界反兴奋剂条例》的组成部分，因此其适用于 2008 年奥运会的样本没有问题。由此可见，国际体育仲裁院认为，尽管复检规则是 2009 版《世界反兴奋剂条例》才明确规定，但 2008 年就已经生效的实验室国际标准已经明确规定了反兴奋剂组织和实验室拥有重启样本进行进一步检测的权力，进一步检测的权力与复检的权力是一样的，因此，国际奥委会的复检具有明确的依据。国际体育仲裁院进一步认定，复检是反兴奋剂组织一直所拥有的默认权力，并不构成溯及适用。在涉及北京奥运会样本复检的其他案件中，如卡特尔诉国际奥委会案,[1]国际体育仲裁院均未质疑过复检规则的适用效力,均认为国际奥委会的复检行为有明确依据。

3.8年后复检的时效规定是否合理

刘春红与曹磊从2008年样本采集至2016年复检,时隔了8年,运动员就复检程序适用的8年时效提出了质疑:认为8年时效对运动员不公平,经过8年运动员证明自己无过错的举证责任很难实现。关于8年时效的规则是否有效,国际体育仲裁院的认定逻辑如下:首先,2003版《世界反兴奋剂条例》第17条明确规定了兴奋剂违规的追诉时效是8年,国际奥委会对刘春红与曹磊的复检符合2003版《世界反兴奋剂条例》的规定。其次,国际体育仲裁院对2003版《世界反兴奋剂条例》关于8年的时效规则本身是否合法进行了审查。国际体育仲裁院认为,8年时效规定并未违反基本法律原则,并对所在国瑞士的法律进行了援引,例如《瑞士债法典》第127条规定,合同义务适用10年普通诉讼时效,《瑞士联邦刑法典》第97条规定,普通诉讼时效为10年,轻罪诉讼时效为7年,因此,8年时效并未违背法律原则或瑞士公共政策。此外,国际奥委会在答辩中主张,时间是影响复检的重要因素,因为方法和实验室设备的改进需要时间。国际体育仲裁院支持了国际奥委会的上述主张和理由,认可了8年时效规则的有效性。

需要注意的是,在兴奋剂违规案件的时效问题上,一个基本的趋势是时效的延长。2003版与2009版《世界反兴奋剂条例》均规定了8年时效,在2015版《世界反兴奋剂条例》修改

---

[1] The Courtof Arbitrationfor Sport (CAS) Dismissesthe Appeal of Jamaican Sprinter Nesta Carter, https://www.tas-cas.org/fileadmin/user_upload/Media_Release_4984_Decision.pdf, 最后访问日期: 2019年6月19日。

时，曾经提出过 14 年追诉时效的修改意见，后来在正式通过的 2015 版《世界反兴奋剂条例》中改为 10 年，2021 版亦沿用了 10 年的时效规定："对运动员或其他当事人的兴奋剂违规采取行动的时效自发现违规之日起为期 10 年，逾期对兴奋剂违规不予追究。按照第 7 条规定通知运动员或其他当事人兴奋剂违规，或已经通过适当的方式尝试通知的除外。" 2015 年的修订将此前的 8 年时效延长至 10 年，并新增规定只需在时效届满前向运动员发出通知，包括处罚决定做出和实施在内的程序即使是在时效届满后完成也不视为逾期。国际奥委会对包括刘春红、曹磊在内的 2008 年北京奥运会样本重启时间虽然未超过 8 年，但做出处罚决定的时间为 2017 年，已经超过 8 年，这一规定明确了时效的计算只以重启样本这一行为为计算基准，而不以处罚行为为计算基准。当然，为保护运动员的基本权利，2015 版《世界反兴奋剂条例》第 25.2 条和 2021 版《世界反兴奋剂条例》的 27.2 条也规定了"从旧兼从轻"原则（*lex mitior*）。

　　国际奥委会与世界反兴奋剂机构均肯定 8 年甚至 10 年的时效，原因在于技术的进步发展需要时间积累。但体育界与法律界也对时效过长提出了一些质疑：由于"严格责任原则"的适用，国际奥委会或世界反兴奋剂机构只需依据阳性检测结果即可认定兴奋剂违规。相较之下，这种"年深月久"对于运动员举证所产生的影响是更为显著的：经过较长的时间后由运动员承担证明实验室操作存在违规的责任是非常难实现的。《第 29 届北京奥运会反兴奋剂规则》（The International Olympic Committee Anti-Doping Rules Applicable to the Games of the XXIX Olympiad，简称 IOC ADR）第 3.2.1 条规定："推定获得世界反兴奋剂机构认证所实施的样本分析程序和保管程序是依照实验室国际标准进行的。运动员可以通过举证实验室出现过违背国际标准并由此合理导致阳性结果的行为来抗辩。"可见，证明因实验室存在违反实验室国际标准情形从而导致阳性结果产生的责任应由运动员承担。然而，以刘春红案为例，运动员的样本从采集到接受复检这漫长的 8 年中，一直处于实验室的控制之下，甚至还涉及从北京实验室至洛桑实验室这一运输过程。在此种情况下，由运动员承担证明实验室操作存在违规的责任是较难实现的。在复检程序的开启上，世界反兴奋剂机构采取在时效届满时开启，而处罚结果的下达却在时效届满之后，这无疑不利于运动员权利的保护。[1]但 8 年的时效在 2003 版《世界反兴奋剂条例》就已经明确规定，2015 版与 2021 版《世界反兴奋剂条例》对时效规定为 10 年，明确的时效规定使国际体育仲裁院在案件中不会将时效问题作为争议问题对待。

4. 兴奋剂检测结果不一致时的处理方式

刘春红与曹磊案第四个争议点在于，运动员对于实验室两次检测出相反结果的处理方式提出质疑，希望在仲裁时对实验室检测结果相逆的情况予以考量。我们因此需要在案例中分析，当两次实验室做出的检测结果不一致时，国际体育仲裁院会如何认定？

2015 版《世界反兴奋剂条例》第 6.5 条针对兴奋剂的检测规定了反兴奋剂机构可以在时效有效期内对样本进行多次重复检测，这是因为由于技术的发展可以检测出当年无法检测出的违规物质，以防有漏网之鱼。[2]在刘春红案中，2008 年与 2016

---

〔1〕 李睿智："奥运会兴奋剂复检及其时效的法律问题探讨——以刘春红案为起点"，载《体育科研》2018 年第 3 期。

〔2〕 WADA 2015 World Anti-Doping Code, https://www.wada-ama.org/sites/default/files/resources/files/wada-2015-code-chinese_0.pdf, 最后访问日期：2019 年 5 月 19 日。

年的检测结果不一致是由于技术的发展致使检测灵敏度发生了变化。刘春红案中的违禁物质西布曲明，2008 年仅能在西布曲明含量超过 500ng/ml 才能检测出来，而 2016 年由于仪器的敏感度使洛桑实验室能够在物质含量 50ng/ml 时就能检测出来，因此在 2016 年的复检时检测出该违禁物质。西布曲明作为 2008 年禁用清单上明确列举的禁用物质，此种物质的违规是无可置疑的，并不能因为技术未能检测到就能够对服用兴奋剂存在侥幸心理。仲裁裁决中指出 2008 年与 2016 年的检测结果之间并不存在不一致或矛盾，因为两次结论均是通过当时可以利用的仪器和方法得出的，复检的主要功能是通过经改进的方法分析"检测样本采集时所禁用的物质，由于禁用物质于样本采集时无法检明"，而未对运动员实施制裁并不意味着此后运动员能够产生不受制裁的合理期待。

两次检测结果不一致在国际体育仲裁院也有过判例。在以往的判例中，即使兴奋剂检测的技术标准未产生变革，出现两种不一样结果时仍会按运动员违规处理。如 2008 年北京奥运会男子 4×100 米接力赛中，内斯塔·卡特尔（Nesta Carter）作为第一棒，全队以 37 秒 10 的成绩打破了美国队创造的 37 秒 40 的世界纪录获得奥运会金牌。2016 年，国际奥委会对 2008 年北京奥运会样本的复检中，查出卡特尔的样本呈阳性。卡特尔面临半年到一年的禁赛处罚，并无缘 2016 年的里约奥运会。2017 年 1 月 25 日，国际奥委会宣布整个牙买加接力队在 2008 年北京奥运会上获得的 4×100 米接力金牌被剥夺。之后卡特尔上诉到了国际体育仲裁院，卡特尔在上诉时声称：由于进一步分析（further analysis）的目的是检测在初步分析中未进行检测出来的禁用物质或禁用方法，进一步分析只能以一种方式或通过一种旨在得到通过当时初始分析不能得出结果的新方法，而在本案中卡特尔的样本，根据专家意见，在2008年北京实验室通过当时的方法就可以检测出来这种名为甲基乙胺的物质。卡特尔认为再通过同样方法的初始分析（initial analysis）之后，他们理应拥有合理期待，对于样本的检测即使显示服用兴奋剂结果也只能通过新方法检测出来。国际奥委会在对卡特尔的处罚决定中详细阐述了两种检测结果不一致为何仍然按违规处理的理由：即使是同时检测，在不同实验室因为检测方法或者是仪器的敏感度等原因也会出现不同的结果，甚至是一个实验室呈阳性另一个呈阴性的结果，因此并无必要对于进一步分析的范围方法进行限制。最后，国际奥委会纪律委员会认为，进一步分析优先使用新方法（new method），因为这是最为灵敏的探测方法。但是，这个优先使用并不意味着排除了识别禁用物质的任何其他方法的应用，无论是新的方法还是已经在初步分析时就已存在的方法，最后对卡特尔做出了处罚决定，国际体育仲裁院也支持了国际奥委会的处罚决定和理由。[1]

由此可见，在国际反兴奋剂领域，对于兴奋剂样本的检测，不论技术标准的进步与否，只要查出阳性结果即为违规。这也反映了国际体育界对兴奋剂查处的严苛性。然而对于同一种技术的检测，不同实验室出现的不同结果，如果第一次检测未出现阳性结果，之后再以相同方法进行检测，即使检测出阳性结果是否违反了相应的一事不再理原则呢，运动员对于自己样本的合格性是否有合理性期待呢？从世界反兴奋剂机构、国际奥

---

〔1〕 IOC Sanctions Two Athletes for Failing Anti-Doping Testat Beijing 200, https://www.olympic.org/news/ioc-sanctions-two-athletes-for-failing-Anti-Doping-test-at-beijing-2008，最后访问日期：2019年5月18日。

委会以及国际体育仲裁院的处罚决定来看，可以预见的短期内对于兴奋剂的追究仍然是从严的，这种期待是得不到保护的。

（二）反兴奋剂案件适用规则的特殊性分析

通过对刘春红与曹磊案的分析，我们发现，在反兴奋剂案件中，国际体育仲裁院以及反兴奋剂组织所依据的原则与规则，区别于传统的法律原则与规则。尽管有一些基本的法律原则在反兴奋剂领域也适用，如一事不再罚原则，[1]但法治领域许多原则在反兴奋剂案件中并不当然被采用。反兴奋剂案件适用规则的特殊性主要表现在以下方面：

第一，在归责原则方面适用"结果责任"或"严格责任"，不同于法治领域侵权责任法以"过错责任"为主及刑法的基本原则"无罪推定"。反兴奋剂案件采取严格责任的归责原则，即运动员必须确保没有禁用物质进入其体内，其要对发现于他们身体内的任何禁用物质或它的代谢物或标记物负责，以有错推定为原则，一旦运动员被检测出来结果呈阳性则推定运动员服用了兴奋剂物质，运动员则负有证明自身没有违规的义务。同时，《世界反兴奋剂条例》确定了几个重要的假设和前提：其一，经过 WADA 认证的实验室得出的检验结论被认为是正确的，运动员承担证明该结论是不正确的责任；其二，运动员不能质疑禁药名单上的物质或方法，也不能辩称该物质和方法并不能提高比赛成绩，运动员的主观过错大小只在处罚时才予以考虑。[2]在这些前提和假设里我们可以看出，由于严格责任的适用，在举证责任上实施举证责任倒置，不同于民事诉讼基本原

---

〔1〕　王霁霞、陈艳："论反兴奋剂领域的一事不再罚原则"，载《体育文化导刊》2014 年第 3 期。

〔2〕　李智、王美烟："正当程序视野下国际体育兴奋剂处罚体系的发展"，载《武汉大学学报（哲学社会科学版）》2010 年第 3 期。

则"谁主张谁举证",如运动员承担对自己没有过错的证明责任,运动员对于实验室的样本储存和处理不当的举证责任等。在刘春红案件的裁决中,国际体育仲裁院认为因存在违反实验室国际标准的情况从而产生阳性结果的举证责任应由运动员而非国际奥委会承担,由于运动员未能达到优势证明的证明标准,无法推翻"WADA 认证实验室所进行的样本分析和保管程序符合 ISL"(2015 版《世界反兴奋剂条例》第 3.2.2 条)这一推定。且根据 2015 版《世界反兴奋剂条例》的规定,即使运动员能够证明实验室存在程序瑕疵,但只要不能证明这一程序瑕疵与阳性结果存在因果关系,则运动员的举证被认为是不充分的。这些因素都使在反兴奋剂案件中,运动员承担的举证责任重于法治领域刑事案件的被告人的举证责任。实践中由运动员承担证明实验室操作存在违规的责任是较难实现的。

第二,在规则的适用方面一定程度突破法不溯及既往原则。法不溯及既往来源于拉丁文谚语"*Lex prospicit non respicit*",即"法律向前看不向后看",是法治国家的基本原则,基本涵义是不能用今天的法律约束昨天的行为,如美国 1787 年宪法规定了追溯既往的法律不得通过。但在反兴奋剂领域,刘春红、曹磊、内斯塔·卡特尔等案件中,国际体育仲裁院均认可行为发生时未列入禁用清单的物质可以被溯及适用,尤其是内斯塔·卡特尔案明确了世界反兴奋剂机构禁用清单是一份"开放式清单",包括药理学上归类为兴奋剂的所有物质,且运用了"类推适用"的方法。"禁止类推"是法治领域中刑法的基本原则之一,与"罪刑法定"原则一样均为现代刑法的重要基础。但反兴奋剂领域对这些基本法律原则均有不同程度的突破。

此外,对于样本的不同检测结果也采用对运动员不利的结果，与法治领域要求的证据形成一致性链条的证明要求不相符。

反兴奋剂领域之所以与法治领域在许多原则规则适用上有区别，其根本原因在于体育领域的自治属性。一直以来，体育规则由体育领域自行规定，法律并不直接介入体育领域，除非涉及运动员作为公民的基本权利，体育领域的自治规则最大限度仅限于体育本身——如剥夺比赛成绩、禁赛等。因此，体育领域的主要规则均为各主要国际体育组织的章程。从性质上来看，体育领域的自治权是一种集体性权力。首先，体育行业组织的自治权来源于成员个人权利的自愿让渡，运动员为了参加比赛必须认可体育组织的章程，成员在权利让渡之后就必须服从于体育行业组织的规定。其次，体育行业的自治权仅作用于行业内部成员，对组织外部成员无效。正因为仅作用于内部成员，效力不具有外部性，法律也没有介入的理由与必要。

（三）2021 版《世界反兴奋剂条例》的修改趋势及影响

1. 2021 版《世界反兴奋剂条例》的关于进一步检测内容的修改

《世界反兴奋剂条例》每五年左右要修订一次，每次修订都意味着反兴奋剂领域的顶层规则发生了深刻变化，[1] 其修订趋势对于我们把握反兴奋剂领域未来的规则变化至关重要。

2021 版《世界反兴奋剂条例》经过两年时间搜集意见和酝酿修订，于 2019 年 11 月 7 日在世界反兴奋剂大会闭幕当天获审议通过，将于 2021 年 1 月 1 日起开始实施。在新通过的 2021 版《世界反兴奋剂条例》中，非常引人注意的一个变化是关于样本

---

〔1〕 王霁霞："《世界反兴奋剂条例》修改趋势研究"，载《西安体育学院学报》2014 年第 3 期。

进一步检测规则的修订。2021 版《世界反兴奋剂条例》将进一步检测（further analysis of sample）修改为在结果处理或听证程序之前或期间进一步分析样本（further analysis of a sample prior to or during results management or hearing process）。关于样本进一步检测的条款分为四个部分：[1]

第一，在通知运动员违规之前，样本的反复检测次数没有限制。在运动员被通知阳性检测结果之后，仅可在运动员或听证小组同意的情况下进行额外检测。本条款的基本原理是，一旦运动员被告知阳性检测结果，他（她）不应在听证会的过程中，被迫成为样本检测的目标人群。如果在听证过程中认为进一步检测恰当，则可在运动员同意的情况下，直接由听证小组进行指示。

第二，当样本呈阴性结果时，由发起和指导样本采集的反兴奋剂组织或世界反兴奋剂机构开展的进一步检测（复检）没有限制。其他反兴奋剂组织需征得发起和指导样本采集的反兴奋剂组织或世界反兴奋剂机构的同意（第 6.6 条）后才能进一步检测样本。

第三，对样本拆分为 A、B 样本作出规定，如果世界反兴奋剂机构及具有结果管理权限的反兴奋剂组织和/或世界反兴奋剂机构认可的实验室希望将样本拆分为 A、B 两部分，使用 A 样本进行分析，B 部分进行结果确认，应遵循国际实验室标准中规定的程序。

第四，增加了关于样本所有权及样本结果信息的相关规定，世界反兴奋剂机构可以随时自行决定对实验室或反兴奋剂组织

---

[1] PROPOSED 2021 WORLD ANTI-DOPING CODE. 2019-11-21, https://www.wada-ama.org/en/resources/the-code/proposed-2021-world-Anti-Doping-code.

所拥有的任何样本和相关分析数据或信息进行实际拥有。根据世界反兴奋剂机构的要求，拥有样本的实验室或反兴奋剂组织应立即授予访问权，并使世界反兴奋剂机构能够实际获得样本，如果世界反兴奋剂机构在获取样本之前未事先通知实验室或反兴奋剂组织，则应在获取后的合理时间内向世界反兴奋剂机构所采集样本的实验室和反兴奋剂组织提供此类通知。在对检测的样本进行分析和任何调查之后，如果发现其违反了反兴奋剂规则，世界反兴奋剂机构可以指示另一个反兴奋剂组织对运动员进行测试，并对样本承担结果管理责任。

2. 2021 版《世界反兴奋剂条例》修改内容及其影响

2021 版《世界反兴奋剂条例》上述修改内容将对世界反兴奋剂规则产生重要影响：对样本的进一步检测无次数限制，尤其是当样本初次检测结果为阴性时，发起和指导样本采集的反兴奋剂组织或世界反兴奋剂机构拥有无次数限制的检测权对运动员权利影响巨大。运动员要在长达 10 年的追诉时效内面对持续增长的技术进步及禁用清单更新造成的溯及适用，运动员、教练员及辅助人员等不可对当时虽不属于禁用物质清单之列，或不能被技术检测出就抱有任何侥幸心理。

同时，国际体育仲裁院在未来可预见的时间内不会改变裁决，各国的法院对于体育纠纷的案件也是注重程序上的审理而对于实体规则并不进行挑战。在法律适用规则中，国际体育仲裁院使用了规则（regulations）、法律规范（rules of law）、法律（law）三种不同的表述。仲裁庭将根据可适用的体育规则（regulations）以及作为补充的当事人选择的法律规范（rules of law）来解决争议，如当事人未能选择，则应适用做出被上诉决定的体育联合会、体育协会或相关体育组织所在地国的法律（law），或者适用仲裁庭认为适当的法律规范（rules of law）。在后者的情况下，仲裁庭应当给出理由。从反兴奋剂领域案件的规则适用情况来看，《世界反兴奋剂条例》一直是该领域国际体育仲裁院适用的顶层规则，在案例中从未被推翻过。如在 2011 年梅里特（LaShawn Merrit）一案中，国际体育仲裁院认为《世界反兴奋剂条例》已被并入奥林匹克宪章中，国际奥委会的"大阪规则"应受《世界反兴奋剂条例》的约束，"大阪规则"与《世界反兴奋剂条例》不符，也与国际奥委会的组织章程——《奥林匹克宪章》不符，因而该规则是无效的，不具有执行力。[1]由此可见，在反兴奋剂案件中，只要《世界反兴奋剂条例》有明确规定，相应的体育比赛就受到《世界反兴奋剂条例》的约束，国际体育仲裁院不会对条例中的规定作出撼动和质疑，因此在今后的体育兴奋剂纠纷审理中仍将适用上述规则和原则。

（四）余论：在严厉打击兴奋剂与保护运动员合法权利之间寻求平衡

无论是刘春红案、曹磊案，还是 2021 版《世界反兴奋剂条例》的修改，其中禁用清单为开放式清单、复检权力不受任何限制等规则，均体现了国际体育界对兴奋剂问题的严厉态度，也有利于建立纯洁干净的体育竞争环境。但对运动员实施过于严苛的规则不利于对运动员合法权利的保护。从国际体育组织过往的处罚案例来看，适用规则的结果完全不考虑运动员权利的保护确实有失公正。以禁用清单的溯及适用为例，禁用清单对生长激素等非特定物质进行非穷尽式的列举，然而世界反兴奋剂机构和国际奥委会并没有对那些移除清单的物质撤销处罚，

---

〔1〕 CAS 2011/O/2422 United States Olympic Committee（USOC）v. International Olympic Committee（IOC）.

对于运动员的权利保护十分不公平。如大剂量的咖啡因在以前被世界反兴奋剂机构列为禁药，运动员因此被禁赛，[1]但 2004 年咖啡因从禁用清单中移除，而运动员并未因此被撤销或减少禁赛期。换言之，对运动员有利的禁用清单并未被溯及适用，只有对运动员不利的禁用清单被溯及适用，形成了事实上的"从新兼从重"，完全违背"从旧兼从轻"的法治基本原则。尽管体育行业为自治领域，具有相应的自治原则，但仍期待在未来的发展中，逐步向更公正的法律领域的原则靠拢，在打击兴奋剂违规的同时，兼顾保护运动员合法权利。

三、运动员无过错的证明标准——基于达尼科娃等案例的分析

兴奋剂违规案件中运动员是否存在过错是决定后续所有纪律处罚的重要标准。在检测出阳性结果或发现兴奋剂初步违规成立后，证明自己不存在过错是运动员最重要的免责事由。尤其是在食品污染、营养品补品含有禁用物质案件中，运动员往往会举证证明自己不存在过错以期减免禁赛期。但在兴奋剂违规案件中，运动员无过错情形的证明责任如何分配、何种情形可以认定运动员完成了证明自己无过错的举证责任一直是理论与实践中的难点、重点，也是历次《世界反兴奋剂条例》修改的重点内容之一。运动员尽到了怎样的注意义务可以视作无过错以达到免除阳性检测结果或违规初步成立后带来的禁赛等处罚，这是兴奋剂违规案件的重要规则问题。通过对国际体育仲裁院（CAS）相关判例及历次《世界反兴奋剂条例》修改关于无过错证明责任的梳理，可以系统、清晰地把握无过错证明责

---

〔1〕　CAS 2000/A/281 H./Fédération Internationale de Motocyclisme（FIM）.

任的内涵、要求、证明标准，有利于更好地把握体育规则与维护运动员的合法权益。

（一）兴奋剂违规案件中反兴奋剂组织的举证责任及证明标准

兴奋剂违规案件中反兴奋剂组织的证明责任不同于刑事案件完全由控方举证的规则，也不同于普通民事案件采取"谁主张谁举证"的原则，反兴奋剂组织的举证责任及证明标准有如下两个重要特点：

1. 兴奋剂违规案件采取"严格责任"，阳性检测结果即代表反兴奋剂组织完成初步举证责任

2015 版与 2021 版《世界反兴奋剂条例》第 3.1 条均规定，反兴奋剂组织对发生的兴奋剂违规行为负举证责任。但反兴奋剂组织的举证责任，通过世界反兴奋剂机构（WADA）认可的实验室的检测结果即可完成，其实质是一种"严格责任"（strict liability），即阳性检测结果代表了反兴奋剂组织已经完成了证明运动员存在过错的初步举证责任，推定运动员有过错。这一点不同于刑事案件中控方的举证，不需要像刑事案件的控方一样有完整的证据链条证明违规行为的存在。在国际体育仲裁院的判例中也对该"严格责任"进行了肯定，成为兴奋剂违规案件裁判的重要规则。如在备受关注的保加利亚田径运动员达尼科娃（Silvia Danekova）是否能参加 2016 年里约奥运会案件中，达尼科娃在里约奥运会之前 2016 年 8 月 1 日查出禁用物质红细胞生成受体激活剂（CERA）阳性，国际奥委会认定其构成兴奋剂违规，于是向国际体育仲裁院里约奥运会分仲裁庭提出申请，建议取消其参加里约奥运会的资格。运动员的抗辩理由是，查出该禁用物质的唯一理由是她在一个月前因为扁桃体发炎而去医院看病，医生开具了含有葡萄糖、铁、维生素 C 和核糖蛋白

（riboprotein）的治疗药物，运动员并未意识到这些药物里含有禁用物质。仲裁庭认为，国际奥委会完成了国际奥委会里约奥运会适用的奥运会反兴奋剂规则（The International Olympic Committee Anti-Doping Rules Applicable to the Games of the XXIX Olympiad，简称 IOC ADR）第 3.1 条规定的举证责任，阳性检测结果构成充分且合理满意的证明，达尼科娃的抗辩并未完成证明其没有过错的举证责任，最终依据严格责任和盖然性权衡（Balance of Probability）原则，认定运动员违规行为成立，并取消其参加里约奥运会的资格。[1]

　　需要注意的是，除了阳性检测结果，调查、陈述或其他证据能证明运动员存在违规行为的，反兴奋剂组织的举证责任也被认为完成。2015 版与 2021 版《世界反兴奋剂条例》对第 3.2 条"事实以及推定事项的证明方法"规定了较为清晰的释义：基于运动员的承认、第三方当事人的可靠证据、可靠的书面证据、从 A 样本或 B 样本中得到的可靠的检测数据、从运动员一系列的血样或尿样检测数据综合分析出的结论均视为有效的举证。在实践中存在即使没有阳性检测结果但依据其他调查证据认定违规成立的案件，如著名的美国海湾巴尔科（Balco）实验室兴奋剂丑闻案，涉案运动员样本检测均合格，但美国国家反兴奋剂机构（USADA）依据调查证据对违规运动员进行了处罚。[2]在国际体育仲裁院的裁决实践中，也对实验室检测结果之外的

---

〔1〕　CAS Anti-Doping Division（OG Rio）AD 16/004 International Olympic Committee（IOC）v. Silvia Danekova，http://jurisprudence. tas - cas. org/Shared%20Documents/OG%20AD%2016-004. pdf#search＝CAS%20AD%2016%2F004，最后访问日期：2019 年 6 月 23 日。

〔2〕　https://usatoday30. usatoday. com/sports/balco-players. htm，最后访问日期：2019 年 6 月 23 日。

调查证据给予了认可。如在 2012 年的澳大利亚橄榄球运动员贝尔钱伯斯（Thomas Bellchambers）等 34 名运动员兴奋剂违规案中，违规的认定证据始终没有检测报告。澳大利亚埃森顿（Essendon）橄榄球俱乐部的营养师丹克（Dank）在未经俱乐部队医许可的情况下私自给运动员注射药物，后来丹克承认给运动员注射的药物为肽类物质（Peptides），埃森顿俱乐部向澳大利亚橄榄球联盟和澳大利亚国家反兴奋剂机构报告俱乐部可能存在滥用物质的嫌疑。2013 年澳大利亚国家反兴奋剂机构开始进行调查，经过一年的调查，得出"未能就运动员的违规行为达到充分满意的证明标准"的结论，世界反兴奋剂机构就该调查结论上诉至国际体育仲裁院，认为仅有调查证据没有阳性检测结果也可以证明运动员违规。34 名运动员的抗辩理由是，本案中没有检测出运动员任何违禁物质阳性，不应当认定运动员的兴奋剂违规成立。国际体育仲裁院认为，没有阳性检测结果只要有其他证据也可以认定为违规。[1] 由此可见，无论是实验室的阳性检测结果，还是调查等其他证据，均被视为反兴奋剂组织完成了举证责任。

2. 反兴奋剂组织的证明标准为充分满意标准而非排除合理怀疑标准

国际体育仲裁院的各种判例对反兴奋剂组织设定的证明标准是"充分满意"标准（confortable satisfactory），是一种高于民事证明标准低于刑事证明标准的特殊标准。如白俄罗斯德维亚托夫斯基（Vadim Devyatovskiy）诉国际奥委会（IOC）案件中，国际体育仲裁院认为国际奥委会遵守的证明标准是："考虑到起

---

〔1〕 CAS 2015/A/4059 World Anti-Doping Agency（WADA）v. Thomas Bellchambers et al. , Australian Football League（AFL）& Australian Sports Anti-Doping Authority（ASADA）.

诉的严肃性，证明标准应该是国际奥委会是否向听证主体充分满意地证明发生了违规。在所有案件中的证明标准应该大于盖然性平衡但是少于排除合理性怀疑。"[1]这种充分满意的证明标准在国际体育仲裁院裁决的案件中得到了反复确认。又如在澳大利亚橄榄球运动员贝尔钱伯斯等 34 名运动员兴奋剂违规案中，国际体育仲裁院认为，反兴奋剂组织证明运动员有过错时的举证责任证明标准为充分满意标准，而不是刑事案件中的排除合理怀疑标准，这是国际体育仲裁院一直以来确立的证明标准，[2]且在 2009 版《世界反兴奋剂条例》中有明确规定。充分满意标准的证明程度低于排除合理怀疑标准，仲裁院不需要排除所有可能认定运动员无辜的合理怀疑，即可认定兴奋剂违规，因而支持了世界反兴奋剂机构的申请。[3] 2015 版与 2021 版《世界反兴奋剂条例》再次重申了该证明标准，第 3.1 条规定，反兴奋剂组织证明标准为，反兴奋剂组织关于违规行为能否举出清楚而有说服力的证据，使听证委员会据此深刻地认识到该案件的严重性，并认可其违法性。所有案件中的证明标准均高于优势证据的标准，但低于无合理疑点的程度。

（二）无过错的内涵及运动员的证明责任

根据 2015 版《世界反兴奋剂条例》第 10.4 条和 2021 版《世界反兴奋剂条例》第 10.5 条关于"对无过错和无疏忽免除禁赛期"的规定，"如果运动员或其他当事人在个案中能证实自己无过错或无疏忽，则将免除其禁赛期"。其中，运动员证明自

---

〔1〕　CAS 2009/A/1752 Vadim Devyatovskiy v/IOC &CAS 2009/A/1753 Ivan Tsikhan v/IOC.

〔2〕　CAS 2009/A/1912 P. v. International Skating Union (ISU).

〔3〕　CAS 2015/A/4059 World Anti-Doping Agency (WADA) v. Thomas Bellchambers et al., Australian Football League (AFL) & Australian Sports Anti-Doping Authority (ASADA).

已无过错或无疏忽，在实践中最重要的内容是证明自己已经尽到了注意义务。通过梳理国际体育仲裁院的判例，无过错的内涵及运动员的证明责任具有以下特点：

1. 运动员只有证明自己尽到了极为谨慎的注意义务仍然不能避免违规结果的发生才能认定为无过错

一般民事案件中的无过错内涵是指一般人尽到了注意义务仍然不能避免损害结果的发生因此免责，兴奋剂案件中的无过错要求运动员尽到了他所能用的几乎所有手段去避免阳性结果的出现，国际体育仲裁院概括为"极为谨慎的注意义务"（utmost caution）。在国际体育仲裁院认定运动员尽到谨慎义务的案例中均表现为运动员已经穷尽了几乎所有能用的一切手段去避免营养品、补品的禁用物质但仍然失败，才能认定为运动员无过错。如 2009 年巴西游泳运动员切洛（Cielo）[1]，其为缓解比赛疲劳开始饮用咖啡和含有咖啡因的运动饮料 TNT，但二者同时一起引用会使其胃痛，所以他去请求马里奥卡医生（Doctor Magliocca）的帮助，马里奥卡医生通过专业知识分析，诊断出切洛在赛前服用 50mg~100mg 的咖啡因可以缓解其症状，但是在巴西却没有低于 200mg 的纯咖啡药物。切洛的父亲找到了当地的一家有名的药厂进行制作，运动员通过观察制作过程，确认胶囊的咖啡因纯度为 100%未添加任何其他物质，一年多来从未出现问题。然而，在 2011 年 5 月的一次比赛中，切洛被发现其体内含有禁用物质，后查明这些禁用物质是被不小心混进了药厂特定生产的咖啡因胶囊中。最后仲裁庭认为运动员并无过错和疏忽（No Fault or Negligence），因为运动员已经通过确保制作过程、让药厂开具确保咖啡因 100%证明的方法来保证自己服用的胶囊

---

〔1〕 Cas arbitration N Cas 11/2495.

不含其他物质。仲裁院认为，咖啡作为常见的饮用物质，在常规的饮用过程中也难以确保其不会出现其他物质。若对每个药瓶的每一粒胶囊挨个检查又实在是太耗费时间和难以实现，本案中的运动员已经尽了自己的谨慎义务，因此是无过错的。[1]

又如在牙买加著名短跑运动员辛普森（Sherone Simpson）兴奋剂违规案中，辛普森在 2013 年被查出奥洛福林（Oxilofrine）检测结果呈阳性而被禁赛 2 年。辛普森由于长期伤病服用理疗师推荐的埃皮法尼 D1 物质（Epiphany D1）。除了诊治医生的保证，运动员用了 3 天的时间，对该药物进行了搜索和查询，查询的结果是其中的配料表是安全的，不含有任何禁用物质，运动员认为自己是无过错的，应当免除禁赛期。国际体育仲裁院审理后发现，该药物的实际主要物质是奥洛福林，属于禁用物质，而运动员要确保没有禁用物质进入体内并对样本内任何禁用物质或代谢物、标记物负责，在使用产品和药品时应当尽最大的谨慎义务来确保其使用的产品是干净的。本案中，辛普森在没有彻底核查清楚该药物是否包含禁用物质的情况下就服用，存在过失，不属于无过错情形。但辛普森已经证实奥洛福林是在其不知情的情况下食用，且其无意食用该物质提高比赛成绩，因此，在该案中运动员过错程度较小，禁赛期缩减为 6 个月。[2] 从上述两个案例可以看出，运动员的过错的证明标准非常高，要求运动员用尽了一切可能的方法才能作为免责的理由。

2. 不能认定为运动员无过错的情形

极为谨慎的注意义务对运动员要求非常高，以下几种常见

---

〔1〕　宋彬龄："论兴奋剂案件中过错程度的证明"，载《体育科学》2012 年第 7 期。

〔2〕　CAS 2014/A/3572 Sherone Simpson v. Jamaica Anti-DopingCommission（JADCO）.

的情形都不能认定为运动员尽到了谨慎的注意义务，也在国际体育仲裁院中形成了判例规则：

（1）教练或队医、营养师提供的药品、营养品等包含禁用物质导致违规的，不能认定为运动员无过错。

教练或队医、营养师提供的药品、营养品如果导致违规如何认定运动员的过错是体育运动实践中常见的情形。在世界反兴奋剂机构诉罗宾逊（Damar Robinson）及牙买加反兴奋剂委员会（Jamaica Anti-Doping Committee，简称 JADCO）案中，跳高运动员罗宾逊喝了教练给他准备的包含"复合维生素 B"（Vitamin B-Complex）的运动饮料，后来在药检中检出选择性雄激素受体调节剂（Selective Androgen Receptor Modulator，简称 SARM S-22）阳性。罗宾逊认为教练对年轻运动员的影响就像父亲对儿子一样，不可能质疑教练提供的任何物质，自己是没有过错的。世界反兴奋剂机构认为，罗宾逊并未能证明教练给他的特定产品与违禁物质之间有联系，而且，在注意义务方面，如果一个运动员使用一个产品，却不考虑它是否含有违禁物质，则运动员存在重大过错或过失，这都排除了缩短禁赛期的可能。最后，国际体育仲裁院采纳了世界反兴奋剂机构的观点，没有认可运动员在该案中的无过错，未缩短禁赛期。[1] 在国际轮滑运动员德琴布里尼（Danilo Decembrini）兴奋剂违规案中，运动员被查出司坦唑醇（stanozolol）代谢物阳性，运动员认为自己服用的补品可能存在污染的风险，且服用补品是按医嘱服用，自己不存在过错，国际体育仲裁院认定运动员有过错，运动员未尽到谨慎义务。在该案中，仲裁院对证明标准进行了进一步的界定：

---

〔1〕 CAS 2014/A/3820 World Anti-Doping Agency（WADA）v. Damar Robinson & Jamaica Anti-Doping Comission（JADCO）.

运动员的无过错证明责任在运动员，证明标准要求运动员最大限度的谨慎，要求运动员确保他已经做了所有可能的事情，以避免阳性检测结果，选择使用营养补品却未能履行所需的注意义务以保证没有过错或疏忽，即极为谨慎（utmost caution），则都是有过错的情形。仲裁裁决中还专门强调，尽管根据现有规定，受污染的营养品可以构成运动员减轻禁赛处罚的理由，但如果运动员使用的不是经过批准而销售的营养品而是在运动员的医生处方中专门为运动员准备的产品，则不符合运动员无过错的情形。运动员对他周围那些给予他食物、饮料、营养品、补充剂或药物的人的行为负有责任，不能因为说遵循他们的指示就证明自己无过错。[1]

（2）食用朋友或他人的食品、营养品等出现兴奋剂违规的，不能认定为运动员无过错。

朋友或他人的食品、营养品等出现兴奋剂违规也是实践中常见的类型，国际体育仲裁院通过判例也明确了这种情形不能作为无过错证明。如在巴西足球运动员纳尔迪霍（Erivonaldo Florêncio De Oliveira Filho）兴奋剂违规案中，运动员因尿检中司坦唑醇阳性而被巴西足球联合会禁赛2年，纳尔迪霍认为他在训练时食用了朋友提供的食物营养品，不知情摄入了司坦唑醇，于是起诉到足联最高体育法庭（The Confederação Brasileira de Futebol），足联最高体育法庭将其禁赛期缩短至1年。世界反兴奋剂机构对该减轻判决上诉至国际体育仲裁院，认为运动员在该案中不具有任何无过错或减轻过错的情形，具体理由包括：①运动员忽视了营养品可能包含禁用物质的成分；②运动员没

---

〔1〕 CAS 2014/A/3798 Danilo Decembrini v. Fédération Internationale de Roller Sports (FIRS).

有得到任何一名专家或权威人士关于其服用的产品不含有禁用物质的保证；③运动员没有对该产品进行过任何研究；④在服用该产品前运动员没有联系过其生产厂家以获知该产品的成分；⑤在运动员的尿样中发现的化学成分为类固醇，对提高体育能力有显著效果。因此，该案运动员存在显著过错。国际体育仲裁院后来支持了世界反兴奋剂机构的观点，恢复了对纳尔迪霍 2 年的禁赛期。[1]

（3）通过合法途径购买的营养品、补品发生兴奋剂违规的，仍然不能认定为运动员无过错。

在一些案件中我们发现，即使运动员通过合法途径或网站购买营养品、补品，发生了兴奋剂违规的，国际体育仲裁院仍然不能认定此种情形中运动员属于无过错。如冰岛举重运动员福斯达（Sigfus Fossdal）于 2014 年被查出司坦唑醇代谢物阳性而被国际举联认定为兴奋剂违规，运动员认为自己对于禁用物质的来源没有过错，运动员一直使用氨基酸能量粉，自 2009 年以来一直是合法的功能饮料，可以在市面上自由买到。2014 年10 月，福斯达去朋友家喝了朋友的氨基酸能量粉，但没想到朋友的饮料里含有司坦唑醇。运动员上诉至国际体育仲裁院，仲裁院认为，运动员在没有核实饮品里的成分情况下就饮用了一瓶已经开启的饮料，存在过失，作为一名国际高水平运动员，应当避免从任何不可靠的来源处饮用已经开启的饮料。[2]又如在 2014 年的举重运动员卢卡宁（Vladislav Lukanin）兴奋剂违规案中，俄罗斯运动员卢卡宁于 2011 年被查出氧甲氢龙（Oxan-

---

〔1〕 CAS 2014/A/3842 World Agency（WADA）v. Confederação Brasileira de Futebol（CBF）& Erivonaldo Florêncio De Oliveira Filho.

〔2〕 CAS 2015/A/3945 Sigfus Fossdal v. International Powerlifting Federation（IPF）.

drolone）阳性，运动员辩称因为该成分来自于一个在业内广受好评的网站上合法买到的营养补充剂，但世界反兴奋剂机构与国际体育仲裁院均没有认可运动员此种抗辩属于完成了无过错的证明责任，认为运动员仍然存在严重过错。[1]

需要注意的是，即使一种营养品或补品，过去一直服用未被检测出任何阳性，但过去使用不存在问题不能证明运动员无过错。在德米雷夫（Demir Demirev）等 11 位运动员与国际举联关于司坦唑醇阳性检测结果的争议案件中，运动员的申请理由是服用了创倍希（Trybest）这一补品，而这一补品被运动员们使用了 4 年之久，在此前并未被检测出阳性结果，此次检测结果阳性很可能是营养品制造商的竞争对手在生产过程派人蓄意添加了禁用物质司坦唑醇造成，运动员因此是无过错的。国际体育仲裁院认为，没有证据表明创倍希的竞争对手实施了蓄意破坏生产过程的行为，仅仅用"我们以前使用不存在问题"这一理由不能构成免责，运动员不能简单地以"以前未曾发生违规问题"作为辩解，最后仲裁院驳回了运动员的请求。[2]

（4）在获得治疗用药豁免（Therapeutie Use Exemptions，简称 TUE）之后超出剂量服用药物，不能认定为运动员无过错。

治疗用药豁免被认为是运动员兴奋剂违规后的一个重要抗辩理由，很多运动员认为只要申请并通过治疗用药豁免，则该种禁用物质的使用就不再是违规行为，自己在阳性结果面前属于无过错情形。但在伊安·陈（Ian Chan）诉加拿大轮椅运动协

---

〔1〕　CAS 2014/A/3734 World Agency（WADA）v. Vladislav Lukanin & International Weightlifting Federation（IWF）.

〔2〕　CAS 2015/A/4129 Demir Demirev Stoyan Enev, Ivaylo Filev, Maya Ivanove, Milka Maneva, Ivan Markov, Dian Minchev, Asen Muradiov, Ferdi Nazif, Nadezha-May Nguen & Vladimir Urumov v. International Weightlifting Federation（IWF）.

会（Canadian Wheelchair Sports Association，简称 CWSA）与体育伦理中心（Canadian Centre for Sports Ethics，简称 CCES）案中，国际体育仲裁院确立了超过豁免剂量范围的禁用物质的使用不构成无过错。在该案中，运动员伊安·陈由于残疾并患有抑郁症，医生让其每天服用 5 毫克羟考酮（Oxycodone），而羟考酮属于禁用物质，伊安·陈也申请了羟考酮的治疗用药豁免（TUE）。但伊安·陈后来开始在处方药的基础上额外服用羟考酮，加拿大轮椅运动协会与体育伦理中心对其禁赛 16 个月，伊安·陈上诉到国际体育仲裁院。国际体育仲裁院认为，运动员故意超量使用处方药，服用处方之外更多的禁用物质，已经超出了小心谨慎地想要遵守公平竞争原则和《世界反兴奋剂条例》的运动员的行为，过错程度明显，不构成运动员无过错可以减免禁赛期的情形。[1]

3. 被他人陷害是否能证明运动员无过错取决于运动员是否提供了"不可反驳的证据"

在兴奋剂违规案件中，还有一类特殊的情形一直以来有着较大的争议与关注点——被他人陷害是否能成为运动员无过错的证明？

这种情形在我国体育运动史上有一个非常著名的例子。在2005 年南京全运会上，有望奥运夺牌的长跑运动员孙英杰在被查出违禁药品后禁赛 2 年，并没收奖牌，事后，队友于海江承认在孙英杰的饮料中投放过违禁药物。[2] 2005 年 11 月，孙英杰联合其教练向黑龙江省五大连池市人民法院提起针对于海江的

---

〔1〕 CAS 2015/A/4127 Ian Chan v. Canadian Wheelchair Sports Association（CWSA）and Canadian Centre for Ethics in Sport（CCES）.

〔2〕 秦毅、陈小蓉："体育法的价值冲突研究"，载《西安体育学院学报》2012 年第 4 期。

名誉侵权诉讼，最终判决被告于海江对孙英杰构成名誉侵权。然而中国田径运动协会却没有取消对孙英杰禁赛 2 年的处罚，甚至没有缩短一天的禁赛期。经历 2 年的禁赛以后，复出的孙英杰表现平平，始终未获得参加奥运会的机会。这个案例的结果反映出当时缺少处理体育纠纷与民事案件证据之间关联性的规则。

从国际体育仲裁院的案例来看，被他人陷害能否证明运动员无过错的关键在于运动员是否提供了不可反驳的证据。如在2016 年的印度摔跤运动员亚达夫（Narsingh Yadav）兴奋剂违规案中，亚达夫被查出禁用物质美雄铜（Methandienone）代谢物，亚达夫报警认为可能另一名运动员库曼（Kumer）的好友杰迪斯（Jithesh）在自己的饮料中加入了违禁物质导致阳性。世界反兴奋剂机构认为，运动员主张其饮料被他人添加禁用物质，但并未提出直接证据支持，仅提到 20 多天前有可疑人物出现在厨房，而现有科学证据无法支持美雄铜在人体内 20 多天仍然未代谢完的主张。国际体育仲裁院认为，虽然运动员已经报警，但并没有任何证据表明警方将会作出 2015 版《世界反兴奋剂条例》第 3.2.4 条所称"不可反驳的证据"的决定，最终采纳了世界反兴奋剂机构的主张，维持了运动员的禁赛。[1] 在另一个案件中，涉案运动员无动机服用可卡因，且都留有可供仲裁庭核查的证据，如药瓶、可卡因吸食者等，属于运动员确实证明自己无过错的情形。[2]

对于上述国际体育仲裁院关于运动员无过错情形的裁决，

---

〔1〕　CAS ad hoc Division（OG Rio）16/025 World Anti Doping Agency（WADA）v. Narsingh Yadav & National Agency（NADA）.

〔2〕　CAS 2014/A/3475 Charline Van Snick c. Fédération Internationale de Judo（FIJ）.

2015 版《世界反兴奋剂条例》对一些内容进行了吸收，形成了条例规则的释义：运动员能够证明，尽管自己尽到了应尽的注意义务，还是没能躲过某个参赛者的破坏。但是，在下列情况下无过错或无疏忽不适用：①因服用药品标签错误或受污染的维生素或营养补剂而导致的检测结果阳性；②运动员的私人医生或体能教练在未告知运动员的情况下给运动员施用禁用物质；③运动员的配偶、教练或与运动员交往的其他当事人，有意在运动员的食物或饮料中投放了禁用物质。可见，在现行《世界反兴奋剂条例》与国际体育仲裁院的判例中，无过错情形的认定非常严格，只有运动员尽到了极为谨慎的注意义务才能构成无过错。

（三）无过错情形中因果关系的证明责任

因果关系一词在哲学、自然科学、社会科学中被广泛使用，其含义一般而言是指原因与结果之间客观存在的引起与被引起的关系。[1]抽象到法律的证明与举证规则上，则是法律上所发生的应承担相应责任的结果与其行为之间的指向。根据因果关系中的结果是否发生的概率大小可以分为必然因果关系与偶然因果关系，"必然性"是指事物发展趋势的一种确定性，这种确定性不以人们意志为转移，即一种原因的出现，必然引起某种结果的发生。"偶然性"是指事物发展趋势中相对于必然性的一种例外，即一种原因的出现，不一定必然会合乎规律地引起某种结果的发生，危害结果的发生带有一种偶然性。[2]必然因果关系可表述为：某（某些）危害行为对危害结果的发生起了决定作用，包含了危害结果的本质，是危害结果产生的根据，在

---

〔1〕 吴盛桥："论刑法因果关系的判断标准"，载《法律适用》2006 年第 12 期。

〔2〕 储槐植、汪永乐："刑法因果关系研究"，载《中国法学》2001 年第 2 期。

一定条件下，合乎规律地产生了危害结果，这个（这些）危害行为与危害结果之间是必然因果关系。[1] 反之，如果发生并不具有完全合乎规律的特性、具有相应的不确定性则为偶然因果关系。在司法实践中，因果关系领域具有多种理论体系，主要包括：其一，条件说。条件说认为所有引发具有法律意义结果的条件都是原因。其二，原因说。原因说对引起结果发生的诸多条件进行严格区分，根据一定的规则排除一些结果发生的条件，而剩余的条件作为引起结果的原因。[2] 其三，相当因果关系说。相当因果关系说介于条件说与原因说之间，认为在通常情况下一般人认为很大程度上某种行为产生某种结果，该行为与该结果之间就具有因果关系。[3]

在兴奋剂违规案件中，无过错情形的因果关系由运动员承担，且因果关系的证明标准相当于"相当因果关系说"，即运动员要反过来证明出现这一结果很大程度是由于某一种原因导致的，而不能仅仅证明该原因可能导致这一结果。如在国际体育仲裁院裁决的澳大利亚反兴奋剂机构（Australian Sports Anti-Doping Agency，简称 ASADA）与泰特·史密斯案（Tate Smith）中，皮划艇运动员史密斯在匈牙利训练时被赛外检测查出司坦唑醇（Stanozolol）阳性。司坦唑醇属于禁用物质，且无法由人体内源性产生，史密斯因此被认定为兴奋剂违规。史密斯的抗辩理由是，司坦唑醇是由于其训练的匈牙利索尔诺克水域存在污染或包含禁用物质造成，运动员通过饮用当地水、提供尿样时通过甩干双手的方式使手上的水进入了尿样等方式造成了违

---

〔1〕 江礼华："刑法因果关系新论"，载《国家检察官学院学报》2003 年第 6 期。

〔2〕 叶金强："相当因果关系理论的展开"，载《中国法学》2008 年第 1 期。

〔3〕 梅象华："刑法上相当因果关系之经验解读"，载《河北法学》2011 年第 3 期。

规，但运动员本人并无过错。史密斯还提供了证据证明索尔诺克水域上游在 6 年前曾被报道过检测出司坦唑醇污染。国际体育仲裁院认为，2010 年上半年多瑙河出现司坦唑醇污染与 6 年后在距离污染源 110 公里外的索尔诺克水域存在司坦唑醇，二者的因果关系难以成立。仲裁院还认为，即使该水域存在司坦唑醇这一物质，也没有任何科学证据证明司坦唑醇可以通过皮肤渗透至体内，运动员需要饮用大量的水才会导致体内含有微量的司坦唑醇，且史密斯是一位资历很深的运动员，不太可能以不适宜的方式提供尿样。最后，仲裁院认为运动员并没有完成证明司坦唑醇是如何进入其体内的举证责任，因果关系不成立，因此支持了澳大利亚反兴奋剂机构的主张。[1]

（四）2021 版《世界反兴奋剂条例》的修改内容及影响

《世界反兴奋剂条例》每五年左右要修订一次，每次修订都意味着反兴奋剂领域的顶层规则发生了深刻变化，其修订趋势对于我们把握反兴奋剂领域未来的规则变化至关重要。

在 2021 版《世界反兴奋剂条例》中，非常引人注意的一个变化是关于营养品、食品污染和检测中少量禁用物质中运动员无过错认定问题的修订。主要内容及未来影响主要包括：[2]

1. 营养品和其他产品常见污染问题更注意保护无过错运动员

世界反兴奋剂机构认可的实验室检测运动员样本中禁用物质的微量能力在过去十几年中得到了大幅提高。检测灵敏度使

---

〔1〕 CAS (Oceania Registry) A1/2015 Australian Sports Anti‐Doping Authority (ASADA), on behalf of Australian Canoeing (AC) and the Australian Sports Commission (ASC) v. Tate Smith.

〔2〕 https://www.wada‐ama.org/en/resources/the‐code/2021‐world‐Anti‐Doping‐code，最后访问日期：2020 年 1 月 14 日。

得检测禁用物质故意服用的排泄曲线末期变得更加容易，但也增加了阳性检测结果可能源于营养品或其他产品的可能性。2015 版的《世界反兴奋剂条例》已经规定了运动员在食品污染等兴奋剂违规案件中无过错免除处罚的条款，在此次 2021 版条例修改中普遍认为是一条能够保护干净运动员权利的好规则。但是，在某些情况下，阳性检测结果涉及的禁用物质浓度非常低，而运动员无法特别找到导致阳性检测结果的产品，尤其当阳性检测结果可能来自食品污染时。但根据当前规则，不允许减少处罚。因此，在 2021 版《世界反兴奋剂条例》修改中，起草小组建议采取更好的办法提高那些污染物质的报告限值。这一做法将有利于保护无过错运动员。

2. 在赛内样本中发现微量赛外不禁用的物质应当保护无过错运动员

根据 2015 版《世界反兴奋条例》，部分禁用物质不是在任何时候都禁用，一些物质只在赛内禁用。现有的做法是，如果运动员在赛内检查中提供的样本含某种禁用物质，该物质服用的时间并不重要。这一做法在实践中逐渐被认为是存在弊端的，尤其是实验室已经有能力在赛内运动员提供的样本中检测更微量的禁用物质。在某些情况下，显然有些物质是在赛外使用的，且在赛内并不能发生任何作用。为了解决这一问题，2021 版《世界反兴奋剂条例》加大了对无过错运动员的保护，在清单中明确特定物质的阈值，以保护无过错的运动员。

3. 未成年运动员证明无过错情形减轻举证责任

2021 版《世界反兴奋剂条例》增加了处罚未成年人的弹性，主要表现在：①未成年人在证明自己无过错时不要求证明禁用物质如何进入体内；②在发现、使用或持有非特定物质而处以 4 年禁赛处罚方面，未成年人不再有责任证明违规行为是非故意行为；③当未成年人可以证明无重大过错或疏忽的违规涉及非特定物质，禁赛最少期限变为警告，而不是适用其他运动员的 1 年处罚；④给予参加高水平比赛的 16~17 岁运动员更具弹性的措施。这些修改都体现了对未成年运动员的保护。

（五）余论：盖然性权衡原则的运用

正如刑事案件中被告人的主观过错是刑事罪名与处罚认定的关键，在兴奋剂违规案件中运动员的过错问题也是后续所有纪律处罚的核心。在运动员是否有过错这一关键问题上，国际体育仲裁院的判例法形成了以盖然性权衡（Balance of Probability）原则为证明标准的适用规则。盖然性原则是民事诉讼案件的通行证明标准，理论基础来源于英美哲学中的盖然性（probability），即在民事诉讼中谁的证据更有优势、更有接近真相的可能性则采用谁的主张。在兴奋剂违规案件中，证明标准的分配是反兴奋剂组织承担高于盖然性但低于排除合理怀疑的证明标准，即充分满意标准；运动员的证明责任是盖然性标准，即优势证据标准。从国际体育仲裁院关于运动员无过错的裁决实践来看，对运动员无过错的证明责任要求是非常高的。随着兴奋剂检测技术不断进步升级，非常微小含量的禁用物质都可能被检测出来，在食品污染、保健品营养品市场并不规范的当下，运动员的谨慎注意义务将进一步加重。在反兴奋剂运动未来的发展中，应当探讨如何平衡保护运动员合法权益与确保公平干净的体育竞争环境的关系。

第四节 国际体育仲裁院兴奋剂
案件仲裁规则总结

一、国际体育仲裁院兴奋剂纠纷仲裁的一般原则

本部分要讨论的是国际体育仲裁院兴奋剂纠纷仲裁的一般原则，所谓的一般原则是指在国际体育仲裁院裁判个案背后，其所追求的价值标准。故本部分力图呈现的是通过梳理探寻出兴奋剂纠纷仲裁的一般原则，以便在不同情况下甚至是价值冲突时，明晰国际体育仲裁院追求的优先价值。

（一）确认兴奋剂违规的原则

1. 严格责任之下的公平优先原则

公平优先是兴奋剂案件归责原则的支柱。与其密切关联的是严格责任的特殊归责原则。以著名的拉杜坎案件来分析，奥运会冠军拉杜坎（Radukan）在误用感冒药而致使体内出现禁用物质，乃至兴奋剂检测结果呈阳性。最终国际体育仲裁院依照严格责任原则，取消了拉杜坎的奥运冠军成绩。该案在拉杜坎本国以及国际社会引起了广泛的关注。由于兴奋剂纪律处罚对于运动员及其他利益相关人而言，所带来的巨大现实与预期利益的损失，国际体育仲裁院曾宣称这样的体育纪律处罚是具有准刑事性的，而且在审查中，一些刑事原则如存疑有利于被告、法无规定不为罪也在仲裁中多次被使用，但是严格责任原则从设置上不问违规人主观意图，一定程度上造成了某些意义上的不公平，对此国际体育仲裁院在奎格利（Quigley）对国际铁人三项联盟（International Triathlon Union，简称ITU）一案中对"严格责任"的理论依据是如此表述的："确实，严格责任的适

用在某种意义上可能对某个案件是不公平的，例如奎格利一案——运动员服用的药物可能是药品标签错误或被人误导，对此运动员本人是没有责任的，尤其是在身处国外而且突发急病的情况下。但从某种意义上说，在重大比赛前夕食物中毒对一名运动员也是'不公平'的。在这两个案例中，比赛规则都不会因为旨在消除个体的不公平而被改变。正如不会为了等待食物中毒运动员康复而推迟比赛一样，关于禁用物质的规定也不会因为属于意外服用而被取消。总之，比赛的成败犹如生活变迁一样，可能会产生许多不同形式的不公平——无论是由于意外事故还是其他当事人的疏忽。对此，法律是无法补救的。"这样的阐释已经被《世界反兴奋剂条例》吸收，并成了严格责任的理论依据，统一地约束着几乎所有体育运动参与者。可以说，严格责任作为兴奋剂纠纷案件中最为特殊的规则，背后衡量的是在运动员个体权益与赛场公平之间的价值，为了打击兴奋剂在赛事中的使用，最大程度保证全体运动员公平竞赛，国际体育仲裁院在案例法当中采纳的是公平优先的价值，确立的是严格责任的归责原则，价值追求是保证所有运动员的公平竞赛的权利。具体而言，这种不以运动员主观是否故意或者过错，是否存在第三人故意为要件的归责原则，事实上能够最大程度对怀有侥幸的运动员进行警示，能够最大程度上保证其他体育运动者公平，保证赛场"清洁"。公平优先原则的另一体现，是国际体育仲裁院在案件审理中对于新型检测方法的态度。这点在案例中体现得特别明显。如在国际冬季两项联盟被起诉案件中，检测运动员样本的实验室采取了新的还未生效的技术检测方法检测到了运动员样本中的违禁物质，而该实验室正是参与更新检测方法的技术支持者。为此国际体育仲裁院仲裁小组在该案中对于法不溯及既往（*lex mitior*）[1]规则如下解释道："法不溯及既往原则通常被做以这样的理解：如果指控犯罪相关的法律已经被修改，那么应当适用处罚更轻的法律。因此法不溯及既往原则更确切地与处罚适用相联系而非适用于技术性规则项下证据的科学依据。"[2]再如在关于适用运动员生物护照这种新型兴奋剂控制方法的态度中，国际体育仲裁院通过判例德国自行车联合会诉国际自行车联合会一案认可了国际自行车联合会所设置的新型的兴奋剂检测方法，在非阳性检测结果下认定运动员构成兴奋剂违规，并支持了国际自行车联合会对运动员处以的2年禁赛的处罚。[3]以上这些案例都反映出了国际体育仲裁院在适用新型检测方式方法上的宽容态度，而仅以第一例案件为例，与其说该案的关键支撑点是如国际体育仲裁院所述，法律溯及力不包含发现证据的方法这个理由，而不如将此方法放入到公平优先的价值衡量角度来理解：由于兴奋剂领域当中普遍存在的是"道高一尺魔高一丈"的现状，对于新型检测方法的适用是符合兴奋剂实践特点，是符合赛场公平价值位阶优先的一种价值衡量。

2. 程序公正

国际体育仲裁院裁判的兴奋剂案例中，运动员上诉成功的案件少之又少。仅以上诉成功的案例来分析，构成国际体育仲裁院支持运动员上诉的关键点就是兴奋剂处罚机构在检测及听证等处罚全过程中程序公正原则的缺失。如著名的白俄罗斯案件，作为目前少有的质疑检测结果成功的案例，无疑具有重大

---

[1]　*Lex mitior* 原则，日文翻译为"宽大的法"原则，*mitior* 为拉丁文宽大的意思。该原则主要内容包含法律溯及力的问题，此处可以做法不溯及过往来理解。

[2]　CAS 2009/A/1931.

[3]　CAS 2009/A/1912 &1913.

的参考价值。在该案当中，正是在上诉运动员不断地要求下，国际体育仲裁院最终查明了上诉人尿样检测方北京实验室不但存在多项违反国际标准的行为，而且存在重大的程序瑕疵，以至于无法确定阳性检测结果样本人的归属问题。这种重大程序瑕疵无法满足处罚权人的充分满意的证明存在兴奋剂违规的责任，最终国际体育仲裁院支持了上诉人的上诉，撤销了国际奥委会对两位运动员的处罚。再如，我国运动员佟文诉国际柔道联合会一案当中，虽然案件上诉人并未质疑实验室检测结果的真伪，但是国际体育仲裁院认为仅仅依照国际柔道联合会未在佟文或其代理人出席的情况下就擅自打开 B 瓶样本进行检查，侵犯了运动员所拥有的关键程序公正的权利，就可以认定国际柔联无法"充分满意"地证明检测结果为阳性，因此仲裁小组最终支持佟文上诉，撤销了柔联对其所做出的禁赛处罚。

综上所述，程序公正是兴奋剂纠纷当中对于确认兴奋剂违规是否成立的重要指导性原则。之所以如此设置，本书认为，在兴奋剂纠纷案件中运动员本身处于证据证明力弱、实际力量比对弱的不利地位，在此情形下只有特别注重运动员程序性权利如在场权、听证权的维护，注重对于兴奋剂处罚方遵从程序进行检测处罚的义务的实现才能从根本上保证在个案中最大限度地维护运动员个体权益。如果说"公平优先"是具有牺牲个体权益倾向的反兴奋剂基本原则，那么个案中通过程序公正原则加强对个体权益的保护可以说是对于公平优先所牺牲的价值的一种平衡。

（二）处罚裁量中的原则

1. 相称原则

兴奋剂归责的基本原则是严格责任原则，其具有不考虑运动员主观意图的特性。而构成对违规运动员处罚适用的基本原则为相称原则，这一原则在处罚标准部分体现最深。如，处罚的具体适用上：对于禁赛期可以根据不同的主观客观情节对其进行免除、缩减以及加重。处罚标准体系是一个以主观过错或过失为基础的立体的处罚层级，不同的主观过失是考量处罚期限缩免或者加重的主要情节。同时国际体育仲裁院在判例中也依照不同的案件情况运用自己的自由裁量权对处罚期限进行了裁量，在目前看来这些都是符合类似刑罚原则当中"罪责刑"相称原则。虽然国际体育仲裁院仲裁兴奋剂纠纷不具有刑事性，但是在处罚裁量上从世界反兴奋剂条例的规定到国际体育仲裁院的案件实践，都可以发现，兴奋剂案件的处罚是完全符合"责罚"相称的原则。相称原则充分考虑到了责任人主观过错程度，具有相当大的灵活程度，有利于在"严格责任"的框架内实现个案的公正。

2. 一事不再罚原则

一事不再罚原则（*ne bis in idem*）在国际体育仲裁院的案例中得到了明显的体现。如在美国奥委会（The United States Olympic Committee，简称 USOC）诉国际奥委会一案中，上诉人美国奥委会针对国际奥委会大阪规则[1]"禁止受到禁赛处罚 6 个月以上的运动员参加下届奥运会"提出异议，认为该规则"不符合《世界反兴奋剂条例》与《奥林匹克宪章》；违反了包括相称原则、平等对待和程序原则、一事不再罚原则在内的瑞士法律和基本法律原则并且侵犯了运动员个人权利；不合法地限制了

---

　　〔1〕　该规则由 IOC 执行理事会根据奥林匹克宪章制定并于 2008 年 6 月 27 日日本大阪会议时确定，故国际习惯称为"大阪规则"（Osaka Rules），参见 CAS 2011/O/2422，para. 2. 2.

竞赛"[1]，并以国际奥委会为被告上诉至国际体育仲裁院。最终国际体育仲裁院支持了美国奥委会的上诉，认定国际奥委会大阪规则与《世界反兴奋剂条例》的规定不符，而《世界反兴奋剂条例》更符合《奥林匹克宪章》，致使国际奥委会的规定不符合国际奥委会自己的章程、《奥林匹克宪章》，因此该项规定是无效以及不具有强制力的。国际体育仲裁院在该案的裁决中还对美国奥委会提出的其他上诉理由特别针对一事不再罚原则进行了解释，其认为："国际体育仲裁院案例法始终如一地认为一事不再罚原则对于体育法的处罚是适用的，学术性权威对此已经得出相同的结论。小组考虑到，对于依据反兴奋剂规则进行的处罚，如果一事不再罚原则是确实合适的，那么国际奥委会的该规则将违反此原则。处罚的有效目的是相同的（尽管项下的动机存在差异）；处罚带来了相同的禁止比赛的行为，处罚结果是相同的；如前所述，如果国际奥委会规则在世界反兴奋剂条例中被执行，那么也将不会出现一事不再罚问题，所以一个处罚主体将会处在一个评估的位置，去评估对于一个确实的行为的合适处罚，并充分考虑处罚所带来的全部效果。"[2] 国际体育仲裁院在对此部分的脚注中进一步阐释道："举例而言，相反情况是，如果国际奥委会发布了一个规则禁止暴力重罪者参加奥利匹克运动会，那么这个规则将不会构成对一事不再罚规则的违反，因为该处罚的目的是不同于对暴力重罪施以刑事处罚目的的。"[3] 再如世界反兴奋剂机构诉英国奥委会（British O-lympic Association，简称 BOA）案件，在该案中，世界反兴奋剂

---

[1] CAS 2011/O/2422, USOC v. IOC.

[2] CAS 2011/O/2422, USOC v. IOC.

[3] CAS 2011/O/2422, USOC v. IOC.

机构根据美国奥委会诉国际奥委会胜诉的国际体育仲裁院决定，要求英国奥委会取消关于"凡是发现兴奋剂违规者处6个月以上处罚的，终身禁止参加奥运会"的规定。上述案件均体现了国际体育仲裁院不但在个案的审查中充分注重了公正公平，而且其充分利用了对规则的审查标准（强度）达到了对规则的审查，在案件中存在一种以法律原则取消规则效力的做法，即对国际奥委会的规则进行了所谓的"司法审查"。尽管国际体育仲裁院在裁决中强调国际奥委会大阪规则实则违反国际奥委会自己的上位法（奥林匹克宪章）而无效，但是该案对于一事不再罚原则的阐释与强调也让该规则进一步在案例法当中得以确立，并已然成为国际体育仲裁院一贯坚守的原则，保证了个案与规则的公正。

（三）其他原则

1. 案例法原则

案例法最早源于英国，与衡平法一起构成了英国法律的主要渊源。在英美法系中，案例法是法律发展的至关重要因素。案例法是指在法官判决中形成的具有先例约束的法律，具体而言在实在法（positive law）层面其指的是由一个个实际案件中的司法判决所确立的原则和规则集合的总称，是一种区别于制定法或其他形式法律的法律形式渊源；在学理意义上讲，案例法指由判例所构成的一套法理。其具有明显的法官造法的特性，一般根据法院层级不同，上级法院的案例对下级法院具有约束力。

国际体育仲裁院的案例仲裁中，裁判先例对在"审"案件仲裁具有约束力，重要的严格责任原则就是在案例裁判中被确立并被发展适用，国际体育仲裁院裁决书中亦多次提出案例法说法，目前国际体育仲裁院通过裁判已经形成了自身独特的案例法体系。案例法原则是贯穿国际体育仲裁院裁判始终的一项重要原则。

2. 统一适用原则

统一适用原则是国际体育仲裁院作为"体育界最高法院"的地位设定所带来的必然价值追求。无论是国际体育仲裁院在裁决中承认的先例约束，还是国际体育仲裁院在最近的案件中以《世界反兴奋剂条例》否定国际奥委会决定的效力，其背后的价值追求都是对统一适用原则的追求。国际层面而言，虽然国际单项体育协会保有行业自主权，但是由于兴奋剂案件所具有的特殊特性，处罚规则的一致与和谐，处罚规则适用的统一，一定程度上是公平这个竞技体育"霸王价值"的重要保证。因此本书认为这个原则不但体现在国际体育仲裁院的个案裁判当中如先例遵循，另外的重要体现就是国际体育仲裁院对世界反兴奋剂机构的机构效力的承认，对《世界反兴奋剂条例》规则效力的尊重。因为世界反兴奋剂机构是一个致力于体育界联动制裁兴奋剂使用的机构，其本身价值追求即为统一协调各方，也通过了自己的规则框架、个案监督等方式不断地加强体育界反兴奋剂的和谐发展。

二、国际体育仲裁院兴奋剂案件仲裁规则基本特点

通过梳理与分析，发现国际体育仲裁院仲裁兴奋剂案件中程序规则、实体规则以及背后指导原则呈现出一种法律运行的微观景象，而结合这些已有的分析，以反兴奋剂法律的国际体育组织、运动员个体和国际体育仲裁院裁决最常见的规则三个层面为切入点，以整体视角总结出本章的主要结论。

（一）国际体育仲裁院判例与《世界反兴奋剂条例》构成国际反兴奋剂法律基本框架

国际体育法已经广为学术界讨论，主要原因之一就是国际体育仲裁院在实践中所发挥的效用。而国际体育反兴奋剂法律这个特殊的专项，基本上构成了国际体育仲裁院仲裁实践中的主体，又由于兴奋剂案件纠纷的特殊性质，落实到个案中就呈现出了一种复杂性、类刑事性，以及拥有自己专门的程序规则、实体规则与法律原则。实际上，国际体育反兴奋剂法的基本框架是由三大主体构成的。首先国际体育仲裁院作为"体育界最高法院"对于国际体育反兴奋剂法律制度而言是司法权的拥有者；其次世界反兴奋剂机构作为统一的国际反兴奋剂组织，通过自己的规则制定以及公约的约束成了兴奋剂法域当中的立法者，拥有立法权；对于国际单项体育联合会而言，这类机构已经在兴奋剂领域以签署承认《世界反兴奋剂条例》这个国际多边条约的形式被纳入到了世界反兴奋剂机构构建的法律体系当中，可以说国际单项体育联合会已然将自己所拥有的立法权通过协议转移给了世界反兴奋剂机构，由其统一行使规则制定的权力，而各个体育单项联合会在兴奋剂领域发挥的效应更类似于行政性权力。如此一来，国际反兴奋剂法域呈现出的是三权分立的权力格局，但再进一步而言，对于世界反兴奋剂机构，其所具有的权力并不单纯类似立法权，通过检测实验室认证、个案上诉两种实际监督模式，世界反兴奋剂机构还可以启动个案监督，对包括各个国际单项联合会、运动员个体在内的所有主体、各个方面进行监督，实质上世界反兴奋剂机构具有一种特别主动的立法权，还享有广泛的监督性权力。世界反兴奋剂机构的机构设置是可以从宏观微观双重层面对兴奋剂进行广泛地控制监督，而且这种控制监督方式是有效的、强力的，得到国际层面广泛认可的。但同时由于单一机构权力的过于强大，很容易出现对于运动员个体权利保护的失衡。就目前反兴奋剂法律架构而言，解决这样隐忧的唯一方式就是加强国际体育仲裁院的独立性。传统学界研究国际体育仲裁院独立性时喜欢对国际体育仲裁院与国际奥委会进行区分，而本书认为，当下的新发展阶段，国际体育仲裁院与世界反兴奋剂机构的制衡是更值得受到关注的。故国际反兴奋剂法律基本框架是建立在独立的国际体育仲裁院仲裁基础上，以世界反兴奋剂机构制定规范以及各个单项体育联合会实施处罚这种分立模式状态下运行的法律模式；同时这个框架内世界反兴奋剂机构是主动性最强、影响最广泛的机构，其权力具有明显的主动性与扩张性。

（二）兴奋剂案件审理兼顾运动员个体利益保护与打击兴奋剂的平衡

运动员永远是兴奋剂纠纷中的主角。在目前的仲裁设置中，无论是对于归责原则的讨论，还是证据规则的变换，以及目前国际机构对于处罚标准展开的"混战"，牵涉的主体都是运动员个体。上文的分析中，无论是赛场公平的价值优先，还是仲裁中程序公正原则的强调，其实都是在个体权力与机构权力比对明显失衡下的一种调整。在众多的案例中，本书认为无论是那些主动承认兴奋剂违规的运动员，还是敢于挑战实验室测试结果的勇敢者，运动员个体在面对纷繁复杂的兴奋剂案件时都是茫然的，因为案件不仅仅是法律问题，亦牵涉到大量的科学性问题。同时反兴奋剂法律制度的设定本就包含着一种"有罪推定"的假设。无疑，这种特别的设置对于打击在比赛中使用兴奋剂是有力的，但是基于这种框架，就应当特别强调运动员的权益保护，个体的权益应当受到更多的关注。如国际体育仲裁院所言，兴奋剂违规所具有的处罚严厉性，要求兴奋剂处罚机构必须严格遵守程序性规定。运动员个案的权益保护与公平的实现必须特别注重程序公正，特别注重仲裁机构本身的独立性。这不但关系到个案公平和运动员人权保护的问题，而且关系到国际体育仲裁院作为一种民商事仲裁解决机构的存立的基础性问题。如若国际体育仲裁院无法保持独立，无法在纷繁的权力当中保持对公平的追求，那么"体育界最高司法机构"就将会是一纸虚名，产生出更甚于兴奋剂使用的恶果。故运动员个体层面的权益的保护是基于兴奋剂案件纠纷中权力比对的基础上，需要得到特别关注的问题。就目前现状而言，对于运动员个体权益保护需要特别强调国际体育仲裁院的仲裁独立性，以及仲裁中程序正义的实现。

（三）盖然性权衡原则在国际体育仲裁院案例中被大量运用

综合国际体育仲裁院案例的规则，在关于运动员是否存在过错、是否应当认定违规及是否有减轻处罚情形等方面，国际体育仲裁院的判例法形成了以盖然性权衡（balance of probability）原则为标准的广泛适用，尤其在证明标准方面。盖然性原则是民事诉讼案件的通行证明标准，理论基础来源于英美哲学中的盖然性（probability），即在民事诉讼中谁的证据更有优势、更有接近真相的可能性则采用谁的主张。在兴奋剂违规案件中，证明标准的分配是反兴奋剂组织承担高于盖然性但低于排除合理怀疑的证明标准，即充分满意标准；运动员的证明责任是盖然性标准，即优势证据标准。国际体育仲裁院基本采用了这一原则运用于案件裁决之中。

第二章

《世界反兴奋剂条例》 修改研究

　　《世界反兴奋剂条例》是反兴奋剂领域的顶级国际规则，每五年左右启动一次修改。我国作为《世界反兴奋剂条例》的签约国，条例的内容对我国具有约束力。对我国来说，及时了解《世界反兴奋剂条例》的修改情况，是了解世界反兴奋剂趋势与动态的必然要求，也是在国际条约框架下完善我国反兴奋剂法律制度的必然要求。目前使用的是 2015 版《世界反兴奋剂条例》，2021 版《世界反兴奋剂条例》近两年正在修改与征求意见的过程之中，最终的生效版本于 2019 年 11 月 7 日世界反兴奋剂大会闭幕当天获审议通过，将于 2021 年 1 月 1 日起开始实施。本章通过对 2021 版和 2015 版《世界反兴奋剂条例》的修改变化进行梳理，以期还原《世界反兴奋剂条例》的修改过程，总结其修改趋势，为我们全面了解国际体育规则、掌握条例修改动态提供参考。

第一节 《世界反兴奋剂条例》修改的主体和基本程序

一、《世界反兴奋剂条例》的修改主体

(一) 修改主体

《世界反兴奋剂条例》的修改主体是世界反兴奋剂机构，条例本身明确规定了世界反兴奋剂机构的职责："世界反兴奋剂机构负责监督检查本条例的修订和改进。运动员、所有签约方和各国政府都应被邀请参与上述过程。"在具体操作层面，《世界反兴奋剂条例》的修改主体实质上是世界反兴奋剂机构理事会。但《世界反兴奋剂条例》修正案通过后，要进入实施层面，与其他国际条约一样，必须得到签约方的同意。《世界反兴奋剂条例》的签约方包括国际奥委会、国际单项体育联合会、国际残疾人奥委会、国家奥委会、国家残疾人奥委会、重大赛事组织机构、国家反兴奋剂组织以及世界反兴奋剂机构自身。

(二) 影响修改结果的重要主体

从修正案的提出到表决，影响修改最重要的几类主体包括：

1. 世界反兴奋剂机构（WADA）

《世界反兴奋剂条例》作为反兴奋剂领域的世界基本规范，与条例关系最密切的首先是世界反兴奋剂机构。世界反兴奋剂机构对反兴奋剂运动的监督也是通过规则监督与个案监督来实现，其中规则不仅包括《世界反兴奋剂条例》，还包括世界反兴奋剂机构发布的国际标准、禁用清单等。世界反兴奋剂机构的意见对条例的修改有决定性的影响。

2. 国际奥委会（OIC）

《世界反兴奋剂条例》的签约方中，国际奥委会非常重要。甚至在《世界反兴奋剂条例》缔结之初，国际足联与国际自行车联盟等职业化程度较高的国际单项体育联合会并不愿意成为条约签约方，最后在国际奥委会的压力之下才加入条例。在2015版《世界反兴奋剂条例》的修改过程中，国际奥委会专门提议增加兴奋剂违规的奥运会禁赛附加处罚，试图撼动兴奋剂案件长久以来一直坚持的"一事不再罚"原则。

3. 国际体育仲裁院（CAS）

在修改意见中，大量国际体育仲裁院裁决中的规则被作为条例修正案所采用，将判例法总结为成文法。

此外，国际单项体育联合会、各国政府等其他主体的意见也对修改结果有一定的影响。

二、《世界反兴奋剂条例》的修改程序

（一）修改程序

以2015版《世界反兴奋剂条例》为例，整个修改程序包括三个阶段：第一阶段自2011年11月8日至2012年3月15日，启动《世界反兴奋剂条例》第一轮修改讨论程序；第二阶段自2012年6月1日至10月10日，进行《世界反兴奋剂条例》第二轮修改讨论程序，同时启动国际标准第一轮修改讨论程序；第三阶段自2012年12月1日至2013年3月1日，进行《世界反兴奋剂条例》第三轮修改讨论程序，同时进行国际标准第二轮修改讨论程序。经过征求《世界反兴奋剂条例》各签约方意见，《世界反兴奋剂条例》2015版于2013年11月在南非约翰内斯堡（Johannesburg）举行的第四届世界反兴奋剂大会上进行表

决通过，并于 2015 年 1 月 1 日起生效。

2021 版《世界反兴奋剂条例》的修改程序自 2017 年 12 月启动，修改时间历时将近两年，也包括三个不同的征求意见阶段：第一阶段自 2017 年 12 月 12 日至 2018 年 3 月 31 日，启动《世界反兴奋剂条例》第一轮修改讨论程序；第二阶段自 2018 年 6 月 4 日至 9 月 14 日，进行《世界反兴奋剂条例》第二轮修改讨论程序，同时启动国际标准、结果管理等条例附件的第一轮修改讨论程序；第三阶段自 2018 年 12 月 10 日至 2019 年 5 月 4 日，进行《世界反兴奋剂条例》第三轮修改讨论程序，同时启动国际标准、结果管理等条例附件的第二轮修改讨论程序。此外，于 2019 年 5 月 27 日至 7 月 8 日，专门针对国际标准、结果管理等条例附件进行第三轮征求意见和修改。在征求了各利益相关方意见之后，2021 版《世界反兴奋剂条例》于 2019 年 11 月 7 日在波兰卡托维兹（Katowice）举行的第五届世界运动兴奋剂大会上获得审议通过，并将于 2021 年 1 月 1 日起开始生效实施。

（二）表决程序

根据《世界反兴奋剂条例》的规定，修正案必须由世界反兴奋剂机构理事会 2/3 多数通过，包括大多数公共部门和奥林匹克运动成员的投票。2015 版《世界反兴奋剂条例》于 2013 年 11 月在南非约翰内斯堡举行的第四届世界反兴奋剂大会上进行表决获得了超过 2/3 理事会成员的同意，因此获得通过。2021 版《世界反兴奋剂条例》于 2019 年 11 月 7 日在波兰卡托维兹举行的第五届世界运动兴奋剂大会上也获得了超过 2/3 理事会成员的同意，因此也获得通过。

目前，2021 版《世界反兴奋剂条例》正在履行各条例签约方的同意和认可手续。一般情况下，只要世界反兴奋剂机构理事会 2/3 多数通过了《世界反兴奋剂条例》修正案，条例签约方都会同意。因为如果不同意或不遵守条例，一国将无权申办奥运会、国际单项体育联合会赛事等几乎所有重大赛事，且可能导致的其他后果还包括：收回世界反兴奋剂机构的办公室和职位；无权或禁止得到在一个国家举办国际赛事的候选资格；取消国际赛事；以及依照《奥林匹克宪章》的象征性后果和其他后果。因此，条例修正案的提出与表决程序最为重要。

第二节　2021 版和 2015 版《世界反兴奋剂条例》的修改内容

一、2021 版《世界反兴奋剂条例》的主要修改内容

2021 版《世界反兴奋剂条例》于 2019 年 11 月 7 日世界反兴奋剂大会闭幕当天获审议通过，将于 2021 年 1 月 1 日起开始实施。2021 版《世界反兴奋剂条例》在基本原则、违规界定、结果管理、处罚及世界反兴奋剂机构的权限等重要方面都进行了较大修改。与 2015 版《世界反兴奋剂条例》相比，2021 版的主要变化和修改内容包括以下方面：[1]

（一）总则方面对立法目的与基本价值均进行了修改

总则部分主要规定《世界反兴奋剂条例》的立法目的及基本价值，2021 版对这两部分内容均进行了修改或补充。

第一，立法目的方面，增加了教育、威慑、实施和法治的规定。这一修改也体现了近年来将教育与处罚相结合的反兴奋

---

〔1〕 https://www.wada-ama.org/en/resources/the-code/2021-world-anti-doping-code，最后访问日期：2020 年 1 月 14 日。

剂工作实践。值得注意的是，反兴奋剂领域一直以来被诟病法治不完善、运动员权益保护不利，此次修改专门在立法目的中增加了法治（rule of law），也可视为对近些年国际社会对体育法批评的回应。

第二，价值方面强调健康与运动员权益保护。一方面，在基本价值的顺序上将健康放至首位。据世界反兴奋剂机构理事会在对条例修改的说明中陈述，将健康放至首位的直接原因是欧洲人权法院认为公共健康是支持《世界反兴奋剂条例》进行行踪信息要求的主要依据，因为行踪信息涉及公民的个人隐私，如果没有公共健康作为支持是无法对个人隐私进行限制的。同时，在条例修改征求意见的过程中，大量的利益相关方建议，应当将健康这一价值放至首位。另一方面，在价值中增加了"运动员权益"这一一直以来被呼吁、但实践中得不到有效保护的价值。

（二）整体上增加了反兴奋剂职责授权的规定

2021 版《世界反兴奋剂条例》在多处增加了反兴奋剂组织有权将自身部分职责授权其他组织行使，包括反兴奋剂管理和反兴奋剂教育的任何方面都可以由反兴奋剂组织授权，但授权的反兴奋剂组织应要求被授权的第三方按照准则和国际标准履行这些方面的义务，反兴奋剂组织仍应全权负责确保按规范执行。

（三）违规界定方面进一步增强清晰性和可操作性

兴奋剂违规行为的界定是《世界反兴奋剂条例》的核心条款，2021 版的违规界定有了较大变化，对此前有争议的界定内容进行了增强清楚性和可操作性的处理，主要包括：

第一，AB 样本的相互印证中，增加了可以对 B 样本再次分割成两部分进行相互印证，亦构成阳性结果的认定标准。

第二，在违规界定方面统一克伦特罗（Clenbuterol）等食品污染物质的适用标准。在通常的流程中，当实验室报告样本呈非典型性结果，意味着要告知反兴奋剂组织，该样本可能含有禁用物质。那么，反兴奋剂组织有责任开展调查，以判断样本是否作为阳性检测结果处理。根据2015版《世界反兴奋剂条例》，实验室仅能将内源性物质的检查结果报告为非典型性结果。而2021版《世界反兴奋剂条例》则允许世界反兴奋剂机构制订一份可能被报告为非典型结果而引发调查的其他禁用物质的清单。在实践中，其他禁用物质清单很可能包括克伦特罗等潜在的食品污染物质。该方法将尤其对样本中检测出克伦特罗痕量有帮助。众所周知，墨西哥和中国肉食品摄入后可能导致运动员的尿样中出现克伦特罗的痕量。目前，不同组织对于潜在的食品污染案例处理差异巨大。修订后，克伦特罗的痕量将被报告为非典型性结果加以调查，并根据2021版《世界反兴奋剂条例》新的结果管理和听证会国际标准规定的统一方式处理，以解决一直以来食品污染违规界定及处理不一致的问题。

第三，在运输禁用物质作为违规行为的基础上增加了传授禁用方法。在2021版《世界反兴奋剂条例》的第2.7条中，在已有的运输或企图运输禁用物质的基础上，增加了传授禁用方法（prohibited method）。

第四，禁止合作违规行为具有更强的可操作性。在2021版《世界反兴奋剂条例》的第2.10条关于禁止合作违规行为的界定中，根据实践情况进行了合理的修订。这一条款的本来含义是禁止正在禁赛的运动员辅助人员参与体育工作。因为本条款是2015版《世界反兴奋剂条例》的新增内容，目前违反本条款的案件少之又少，部分反兴奋剂组织在征求意见中提出，这一条款无法得到实施的重要原因是目前要求在将运动员判为禁止合作的违规行为之前，必须通知运动员，这就会使得禁止合作成为幕后合作。此次 2021 版修改回应了这些关切，取消了事先通知的要求。

第五，新增保护个人举报违规行为的条款。2021 版《世界反兴奋剂条例》增加了第 2.11 条，明确恐吓和阻止他人举报违规、不遵守条例、报复他人举报的行为构成兴奋剂违规行为。该类违规处罚期为 2 年至终身禁赛，根据违规严重程度而定。

（四）禁用清单部分增加了禁用方法与"滥用药物"物质

一是在特定物质基础上增加了特定方法，扩大了禁用清单的类别。

二是增加了社会上界定为"滥用药物"的物质也是禁用清单的组成部分的规定。

（五）样本检测部分增加了进一步检测及样本所有权等重要规定

样本检测部分是整个 2021 版《世界反兴奋剂条例》中变化重大且对未来国际体育规则影响深远的部分，主要修改内容包括：

第一，样本进一步检测。关于样本进一步检测的条款分成三部分：①在通知运动员违规之前，样本的反复检测次数没有限制。在运动员被通知阳性检测结果之后，仅可在运动员或听证小组同意的情况下进行额外检测。本条款的基本原理是，一旦运动员被告知阳性检测结果，他（她）不应在听证会的过程中，被迫成为样本检测的目标人群。如果进一步检测恰当，那么应该直接由听证小组指示。②当样本呈阴性结果时，由发起和指导样本采集的反兴奋剂组织或世界反兴奋剂机构开展的进一步检测（复检）没有限制。其他反兴奋剂组织需征得发起和指导样本采集的反兴奋剂组织或世界反兴奋剂机构的同意后才能进一步检测样本。③明确说明，世界反兴奋剂机构有权在通知或不通知的情况下，保留储存的样本。

第二，世界反兴奋剂机构有权要求反兴奋剂组织进行结果管理。具有结果管理权的反兴奋剂机构拒绝开展结果管理工作的情况偶有发生，这已经不仅是条例遵守的事宜，反兴奋剂组织有必要在个案情况中实施结果管理，来判断是否存在违规行为。第7.1.1条的新增内容明确表示，在这种特殊情况下，世界反兴奋剂机构可以要求具有结果管理权的反兴奋剂机构实施结果管理，如果该机构拒绝，世界反兴奋剂机构可以指定其他反兴奋剂组织实施结果管理，产生的相关费用由拒绝实施结果管理的反兴奋剂组织承担。

（六）结果管理方面扩大了外延且细化了结果管理的标准和权限

2021版《世界反兴奋剂条例》在结果管理方面进行了重大调整，主要修改内容包括：

第一，结果管理本身的界定发生了重大变化。结果管理被拆分成三大部分，由三大条款进行规定：第一部分是原来结果管理的内容，包括初始调查和通知；第二部分是听证，即听证合并到结果管理之中；第三部分是上诉，即上诉也合并到结果管理之中。

第二，结果管理的具体程序与标准通过《结果管理和听证国际标准》进行详细规定，不在条例正文中详细规定。在2021版《世界反兴奋剂条例》修改过程中，一些利益相关方建议对结果管理程序做出详细修改。2021 版的修订采纳了这些意见，将该部分内容移至新的《结果管理和听证国际标准》，作为 2021 版《世界反兴奋剂条例》的附件。

第三，在特定案件中，增加了由世界反兴奋剂机构直接授权进行结果管理的权限。

第四，关于结果管理之听证部分强调公平听证会的更严格标准。根据 2015 版《世界反兴奋剂条例》的实施情况及各方反映的修改建议，诸多方面表示所有签约方都没有遵守 2015 版关于"无偏私的听证专家小组"的要求，例如在某些情况下，同一批个人涉及了调查、是否控诉违规行为的决定以及关于违规是否成立的听证会等工作。2021 版《世界反兴奋剂条例》将在其附件《结果管理和听证国际标准》中详细规定公平听证会的具体要求和程序。

（七）处罚部分增加了处罚的灵活性与针对性

处罚部分是《世界反兴奋剂条例》的核心条款，任何处罚内容的修订都将直接影响运动员的基本权利。处罚部分的整体修改趋势是处罚更为灵活与更具有针对性，修改内容如下：

第一，增加了类似辩诉交易性质的结果管理协议，即双方均同意以较低的证据或运动员直接承认以及较轻的处罚作为协议内容。

第二，未成年人处罚措施更具弹性。2021 版《世界反兴奋剂条例》增加了处罚未成年人的弹性和对未成年人的保护，主要包括：①未成年人无需证明禁用物质如何进入体内，以便从无重大过错或疏忽而减少处罚中受益。②对涉及未成年人案件的公开披露不为强制性要求，如果披露了，必须与案件事实和情况相符。③在发现、使用或持有非特定物质而处以 4 年禁赛处罚方面，未成年人不再有责任证明违规行为是非故意行为；当未成年人可以证明无重大过错或疏忽的违规涉及非特定物质，禁赛最少期限变为警告，而不是适用其他运动员的 1 年处罚。④给予参加高水平比赛的 16~17 岁运动员更具弹性的措施。

第三，增加运动员的新类别——"业余运动员"，使处罚更具弹性。2015 版《世界反兴奋剂条例》不要求反兴奋剂组织检查低水平运动员，但如果检查且发现了违规，那么所有的《世界反兴奋剂条例》中的处罚措施均适用。一些经常检查低水平运动员的利益相关方指出：他们的检查是出于公共健康的考虑，而完全实施《世界反兴奋剂条例》中的处罚会适得其反；这些低水平运动员并没有机会向高水平运动员一样接受同等教育，而强制公开披露体育中只处于业余水平的个人确实太过严苛。2021 版《世界反兴奋剂条例》采纳了这些建议，将这些低水平运动员定义为"业余运动员"，包括如下运动员：过去的 5 年内未参加国际级或国家级赛事；从未代表国家参与国际赛事；从未列入注册检查库或其他行踪库的运动员；在发生违规行为时，国内排名不在前 50 名。对"业余运动员"，各反兴奋剂组织可以进行更为灵活的处罚。

第四，多次违规规定的改进。按照 2015 版《世界反兴奋剂条例》的规定，如果运动员事先没有接到第一次违规的通知，那么该运动员不能被指控为第二次违规。当反兴奋剂组织发现存在更早的违规行为（该违规发生在通知第一次违规之前），则考虑将两次违规合并作为第一次违规处理，并给予两次处罚期更长的处罚。例如，根据 2015 版《世界反兴奋剂条例》，如果运动员承认 4 年中两次不同的违规，但是直到发出违规通知之后才被发现此前更早也存在违规行为，那么两次禁赛期仍仅是 4

年。当进一步检测样本而发现阳性检测结果时，这条规则就存在很大问题。2021 版《世界反兴奋剂条例》对该规定进行了修改：如果反兴奋剂组织可以证明两次违规目的不同，假设两次违规间隔 12 个月，那么这两次违规分别受到两次违规禁赛时间更长的处罚；同时规定如情节严重，可以增加额外 0~2 年处罚。

第五，没收的奖金分配至其他运动员。当因违反反兴奋剂规定要求没收运动员奖金，奖金应该由反兴奋剂组织收集，收缴奖金应该分配至如果该运动员没参赛、其他有权获得该奖金的运动员，并由体育机构决定是否重新考虑名次（以此而发放的奖金）。

（八）处罚决定的执行部分增加了相互承认条款

第一，明确了在国际体育仲裁院推翻处罚决定之前，签约方之间相互承认处罚决定的有效性。

第二，临时停赛决定的相互承认区分为两种情形：一是当阳性检测结果为非特定物质时，临时停赛是"强制性的"；二是当阳性检测结果为特定物质或由于其他违规行为而导致的临时停赛，是否相互承认这一决定由签约方自行决定。

二、2015 版《世界反兴奋剂条例》的主要修改内容

总体来说，2015 版《世界反兴奋剂条例》与 2009 版相比的主要变化包括十一方面的内容：

（一）扩大了兴奋剂违规种类，增加了同谋与禁止联系行为

在 2009 版 8 种兴奋剂违规行为的基础上，增加了 2 种新的违规行为：

第一，反兴奋剂同谋行为（Complicity）（第 2.9 条）。这种行为是指帮助、鼓励、协助、教唆、密谋、掩盖等其他违反反

兴奋剂条例中的同谋行为，或者由任何其他人员实施的任何企图违规的行为。

第二，禁止的联系行为（Prohibited Association）（第 2.10条）。这种行为是指与处于禁赛期的运动员或运动训练团队成员联系或合作，或与过去 6 年中卷入与兴奋剂有关的刑事诉讼或纪律处罚诉讼案件中的运动员或运动训练团队成员联系或合作。

（二）补充了治疗用药豁免的规定

第一，补充规定了各等级的运动员应向何兴奋剂管理单位申请治疗用药豁免。

第二，细化了关于国际体育单项联合会承认国家反兴奋剂组织做出的符合兴奋剂检测与调查标准的治疗用药豁免的适用及上诉期间治疗用药豁免的适用。

第三，补充规定"在运动员尚未得到国家反兴奋剂组织关于相同物质或方法的治疗用药豁免许可的情况下，运动员必须在一出现治疗用药豁免需求时就直接向其国际单项体育联合会提出申请"。

第四，细化了重大赛事中治疗用药豁免的申请、相互承认、上诉的相关规定。

第五，补充规定"如果反兴奋剂组织选择收集某个为了治疗原因而使用禁用物质或禁用方法的运动员的样本，而该运动员非国际级或国家级运动员，在此种情况下反兴奋剂组织可以允许该运动员申请有追溯效力的治疗用药豁免"。

第六，补充规定世界反兴奋剂机构必须审核国家反兴奋剂组织针对国际体育单项联合会驳回或批准运动员治疗用药豁免的申诉。

第七，明确了各种情况下针对各种主体所做出的治疗用药豁免的上诉主体。

（三）在检查部分增加了调查的规定，突出调查与信息收集的作用

第一，补充了兴奋剂违规调查（investiagtion）的规定，将第五章名称改为"检查与调查"（testing and investiagtion），将调查与检查提到同等重要的地位。

一是补充规定了调查的应用范围，包括：①当出现非典型性结果或不良生物护照结果时，可以通过收集证据来判断是否出现兴奋剂违规；②其他表明出现兴奋剂违规的迹象，可收集确定是否发生兴奋剂违规的证据。

二是补充规定了反兴奋剂组织在调查与信息收集中的责任，包括：①从所有可能的渠道获得、使用和持有反兴奋剂信息；开发有效、技术含量高的，并严格遵守比例原则的检查分布计划；策划目标检测，并提供针对可能发生的兴奋剂违规的调查基础，将兴奋剂违规调查提到与兴奋剂检查同等重要的层面上。②调查非典型结果和不良生物护照结果。③调查任何其他的分析性或非分析性信息，以排除可能的兴奋剂违规行为或提出支持启动反兴奋剂违规程序的证据。

第二，将检查主体细化为以下六类：

一是各国反兴奋剂组织对在该国境内的所有运动员，或者拥有该国国籍、居住在该国、该国证件持有者或属于该国体育组织成员的运动员，均有实施赛内及赛外兴奋剂检查的权力。

二是各国际单项体育联合会对所有受其管理的运动员，包括参加国际赛事、参加由该国际单项体育联合会管理的赛事的运动员，或该联合会的成员或持证运动员，及其成员单位的所有运动员，拥有实施赛内或赛外兴奋剂检查的权力。

三是各主要赛事机构，包括国际奥林匹克委员会和国际残疾人奥林匹克委员会，对所有即将参加其赛事或被主要赛事机构的检测方确定为未来赛事的检测对象的运动员，拥有实施赛内或赛外兴奋剂检查的权力。

四是世界反兴奋剂机构拥有依照第 20 条实施赛内或赛外兴奋剂检查的权力。

五是反兴奋剂组织有检查任何尚未退役并正处在禁赛期中的运动员的权力。

六是如果国际单项体育联合会或重大赛事承办机构将检测（直接或通过国家单项体育联合会）委托或承包给国家反兴奋剂组织，则该国家反兴奋剂组织可以在自费的前提下收集附加样本或指导实验室进行附加类型的实验分析。

（四）检测部分补充了实验室资格及检测目录等具体内容

第一，除了世界反兴奋剂机构认可的实验室，增加了特殊情况下世界反兴奋剂机构批准的其他实验室检测样本的资格。2015 版《世界反兴奋剂条例》增加了世界反兴奋剂机构批准的其他实验室释义：因为费用和地理距离的原因，世界反兴奋剂机构可以允许特定的、非完全承认的实验室进行特定兴奋剂检查——举例来说，血样的检测应在特定的截止日期内由现场送到实验室。在承认这样的实验室之前，世界反兴奋剂机构须确保其达到要求的检查和保管标准。

第二，明确了扩展目录及缩小目录的检测方式及效力。

一是明确了反兴奋剂组织可以要求实验室使用超出技术性文件规定以外的扩展样本检测目录，或者在得到世界反兴奋剂机构同意的情况下要求实验室使用少于禁用物质完整目录的样本检测目录。

二是明确了实验室检测扩展目录的结果与其他任何检测结果具有同等效力。

（五）结果管理方面细化了管理主体，增加了审查范围

第一，进一步明确结果管理的几类主体。增加细化了如下关于结果管理主体的规定：

一是结果管理和听证会应由开始和执行样本收集的反兴奋剂组织负责和管理（如果不涉及样本的收集，则由发现兴奋剂违规的反兴奋剂组织负责）。如果该反兴奋剂组织没有进行结果管理的权力，那么结果管理权力将被默认转移至合适的国际单项体育联合会。

二是在国家反兴奋剂组织的规章未授予其自身以管理非本国国民、居民、证件持有者或体育组织成员的权限，或国家反兴奋剂组织放弃该项权利的情况下，结果管理应由相应的国际单项体育联合会进行。

三是由世界反兴奋剂机构进行的兴奋剂检查的结果管理和听证会将由世界反兴奋剂机构指定的反兴奋剂组织进行。

四是与行踪信息提交失败或错过检查相关的结果管理将根据兴奋剂检测国际标准规定，由国际单项体育联合会或运动员提交行踪信息的国家反兴奋剂组织执行。

第二，增加了对不良生物护照结果和行踪信息提交失败审查的规定。增加了第7.5条和第7.6条规定对不良生物护照结果及行踪信息提交失败应当按实验室国际标准进行审查，并按条例规定通知运动员及相关方。

（六）听证方面增加了国际体育仲裁院单次终局听证会

补充规定了针对国际级或国家级运动员的违反反兴奋剂条例的案件，如果运动员本人、负责处罚的反兴奋剂机构、世界

反兴奋剂机构、相关国际单项体育联合会或国家反兴奋剂组织都同意，则可以直接在国际体育仲裁院进行单次听证会，且该听证会结果是终局的。

（七）处罚方式增加灵活性，并加重对真正违规者的处罚

第一，加重了初次违规的处罚，初次违规基本禁赛4年。与2009版初次违规基本处罚2年不同，2015版《世界反兴奋剂条例》明确了初次违规基本禁赛4年，注定错过下届奥运会。

除了未能提交行踪信息（第2.4条）、反兴奋剂同谋行为（第2.9条）、禁止的联系行为（第2.10条）之外，其他初次违规行为基本禁赛4年，除非运动员能证明自己无过错。

第二，对无过错或疏忽的违规规定缩短禁赛期。

一是无重大过错的特定物质违规。当兴奋剂违规涉及特定物质，且运动员和其他人员可以证明自己没有重大过错或重大疏忽的情况下，根据运动员或其他人员的过错程度，处罚最短为警告、最长为2年禁赛期。

二是无重大过错的受污染物质违规。当运动员或其他人员可以证明检测到的禁用物质来自于受污染的产品，同时可以证明自己没有重大过错或重大疏忽的情况下，根据运动员或其他人员的过错程度，处罚最短为警告、最长为2年禁赛期。

第三，涉嫌违规后主动承认违规行为可缩短禁赛期。补充规定当运动员或其他人员被反兴奋剂组织指控涉嫌违规时（适用条款10.2.1四年禁赛期），通过主动承认兴奋剂违规行为，并在得到世界反兴奋剂机构和有结果管理责任的反兴奋剂组织的同意之后，可根据违规的严重程度以及运动员的过错程度缩短禁赛期，最短不得短于2年。

第四，修改了二次违规的处罚标准。二次违规改为按照以

下三种处罚情形中最长的禁赛期处罚。三种情形分别为：①六个月；②第一次违规实施的禁赛期的一半；③如果是第二次违规则将该行为视为第一次发生，予以两倍的禁赛期处罚。

第五，补充规定了返还 CAS 仲裁成本、没收奖金、罚款和其他花费等内容。除非公平原则另有要求，运动员和其他当事人必须首先根据合理的还款计划退还依照本条款应被没收的所有奖金，作为恢复资格的一个条件，并明确了还款的优先顺序。

还款的优先顺序为：其一，支付 CAS 仲裁成本；其二，如果所属的国际单项体育联合会有相关规定，则将没收的奖金重新分配给其他运动员；其三，报销反兴奋剂组织在对该案件进行结果管理的过程中所产生的费用；其四，支付上述条款中未详细述明的罚款与花费。如果运动员未按上述条款规定支付其份额中的款项，则该运动员不具备参加之后的比赛的资格。

第六，明确了运动员可以重返训练的具体时间。增加第10.12.2 条规定运动员禁赛期的最后 2 个月时，或者禁赛期的最后 1/4 时间里，运动员可以重返训练。

（八）上诉方面增加了审查范围不受限制及反上诉的规定

第一，明确了上诉的审查包括与事件有关的所有问题，尤其不限于在首个决定者面前审查的问题或范围，同时，明确了在作裁决的时候，CAS 不需要遵从其决定已经被上诉的机构的事实认定或裁量权运用。

第二，增加了允许反上诉的规定。对于根据《世界反兴奋剂条例》向 CAS 提起上诉的案件，允许反上诉。

（九）明确了签约方的处理决定应得到相互承认

2015 版《世界反兴奋剂条例》将 2009 版条例第一部分第 15 条"兴奋剂控制职责的明确"修改为"决定的适用和相互承认"：

第一，明确了在享有第 13 条规定的上诉权的条件下，任何签约方在其权限内所完成的符合本条例的工作，包括兴奋剂检查和听证会结果，以及其他的最终裁定等，都应在全世界范围内得到所有其他签约方的承认和尊重。

第二，明确其他虽未承认本条例但其规定与本条例一致的组织机构，各签约方应承认其完成的相同工作。

（十）时效的规定统一修改为 10 年

对于运动员和其他人员兴奋剂违规的时效为自被指控时起为期 10 年，2009 版中时效规定为 8 年。

（十一）增加了签约方的附加责任与义务

签约方被要求推进反兴奋剂教育，并制定纪律规章进行规范在其管理权限内出现使用禁用物质或禁用方法的运动员或运动员辅助人员，并规定了加强各反兴奋剂组织之间的相互调查与协作，明确了国家单项体育联合会对国家反兴奋剂组织的配合检查、调查义务。

其中，对政府的义务增加了"各国政府应当尊重本国反兴奋剂组织在管理和执行上的独立性"。

此外，还专门增加条款规定了地区反兴奋剂组织的角色和职责。

第三节　《世界反兴奋剂条例》修改体现的原则和发展趋势

一、突出比例原则与人权尊严原则

比例原则与人权尊严或人性尊严原则均为德国宪法上的基本原则，如《德国基本法》第 1、20 条明确规定了比例原则，

第 79 条明确规定了人性尊严原则。其中，比例原则的核心内涵是一个涉及人权的公权力（无论是立法、司法或行政行为），其目的和所采行的手段之间，应当存在一个相当的比例。[1] 人权尊严原则的核心内涵则是必须将单个的人及其尊严置于所有规则的中心地位。[2] 比例原则与人权尊严原则对各国影响都较深远，成为很多国家宪法或行政法上的基本原则。在 2015 版《世界反兴奋剂条例》的修订中，比例原则与人权尊严原则也被引入，共同规定于条例的首段："条例的履行应当遵循比例原则与尊重人权原则"。这两项原则也贯穿在 2021 版与 2015 版的全部修订内容之中：对运动员的处罚要根据运动员的过错程度来实施，过错程度应当与处罚结果呈比例的关系，对于运动员过错非常轻的行为（如污染食品）规定了较轻的处罚规则，体现了比例原则；人权尊严原则重点体现在对运动员人权与人格尊严的尊重，包括运动员的隐私保护、上诉权利、知情权等。世界反兴奋剂机构关于比例原则与人权尊严原则的修改意见与法治原则及法律发展规律相符，也获得了各签约方的好评，将会成为今后反兴奋剂规制中突出的趋势之一。

二、更加严格的反兴奋剂政策原则

随着反兴奋剂形势的不断严峻，《世界反兴奋剂条例》的两次修订中多处体现了更加严格的反兴奋剂政策原则，其中最突出的是两方面：其一，对严重违规行为的时效可延长至 10 年。在 2015 版《世界反兴奋剂条例》的修改过程中，最早第一阶段

---

〔1〕　郝银钟、席作立："宪政视角下的比例原则"，载《法商研究》2004 年第 6 期。
〔2〕　李忠夏："人性尊严的宪法保护——德国的路径"，载《学习与探索》2011 年第 4 期。

的修改征求意见稿将原先的 8 年时效修改为 14 年，直接原因在于美国环法七冠王阿姆斯特朗被认定为兴奋剂违规的时效是 14年。在后来几轮的征求意见中，世界反兴奋剂机构最终确定的时效是 10 年。其二，条例的修改意见进一步突出了世界反兴奋剂机构的优势地位：一方面，世界反兴奋剂机构在许多事项上享有最终裁量权。修改内容中包括禁用清单的拟定，对提供切实协助的运动员减免禁赛期、暂缓禁赛期，对样本实施部分或全面检查等决定，都由世界反兴奋剂机构享有最终决定权。另一方面，世界反兴奋剂机构部分行为不受司法审查或质疑。修改中明确了世界反兴奋剂机构决定将何种物质列入禁用清单的权力不受司法审查；并明确了当世界反兴奋剂机构推翻另一个反兴奋剂组织不驳回治疗用药豁免的裁决时，运动员的上诉对象是另一个反兴奋剂组织的决策，而非世界反兴奋剂机构。其三，2021 版还增加规定了世界反兴奋剂机构拥有无限次的检测样本的权力及拥有对样本的所有权。这些内容均体现了世界反兴奋剂机构实施最严格的反兴奋剂政策的决心，也是反兴奋剂严峻形势的需要。

三、运动员合法权益保障原则

虽然由于形势严峻需要实施最严格的反兴奋剂政策，但运动员合法权益的保障也是反兴奋剂立法的重要原则。在 2021 版和 2015 版两次修改中，对运动员合法权益的保障都是重要的修改内容，其中 2021 版在总则部分专门增加了"运动员合法权益"作为条例制定的基本价值。在具体的条款修改中，关于运动员合法权益保护原则突出体现在 2021 版和 2015 版处罚部分的修改上，增强了处罚的灵活性：其一，对运动员无过错的食品污染造成的检查结果阳性给予减轻处罚。针对近年来频发的由于食品污染导致违规的兴奋剂案件，《世界反兴奋剂条例》也增加了专门针对食品污染的减轻处罚方式。食品污染是近几年运动员兴奋剂违规案件中常见的因素，我国柔道运动员佟文[1]、西班牙自行车运动员康纳多（Contador）[2]等世界名将都因为食品污染问题在国际体育仲裁院进行过仲裁。随着食品污染成为一个世界性话题并且无法由运动员完全控制，对食品污染导致的兴奋剂违规与服用违禁物质的违规行为作出同样的处罚结果越来越被认为显失公平。2015版修订专门增加这一规定，只要运动员证明自己无意通过禁用物质提高比赛成绩，并且证明了所查出来的违禁物质是从受污染的产品中产生，对该运动员应按其过错程度处以最低警告、最高2年禁赛的处罚。2021版在2015版的基础上进一步规定了，针对克伦特罗等很可能是食品污染造成的阳性结果，世界反兴奋剂机构有权将克伦特罗等物质专门列出清单，对这一类物质阳性进行单独处理，以最大限度保护运动员的合法权益。其二，对并非有意服用禁用物质的滥用物质行为，给予减轻处罚，并增加了替代性处罚方式，即进行教育改造以抵免禁赛期。其三，在特殊情况下减免禁赛期部分增加了为反兴奋剂提供切实协助的运动员的减免规定。这些修改意见都改变了过去单一严格责任造成的对无辜运动员的过重处罚，体现对运动员合法权益的保障。关于处罚灵活性的修改内容也获得了各签约方的较高评价。而关于奥运会附加处罚，在2015版修改过程中由于遭到的反对意见非常大，且违反"一事不再罚"的基本法律原则，最终通过的2015版中没有奥

---

〔1〕 CAS 2010/A/2161 Wen Tong v. International Judo Federation.

〔2〕 CAS 2011/A/2384 UCI v. Alberto Contador Velasco & RFEC.

运会附加处罚。[1] 2021 版在修改时也未增加奥运会附加处罚。这些方面均体现了反兴奋剂领域在实施严格的反兴奋剂政策的同时，越来越重视运动员合法权益的保护。

四、吸收反兴奋剂领域最新研究成果的原则

与兴奋剂的层出不穷相比，反兴奋剂永远处于相对滞后的阶段，更需要吸收科研成果以不断更新和进步。2021 版和 2015 版修改中关于禁用方法、运动员生物护照等内容的规定，都是对近些年反兴奋剂领域最新研究成果的吸收。运动员生物护照是一种新型的兴奋剂检查方法，只要对运动员生物护照的审查结果显示运动员的生物护照与正常的生理状况或者已知的病理学不一致，并且与禁用物质或禁用方法相协调，即构成不良护照结果。这种方法能有效分辨出运动员生理的细微变化与运动成绩之间的关系是否是基于禁用物质或方法的结果。这些修改吸收了反兴奋剂领域最新的科研成果，以使得反兴奋剂的手段与方法跟上生物、药品等科技发展的趋势。

---

〔1〕 尽管生效版本没有规定奥运会附加处罚，但对兴奋剂初次违规的基准禁赛期由 2 年上调为 4 年，使所有违规运动员基本错过下届奥运会。

第三章

职业体育反兴奋剂法律问题研究

第一节　我国职业体育反兴奋剂制度现状及历史沿革

研究我国职业体育反兴奋剂法律制度建设，有必要先了解我国现有职业体育发展状况及反兴奋剂制度建设状况，明确职业体育反兴奋剂管理的内涵、目标、工作进展、当前工作重点以及面临的新形势和新要求等，进而分析职业体育反兴奋剂法律制度建设的重要性，为后续研究提供支撑。

一、我国职业体育发展现状

（一）职业体育的内涵及起源

职业体育是相对于业余体育而言的一种体育形态，是围绕着某一种运动项目，以职业俱乐部为组织形式，以职业运动员的竞技能力和赛事为基本商品，追求最大利润的经营体系。

职业体育的基本内涵应包括以下三个方面：

第一，在体育分类学意义上，职业体育是相对于业余体育而言的，业余体育的参与者另有职业，他们只是把参与体育运动作为一种娱乐、强身的手段或业余爱好，而职业体育则是职业性的，参与者把它作为一种事业追求和谋生的主要手段。

第二，在组织形态上，职业体育是职业俱乐部围绕着某一运动项目的劳务性生产和经营。职业俱乐部是从事职业体育活动的最基本、最重要的法人实体，职业俱乐部为更好地组织经营往往结成联盟实现对某一特定区域内某项职业体育运动的管理和协调。

第三，在运作模式上，职业体育采完全的商业化路径，通过向大众出售以体育竞赛表演为核心的体育产品谋求经济上的最大利润。职业俱乐部以及由职业俱乐部组成的联盟均为市场上的商业主体。

体育作为一项产业起源于英国。在英国从封建社会解体向资本主义社会过渡的16世纪到17世纪，生产力解放，商品经济获得极大发展，社会财富快速增加，人民生活水平有了显著提高；而在思想方面，经历了宗教改革、启蒙运动的洗礼，人们的思想更加自由、开放，也乐于接受新的事物，这些都为职业体育的萌芽创造了可能。这一时期，出现了以简单体育比赛为内容的商业性体育表演，一些传统的乡村体育也开始向"商业体育"演变，这些正是职业体育的萌芽。

1750年，英国出现了早期的业余体育俱乐部，俱乐部根据申请者的职业、收入、社会地位来决定是否接纳其为成员，并通过成员捐资组织各项业余体育活动，业余选手被定义为"不以获得奖金为目的，从来没有做过机工、手工业者和壮工的绅士"，因此这些俱乐部属于"上流社会"的自愿团体组织，而非职业体育俱乐部，最早出现职业体育俱乐部的国家是美国。

美国最早职业化的现代竞技体育项目是棒球运动。1858年，观众要看明星队与布鲁克林队的决赛就要付50美分门票，4年后，一些棒球俱乐部纷纷修建围墙向观众收取门票，即所谓的"圈地运动"，开创了美国棒球运动历史的新纪元。有了门票收入，俱乐部间的比赛增多，比赛周期延长，根据队员的技术而不是社会地位招募球员，并给杰出的球员报酬，至此，现代职业体育运动诞生了，美国棒球运动成了世界职业体育的先驱。

（二）我国职业体育的历史发展沿革

我国的职业体育是从计划经济下的专业体育制度转化而来的。新中国成立初期，为了迅速提高运动技术水平，1952 年我国成立了中央人民政府体育运动委员会（简称"中央体委"）（1954 年改为中华人民共和国体育运动委员会，简称"国家体委"），并效仿苏联实行专业体制，从运动员的培养到比赛的组织，都由国家全权负责、一手操办，亦称为"举国体制"。一方面，我国竞技体育的"举国体制"为政府集中人力、财力、物力来保证部分重点项目形成优势，迅速提高运动技术，为缩小与世界各国的差距提供了可能，但另一方面，国家因此而背负着很大的负担，从某种程度上也阻碍了竞技体育的健康发展。因此，党的十一届三中全会后，我国竞技体育就开始酝酿改革。

1. 第一阶段：社会化改革阶段（1979—1991 年）

党的十一届三中全会以后，在以经济建设为中心的改革思想的指导下，国家体委提出了体育社会化发展的方针，改革体委独揽体育的局面，让体育走向社会，让各行各业都来办体育。尽管体育的商业价值在市场运作中表现出理想的效益和巨大的潜力，但它仅是作为一种推动经济发展的手段，其产业地位和经济价值并未引起人们的认同和重视。

为解决体育事业发展资金供给不足的矛盾，国家积极探索筹措体育资金的新路子，其工作主要是吸引社会资金。一方面，鼓励和支持企业赞助专业运动队或与体委联合的形式办高水平运动队。1984 年广州体委与广州白云山制药厂联手创办足球队，开创了企业与体委联合办队的先河。不久，北京、上海、天津、山东等省市的大中小企业纷纷投资，竞相与体委联合创办运动队。到1986年底，企业出资与体委系统联合办运动队的改革形式已遍及除西藏之外的所有省（区）市。另一方面，企业独立办运动队的形式也得到了发展。重庆钢铁公司、四川化工总厂等10个经济效益高、体育基础好、社会影响大的企业都自办了高水平运动队。其中，山西太原钢铁厂自办女子手球队，多年在全国比赛中名列前茅。

2. 第二阶段，职业化改革阶段（1992—1998年）

1992年，中国确立了建立社会主义市场经济体制的改革目标，体育产业化作为体育改革的一个重要内容逐渐得到了政府和社会各界的认同。我国在打开国门、改革开放、综合国力大大提高之后也开始了对职业体育化的积极研究和探索，竞技体育发展掀起职业化改革浪潮。足球率先开始职业化改革，原来由企业赞助或由企业与体委联办的足球队纷纷成立职业足球俱乐部，注册为企业法人。1992年大连成立了我国第一个职业足球俱乐部，同年，我国首家股份制足球俱乐部在四川南德挂牌。1994年，我国足球率先推出职业联赛，中国足协筹集120万美元举办了"万宝路杯全国足球甲级（A组）联赛"。全国6个赛场观众踊跃，共有15万人观看了首轮比赛。足球职业化改革的初见成效有力地推动了其他竞技体育项目的职业化，篮球、排球、乒乓球等运动项目也紧随其后进行了职业化改革，分别于1995年、1996年底和1998年实行了主客场制的职业俱乐部联赛。还有一些项目如网球、羽毛球、围棋等也建立或准备建立职业俱乐部并开展职业俱乐部联赛。

3. 第三阶段，发展阶段（1998 年至今）

1998 年以来，我国职业体育不断深化体制改革，确立并巩固职业体育俱乐部的市场主体地位，进一步提升联赛水平、改善联赛的管理运营，我国职业体育产业从体育部门逐步走向社会，走向经济建设的主战场，成为国民经济新的增长点，得到了政府和社会的高度重视。

我国职业足球甲级联赛于 2004 年改名中国足球协会超级联赛（简称"中超"），2006 年中国足球协会（简称"足协"）与中超联赛参赛俱乐部共同出资成立了中超联赛有限责任公司，以负责中超的市场开发。到 2013 年中超已在亚洲足球排行榜中位居第四，2013 年赛季中超平均单场上座率保持在 1.8 万人次以上，排名亚洲首位。我国篮球职业化晚于足球，但近年来，中国男子篮球职业联赛（China Basketball Association，简称 CBA）更多地开始模仿美国全美篮球协会（National Basketball Association，简称 NBA）的发展模式，逐渐成为媒体、企业和球迷追捧的对象，中国职业篮球出现了前所未有的发展新局面。此外，我国职业排球、职业乒乓球也在深化改革中获得了进一步发展完善，我国职业体育进入到了一个全新的阶段。

（三）我国职业体育的发展目标

我国职业体育有着自身特殊的发展历史和发展环境，其发展目标是提高体育竞技水平和创造良好的经济、社会效益。

职业体育同样遵循"更高、更快、更强"的体育运动精神，不断提高体育竞技水平是职业体育发展的应有目标。在现阶段，也正是因为我国职业体育的竞技水平不高，尤其是同时依赖体能的足球、篮球项目竞技水平上的严重不足，导致了对外援的依赖以及联赛在市场竞争中的弱势。因此，提高体育竞技水平是我国职业体育发展的永久性目标。

作为社会主义制度下体育运动的经营体系，我国职业体育的根本性目标是创造良好的经济、社会效益。职业体育有着商业化的逐利本性，同时，我国职业体育的发展也承载着对国家、社会的责任，因此在追求经济效益的同时，职业体育的发展还应兼顾社会的利益（如职业体育同样应维护运动的纯洁性，为青少年球迷树立良好的榜样），创造良好的社会效益。

良好的竞技水平、经济效益和社会效益也是保证职业体育良性循环、持续发展的关键。企业资金的投入增加了职业体育的发展资金，有利于提高竞技水平，竞技水平的提高又能提升赛事质量，从而赢得大量观众参与，大量的观众参与不但能直接获得可观的门票收入，还能获得更好的电视转播和赞助收益、创造经济效益，经济效益的提高保证训练和竞赛的经费，为投资企业带来经济收益，从而吸引更多资金的投入，形成良好的社会效益，实现职业体育的良性循环与稳定发展。

二、我国职业体育反兴奋剂工作进展

（一）我国职业体育反兴奋剂工作的法律依据

我国职业体育反兴奋剂工作所遵循的法律依据主要包括《体育法》、《反兴奋剂条例》、2014年底通过的《反兴奋剂管理办法》[之前是1998年的《关于严格禁止在体育运动中使用兴奋剂行为的规定（暂行）》]、国家体育总局反兴奋剂的相关规定、《反对在体育运动中使用兴奋剂国际公约》以及《世界反兴奋剂条例》。

1. 国内层面

我国《体育法》明确规定，体育竞赛实行公平竞赛原则；

在体育运动中严禁使用禁用药物和方法；对禁用药物和方法进行严格检查；在体育运动中使用禁用的药物和方法的，由体育社会团体按照章程规定给予处罚；对国家工作人员中的直接责任人员，依法给予行政处分。《体育法》为我国职业体育反兴奋剂工作的展开奠定了最根本的法律基础。

国务院制定颁布的《反兴奋剂条例》首次从法律层面明确提出了严格禁止、严格检查、严肃处理的反兴奋剂工作方针，明确了体育主管部门和有关部门的反兴奋剂职责，规定了兴奋剂生产、销售、进出口管理制度，体育社会团体、运动员管理单位和运动员辅助人员的反兴奋剂义务，运动员的行为规范，兴奋剂检查计划的制定和实施，兴奋剂检查的范围、权限和程序，兴奋剂检测的资质，违反《反兴奋剂条例》行为的法律责任等事宜，涵盖了反兴奋剂工作的基本方面，解决了反兴奋剂领域带有根本性、全局性、长期性的问题，成为有关部门开展反兴奋剂斗争的核心依据和主要保障。

1998 年的《关于严格禁止在体育运动中使用兴奋剂行为的规定（暂行）》（国家体育总局令第 1 号，简称"1 号令"），是国家体育总局成立后颁布的第一部部门规章，反映了中国政府反对使用兴奋剂的坚定决心和举措。该文件明确规定了对使用兴奋剂行为的处罚原则、标准、尺度、程序，以及申诉和仲裁等救济途径，成为之后体育行业处理兴奋剂违规行为的基本依据。此外，国家体育总局制定的规范性文件，确立了反兴奋剂宣传教育，兴奋剂检查管理，对兴奋剂违规行为的调查、听证和处罚，运动员的食品安全保障和运动营养补品管理等体育行业反兴奋剂的基本制度和重要事项，构成了反兴奋剂规则的主干，也为地方、体育组织和社会团体制定反兴奋剂实施细则提供了重要依据。

但由于 1 号令制定的时间较早，主要内容限于对兴奋剂违规处罚的相关规定，随着反兴奋剂的发展，实践中出现了很多以往未遇到的新情况、新问题，因此，2014 年底，国家体育总局出台了新的部门规章《反兴奋剂管理办法》，取代旧的 1 号令。2014 年年底通过的国家体育总局《反兴奋剂管理办法》吸收了国际层面关于反兴奋剂制度的通用规则，对反兴奋剂管理体制、职责分工、宣传教育、检查检测与调查制度、处罚与奖励等内容都进行了规范，同时，还配套颁布了《体育运动中兴奋剂管制通则》，对禁赛处罚等内容均作出了规定。《反兴奋剂管理办法》的颁布，标志着有中国特色的反兴奋剂法律体系的形成。

2. 国际层面

《反对在体育运动中使用兴奋剂国际公约》是联合国教科文组织通过的第一个有普遍国际约束力的反兴奋剂法律文件，旨在协调全球反兴奋剂工作、为各国政府采取联合行动、彻底消除在体育运动中使用兴奋剂提供一个法律框架。该公约的通过，将政府纳入到反兴奋剂斗争的行列中来，加大了斗争的力度。我国作为公约的签署国，有义务履行承诺。虽然在职业体育反兴奋剂工作中，公约的内容并不能直接适用，公约的原则和精神对职业体育反兴奋剂工作仍然具有指导意义。

《世界反兴奋剂条例》是全球统一的反兴奋剂规则，是各签约方（包括政府和体育组织）在开展反兴奋剂工作中需要遵循的基本依据。在我国，全国性单项体育协会作为职业体育联盟的管理机构，由其认定兴奋剂违规、决定兴奋剂违规的处罚，同时我国全国性单项体育协会又是《世界反兴奋剂条例》的签约方，对于《世界反兴奋剂条例》的强制内容，全国性单项体育协会不得有任何减损而必须予以执行，因此，在职业体育反兴奋剂工作的实践中，该《世界反兴奋剂条例》虽然对职业体育反兴奋剂工作没有直接约束力，但经全国性单项体育协会的转化实施，也是职业体育反兴奋剂工作的重要法律依据。

（二）我国职业体育反兴奋剂现状

自 2004 年中超曝出首例兴奋剂阳性事件以来，我国职业体育领域的兴奋剂违规事件有：2004 年 9 月中超足球联赛辽宁中誉与大连实德赛后，辽足门将刘建生被查出兴奋剂阳性，足协对其处以 2 年禁赛处罚；2004 年 12 月沈阳金德小将张可被认定兴奋剂检测呈阳性，最终被处以 6 个月禁赛处罚；2012 年我国出现了首例中国男子篮球职业联赛（CBA）兴奋剂违规事件，山西中宇队外援马库斯·威廉姆斯（Marcus Williams）由于大麻（酚）类阳性而被中国篮协禁赛 6 个月；2013 年 6 月 CBA 再次被查出兴奋剂阳性事件，山东黄金俱乐部外籍运动员阿巴斯（Abbas）因兴奋剂检测阳性被处以警告并罚款。从上述案例来看，我国职业体育的兴奋剂问题似乎并不严重，但是考虑到兴奋剂检查为抽样检查，而职业体育领域的兴奋剂抽检数量又非常少（2011 年国家体育总局反兴奋剂中心对职业足球以及职业篮球球员的兴奋剂检查总共 32 例，2012 年为 40 例，2013 年有 60 例），实际上我国职业体育的兴奋剂问题却是十分令人担忧的。

因立法较早而我国职业体育起步较晚，我国反兴奋剂法律制度并没有针对职业体育特殊性的法律规范，然而这种特殊性又恰恰需要立法作出相应规定，以解决现实中的需要。正因为缺乏针对职业体育特殊性的法律规范，我国职业体育领域中的很多反兴奋剂问题面临着无法可依的尴尬境地。例如，某职业运动员因兴奋剂阳性被美国 NBA 处以禁赛，如果禁赛期内该运动员被 CBA 引为外援，中国篮协是否应当承认美国 NBA 对该运动员的禁赛处罚？如果不承认是否应采取其他措施？这些问题在职业体育领域极有可能发生，我国现行反兴奋剂法律法规却不能提供任何解决方式。

立法确定的反兴奋剂义务，对于运动员管理单位仅仅要求其加强对所属运动员和运动员辅助人员的监督管理和反兴奋剂教育、培训；不得向运动员提供兴奋剂或组织、强迫、欺骗运动员在运动中使用兴奋剂；为运动员提供医疗指导以及配合兴奋剂检查，并未规定职业联盟的反兴奋剂义务，也未要求作为运动员管理单位的职业俱乐部或职业联盟进行兴奋剂检查，对于运动员管理单位的监督管理和反兴奋剂教育、培训义务也只是原则性的规定，没有任何具体要求或义务，这种立法的缺失虽与当时的立法背景有关，但明显不利于职业体育反兴奋剂工作的展开。我国职业体育领域至今没有自己的反兴奋剂规则，职业体育的反兴奋剂工作也始终没有取得实质性进展。在实践中，职业联盟的反兴奋剂工作依赖政府体育主管部门对职业联盟的行政性抽查，实质为政府体育主管部门为实现其行政管理职能的行为。具体来讲，国家体育总局反兴奋剂中心每年都会对职业联盟运动员实施一定数量的兴奋剂检查、进行反兴奋剂宣传教育，而兴奋剂违规则由联盟的管理单位按规定给予处罚（如 CBA 球员兴奋剂违规由中国篮球协会进行处罚，中超球员兴奋剂违规由足协进行处罚）。职业体育反兴奋剂工作的主要内容就是上述外部管理主体对职业体育的监督管理，可以说我国职业体育自身的反兴奋剂工作还存在较大的制度建设空白。

在我国，职业体育反兴奋剂工作的外部管理主体主要是指国家体育总局以及管理职业运动项目的全国性单项体育协会。在反兴奋剂问题上，这些外部性管理主体，尤其是国家体育总局，围绕着竞技体育有着十分复杂繁多的工作，对于职业体育"心有余而力不足"。以国家体育总局反兴奋剂中心为例，该中心不但要负责职业体育的兴奋剂检查、宣传教育等工作，还要承担规模庞大的竞技体育领域的兴奋剂检查，竞技体育领域赛事繁多、运动项目以及运动员数量较多，而竞技体育相对于职业体育总是能处于优先地位，因而现实中，职业体育的兴奋剂检查比例远不如竞技体育的兴奋剂检查比例，这种状况虽然不合理，却也十分无奈。

我国职业体育联赛由联赛运动项目的全国性单项体育协会创制，深化改革至今，联赛虽然确定独立于其创制协会而运作，但其创制协会作为联赛的特殊股东拥有重大事务的一票否决权，并且对于联赛的收益享有巨大的利润分红权，职业联赛或者说职业体育这一部分成了创制协会的重要收益来源。但是，这些创制联赛的全国性单项体育协会同时又是职业体育反兴奋剂工作的外部管理主体。根据立法规定，全国性单项体育协会对相应运动项目的职业体育兴奋剂事务除享有宏观的监督管理权外，还拥有认定兴奋剂违规、决定兴奋剂违规处罚的权力。反兴奋剂是一项只有投入而不产生收益的工作，而与职业联盟利益的牵连，导致了这些协会对职业体育的反兴奋剂，除了行使其兴奋剂违规的决定权和处罚权，履行其必需的反兴奋剂教育、培训以外，几乎不可能有任何积极作为。

（三）我国职业体育反兴奋剂存在的问题

1. 缺乏针对职业体育特殊性的法律规范

职业体育的特殊性源于其本身的内涵和特征，表现在职业俱乐部的商法人地位、职业联盟的商业运作模式、职业运动员的劳动者身份以及职业体育的转会、外援等特殊制度。在反兴奋剂问题上，正是由于这些特殊性的存在，职业体育的反兴奋剂制度才不能仅仅将适用于竞技体育的一套规制体系适用于职业体育。职业俱乐部的商法人地位决定了俱乐部以营利为目标的本质特征，立法如何在履行其反兴奋剂义务与保持其市场活力之间保持平衡；职业联盟作为职业赛事的运营管理方，而职业赛事又是职业体育反兴奋剂工作的重中之重，对职业联盟的反兴奋剂义务应当如何规定；兴奋剂违规处罚与劳动者保护该如何协调；在兴奋剂违规的认定、兴奋剂违规的处罚上，遇到球员转会、外援的引进、外援合同期结束该如何适用等，这些问题均属于职业体育才有的特殊问题，需要立法有针对性地予以规范。

在我国，竞技体育负责管理、培养运动员代表国家参与比赛，在运动场上运动员就是国家的形象大使，代表着国家利益，因此国家围绕着竞技体育有一系列外部性考量，规制体系从一开始即偏重于这一领域；且我国社会传统上更加青睐于奥运会、全运会等传统大赛，竞技体育较之职业体育往往能获得更多的关注，这一系列原因使得我国与体育有关的法律制度，包括反兴奋剂法律制度，几乎全部以竞技体育为核心。

1995 年实施的《体育法》对反兴奋剂问题只有一条原则性的规定；1998 年国家体育总局制定施行的 1 号令以及 2004 年国务院颁布施行的《反兴奋剂条例》都没有任何针对职业体育特殊性的法律规范。这种法律规范的缺乏除上述原因之外，很大一部分原因还在于职业体育在我国属于新生事物，在制定这些法律的时候，职业体育刚刚起步，2004 年国务院制定《反兴奋剂条例》的时候中超甚至还处在"甲 A"时代末期，联赛发展面临着许多困难，职业联盟的反兴奋剂问题甚至职业联盟也都没有进入立法者的视野，但这也同时导致了现在职业体育反兴奋剂工作面临着无法可依的尴尬境地。

2. 兴奋剂检查总体数量较少，与职业运动员规模不成比例

我国职业体育发展至今已拥有相当数量的职业运动员，以中超、CBA 为例，2014 年，中超 16 支参赛球队共有 535 名球员，每年共有 240 场比赛；CBA 共有 24 支球队共有 1135 名球员，每年共有 327 场比赛。然而，2011 年针对中超、CBA 二者的兴奋剂检查场次均只有 4 场，检查数量均为 16 例，占二者比赛场次的比例分别为 1.67%、1.22%，占二者球员总数的比例分别为：2.99%、1.41%。2012 年针对中超、CBA 二者的兴奋剂检查场次分别为 5 场、8 场，检查数量均为 20 例，占二者比赛场次的比例分别为 2.08%、2.45%，占球员总数的比例分别为：3.74%、1.76%。2013 年针对中超、CBA 二者的兴奋剂检查场次均为 15 场，检查数量均为 30 例，占二者比赛场次的比例分别为 6.25%、4.59%，占球员总数的比例分别为：5.61%、2.64%。

虽然兴奋剂检查的抽检比例在逐年上升，然而总体上讲，兴奋剂检查的数量较少，中超、CBA 共 1600 多名球员，而每年的检查例数仅仅停留在两位数，抽检比例不到 4%，相同项目的职业球员抽检比例也远低于竞技体育的兴奋剂检查比例。此外，目前职业体育领域的兴奋剂检查也没有赛外检查。兴奋剂检查数量较少，比例过低，根本不能形成对职业运动员使用兴奋剂的威慑和预防。

3. 职业联盟缺乏开展兴奋剂检查和反兴奋剂工作的动力

反兴奋剂工作是一项系统性的制度建设，除兴奋剂检查以外，还包括反兴奋剂教育宣传、兴奋剂违规行为的审查、兴奋

剂违规处罚、兴奋剂纠纷的解决等一系列事务，制度的建设以及相应外部制度的完善需要投入大量的人力、财力，以兴奋剂检查以及兴奋剂纠纷的解决为例，1例兴奋剂检查动辄几千人民币，还需要负责样本采集、运送的专门人员；在做出兴奋剂违规的决定之后，按照一般法律原则，运动员有申诉的权利，必须给运动员提供救济途径解决兴奋剂纠纷，然而如何提供救济？如何保障运动员的申诉权？这就需要相应的外部配套制度。因此，对于职业联盟来讲，反兴奋剂工作意味着大量成本的投入。此外，不同于职业联盟的其他工作、业务，反兴奋剂工作并非可创造收益的事项，不能给职业联盟带来任何收入，相反，运动员使用兴奋剂可以提高其运动能力，增加比赛的对抗性，提高比赛的精彩程度，这对职业联盟来说是更有利的。因此，职业联盟根本没有动力开展反兴奋剂工作。

在我国，对兴奋剂的规制，立法主要规定了相关政府部门兴奋剂检查、监督管理责任以及全国性体育社会团体、运动员管理单位的监督管理责任，在反兴奋剂工作上对职业联盟或者职业俱乐部并无实施兴奋剂检查的要求，因此，在法无明文规定的情况下，职业联盟没有义务自己开展兴奋剂检查，而作为以营利为目标的市场主体，职业联盟对于只有大量成本投入而没有相应收入的兴奋剂检查，自然既无压力，更是毫无动力。

第二节　职业体育反兴奋剂制度建设的重要性与特殊性

一、我国职业体育反兴奋剂制度建设的重要性

（一）是弥补职业体育反兴奋剂领域法律规则空白的需要

我国现行有关兴奋剂的立法以竞技体育为核心，缺乏针对

职业体育特殊性的法律规定，最终导致了职业体育领域的很多兴奋剂问题处于规制的真空状态。实践中，随着职业体育消费份额的增长，职业体育在社会生活中占据着越来越重要的角色，而职业联盟中不断曝出的兴奋剂违规事件，恰恰表明了职业体育反兴奋剂问题亟须立法规制调整。此外，职业联盟作为职业体育领域的重要主体，其代表职业俱乐部以及体育运动项目的管理机构组织、管理职业联赛，而职业联赛则是职业运动员最重要的竞技舞台，同时也是职业体育反兴奋剂工作的重中之重，作为管理者的职业联盟本应当成为职业体育反兴奋剂工作的主要推动者和实施者，然而，因现行立法出台较早，对职业联盟的反兴奋剂义务或职业联盟兴奋剂检查的责任都没有进行规定，这些立法空白都亟须填补。建设我国职业体育反兴奋剂制度，针对职业体育的特殊性做出具体规定，解决职业体育反兴奋剂无法可依的困境，有利于职业体育兴奋剂工作的展开推进，并可弥补现行立法的空白，满足职业体育反兴奋剂斗争的现实需要。

（二）是规范职业体育、加强职业体育反兴奋剂管理工作的需要

运动中使用兴奋剂实质是一种作假行为，它不但伤害了观众观看比赛的热情，对广大青少年球迷有着不良影响，也严重损害了职业联赛的形象。因此，兴奋剂问题从来都是影响职业体育发展的重要因素之一。我国职业体育属于社会发展的新兴事物，中超、CBA也是近几年才取得相当发展成就，包括反兴奋剂在内的一系列制度尚处于构建之中，因此，职业体育的发展仍然有许多不规范之处，兴奋剂问题则属于其中之一。建设职业体育反兴奋剂制度，可针对性地解决职业体育反兴奋剂问

题，促进职业体育真正健康发展，是规范职业体育良性发展的必然要求。

我国对职业体育反兴奋剂的管理工作，目前主要由相关政府部门以及体育社会团体负责，由于立法缺乏对职业体育的特殊性的考虑，职业体育反兴奋剂的管理工作面临着许多现实问题，如，职业体育存在着引进外援的制度，如果某外援兴奋剂检查结果呈阳性，按照现行相关规定应被处以 2 年禁赛，然而该外援与其所属俱乐部所剩的合同期限不过半年，此时，作为管理机关的全国性体育社会团体应当如何确定处罚？除上述外部性的监督管理外，职业体育反兴奋剂还应包括职业联盟、职业俱乐部内部性的管理工作，而我国现行立法对此仅有原则性的规定。需要说明，我国《反兴奋剂条例》规定的反兴奋剂工作的管理机构，包括体育主管部门、食品药品监督管理部门等在内的相关政府部门；体育社会团体以及运动员管理单位，对于竞赛组织者则只规定了其对运动员兴奋剂违规的处罚权，因为在职业体育领域，运动员的管理单位是职业俱乐部，所以说我国立法并没有规定职业联盟的反兴奋剂管理工作，不得不说这是立法的一大漏洞。职业体育反兴奋剂制度的建设，在外部监督管理上，可对职业体育反兴奋剂管理工作中的特殊问题加以补充规定，在内部管理上，可填补、细化职业联盟、职业俱乐部的反兴奋剂管理工作，是加强我国职业体育反兴奋剂管理工作的必要途径。

（三）是符合世界反兴奋剂趋势与要求的突破与创新性举措

随着职业体育领域兴奋剂使用的泛滥以及不断爆出的职业体育领域的兴奋剂丑闻，职业体育反兴奋剂斗争越来越受到重视。2007 年《米歇尔报告》震惊世界体坛，世界反兴奋剂机构随即开始了针对职业体育反兴奋剂问题的一系列行动。世界反兴奋剂机构通过与职业联盟的交流协商，力促兴奋剂"重灾区"的美国职业联盟加强对体育领域禁用物质以及非法药物的查处。世界反兴奋剂机构的运动员委员会也越来越重视对职业联盟运动员的吸收，为促进信息的交流，同时亦为寄希望于这些联盟中比较有分量的运动员推动本联盟兴奋剂规则的完善。2011 年世界反兴奋剂机构与美国职业棒球大联盟（Major Baseball League，简称 MLB）在反兴奋剂调查与证据的收集方面达成了信息共享的协议，2012 年世界反兴奋剂机构开始在兴奋剂宣传教育方面与职业联盟进行合作，为争取职业体育领域对人类生长激素（HGH）的检测，通过点名批评、公开揭露不断对职业联盟施加压力。

美国针对职业体育的兴奋剂问题曾提出 7 个议案，但终因可能违反美国宪法等一系列原因而终止了立法程序。欧洲国家对兴奋剂有着严格的管制，在职业体育领域并未单独立法，职业联盟一般遵循由联盟的官方或半官方管理机构制定的反兴奋剂规则，而这种规则并未区分竞技体育与职业体育，至于反兴奋剂规则未规定的事宜则由联盟自行决定。我国构建职业体育反兴奋剂制度不但与世界反兴奋剂的趋势与要求相符，与世界其他国家相比，区分了在反兴奋剂问题上竞技体育与职业体育的不同要求与规定，从立法层次上明确规定职业联盟、职业俱乐部的反兴奋剂义务，更加具有针对性和适用性，这种制度属于职业体育反兴奋剂制度的突破与创新，在世界范围内都具有重大意义。

二、职业体育反兴奋剂的特殊性

（一）职业体育反兴奋剂的特殊性及难度

职业体育反兴奋剂与竞技体育有较大区别，正是这些区别构成了职业体育反兴奋剂的特殊性及难度：

1. 职业联盟的自治性为职业体育反兴奋剂设置了壁垒

在体育职业化程度较高的国家和地区，职业联盟是独立于国内单项体育协会的实体，实行公司制管理，采取完全商业化的运作模式，类似于一个有着自己内部章程的联合企业。按照国家法律与社会自治的明确分工，除非有国家强制性法律规定（如刑法、行政法规），联盟内部的规则由联盟自行决定，包括反兴奋剂制度，政府无权干涉。政府可以依据立法的授权对与兴奋剂有关的事务进行管理，如对持有、使用同时属于毒品的兴奋剂的行为进行查处，但是，对于职业联盟如何进行兴奋剂检查、检查的例数、如何对兴奋剂违规行为进行处罚，甚至是否反对兴奋剂的使用，在立法无授权的情况下，执法机关都无权管辖，联盟对此有自我管理的权力，联盟对兴奋剂问题甚至可以完全不加以规制，因为其属于联盟自治范围内的事项，联盟对此有自由裁量、决定的权力。职业联盟也完全不受奥委会以及国际、国内单项体育协会反兴奋剂规则的影响，奥委会以及国际、国内单项体育协会反兴奋剂规则对职业联盟的约束，仅限于职业联盟的俱乐部或球员参与其举办的竞赛的情形，而职业联盟对其国内相同体育运动项目的职业体育赛事一般具有垄断权，完全可以不参加上述主体所举办的竞赛以规避其约束。

以美国为例，尽管美国反兴奋剂机构将美国的反兴奋剂运动推向高潮，刘易斯、加特林、琼斯、"七冠王"阿姆斯特朗等大牌体育明星都因为兴奋剂事件纷纷落马，但作为独立运营、自负盈亏的职业体育联盟，其享有自我管理的权力，美国反兴奋剂机构对其没有管辖的权力。此外，虽然立法可以对兴奋剂问题进行规制，但仍然要考虑联盟内部规则的自治。美国职业联盟普遍存在着滥用兴奋剂的问题，美国国会曾有意立法对职业联盟的兴奋剂问题进行规制，但遭到了美国四大职业联盟的坚决反对，美国国会最终决定将反兴奋剂问题留给联盟自己处理，除了基于宪法隐私权保护的考量，更重要的原因即在于对职业联盟的自治权的尊重，立法也不能随意干涉联盟内部的自治权。自治性为职业体育反兴奋剂设置了壁垒。

理论上，联盟的自治性来源于意思自治原则。在私法领域，权利主体依其意志自由可以为追求共同利益而结成社会团体，为最大限度地实现其共同利益，社会团体制定自治规则以规范团体的组织及运行，这种自治规则效力及于团体的全部成员，而其本身的效力来源则为权利主体在加入团体时以契约形式对团体的权利让渡。故此，包括反兴奋剂制度在内的联盟自治规则作为职业联盟、俱乐部与运动员之间契约自由的结果，其效力及于职业联盟、联盟俱乐部以及联盟所有运动员。

按照意思自治原则，国家除非为社会公共利益或公平正义之需要而得以对主体为必要管理或约束外，无权对主体的行为进行干涉，私法主体完全以其自由意志为自己的行为。因此，联盟作为拥有独立人格的实体，反兴奋剂事务对其来说属于自身事物，联盟享有自己决定的自治权。立法不能轻易干涉，而没有立法的授权，政府没有管辖的权力。并且，主体作为自我利益的最佳判断者和实现者，基于对利益相关者的"理性人"假设，法律应当只规定那些必须由法律规定的事项，其余事项则交由主体自我判断，法律最小限度地干预反而能促进社会更好的发展，在欧美国家，自己管理自己事务的文化传统以及权利本位的法律信条塑造了其发达的自治观念，美国国会正是秉持这种观念，为保持职业联盟的商业活力，使其更好地发展，而最终保留了职业联盟包括反兴奋剂事务在内的一系列规则自治权。在公司法的视野下，公司拥有法人人格并进而拥有充分的自治权，公司的章程即是公司自治的集中表现，在满足法律对公司设立、运行基本要求的条件后，公司内部规则由公司意思机关以章程加以规定。职业联盟的自治规则即为公司法意义上的"章程"。

2. 职业联盟的营利性提高了职业体育反兴奋剂的难度

职业联盟是职业俱乐部为获取经济上的最大利润采取的合作组织形式，它的目标是生产精彩激烈的比赛，吸引更多的观众，获得营利的最大化，一系列相互关联的手段都是为了这个目标，职业联盟本身也是作为一种营利手段而存在。反兴奋剂工作需要大量的成本投入且并不产生具体收益，往往并不符合职业联盟的利益要求。反兴奋剂工作的主要内容即为对运动员的检查、样本检测、反兴奋剂教育、兴奋剂违规处罚以及兴奋剂纠纷解决，这些工作展开都需要投入大量的人力、物力、财力，尤其是对运动员的检查以及样本检测，样本检测需要在有专门资质且符合国际标准的实验室进行，检测成本较高，样本的运送也要求有专门的人员负责，样本的保存也有严格的要求。上述工作的推进实际上增加了联盟运行的成本。反兴奋剂工作又不同于运动员培训、广告等工作或业务，不是联盟商业营利的必需工作，不会为联盟带来直接的收益。同时，反兴奋剂工作的主要目的在于保证竞赛的公平性、纯洁性，保护运动员的健康，与联盟的商业目的也没有必然联系，因此，职业联盟在只有投入而没有收益的反兴奋剂工作上总是政策宽松、进展缓慢，缺乏推进反兴奋剂工作的动力。

兴奋剂的使用可增进运动员的体能和耐力，从而提高表演的对抗性以及观赏性，大大增加观众人数，而观众恰恰是影响职业联盟收入的核心因素，观众人数直接决定了其门票、广告、赞助、赛事转播等收益的多少，而营利的最大化才是职业联盟追求的主要目标。故此，对于职业联盟来说，运动员使用兴奋剂反而对其有利，正因为如此，某些俱乐部甚至鼓励其运动员使用兴奋剂。此外，运动员的兴奋剂违规处罚也会影响联盟的赛事收益，尤其是对明星运动员的处罚，不但会直接影响联盟的门票收入、降低收视率，也大大折损了联盟的形象。职业联盟作为营利性的商业主体，反兴奋剂规制对其意味着运行成本的增加以及可能出现的收入的减少或其他不利己的后果，因此职业联盟根本没有动力去推动对联盟内的反兴奋剂规制。美国职业棒球大联盟之所以开始投入资金支持反兴奋剂工作，重要原因也是出于职业棒球球员大量服用兴奋剂已经严重影响到棒球运动的公众形象，长此下去将失去观众群体的考虑。

对于以最大限度的营利为其追求目标的职业联盟来说，反兴奋剂制度并不符合其利益要求，但面对社会以及国家立法机关的压力，职业联盟又不得不采取相应措施。为此，职业联盟一方面制定自己的反兴奋剂规则以应对外部压力；而另一方面，为减少开展反兴奋剂工作的成本，大多采宽松的反兴奋剂规则，对反兴奋剂规则的执行也并不严格，也正因为如此，职业联盟的反兴奋剂措施总是不足以规制联盟内部的兴奋剂问题，不断曝出职业运动员使用兴奋剂的违规案例。在美国，为应对媒体对兴奋剂违规行为的曝光所造成的影响公众形象的问题，职业联盟大都对其反兴奋剂规则下的信息进行严格的保密，公开的内容十分有限，这种有意阻挡社会监督的行为从根本上讲还是为了维护联盟收益的最大化。当今时代科技迅速发展，新型兴奋剂层出不穷，但是美国职业联盟的禁用物质清单不但涵盖的禁用物质范围较小，也很少添加禁用物质，NBA的禁用物质清单自2005年至2017年就没有更改过。美国职业联盟对血样检测普遍采取抵制态度，尽管世界反兴奋剂机构一再呼吁，甚至点名批评，除美国职业棒球大联盟以外，美国职业联盟几乎都没有规定血样检测，很大一部分原因即在于对新型兴奋剂的检测以及血样检测会增加联盟的运行成本，不符合联盟的利益要求。基于成本—收益的比较，上述做法显然更符合联盟的营利性要求，但是却十分不利于预防和制止职业运动员使用兴奋剂，增加了职业体育领域反兴奋剂的难度。

3. 职业联盟工会的存在进一步增加了职业体育反兴奋剂的难度

除了职业联盟的自治性与营利性，西方国家职业体育反兴奋剂制度推进困难的另外一个重要原因，也是职业体育反兴奋剂的特殊性即在于：职业联盟的反兴奋剂规则由代表俱乐部利益的职业联盟管理层与代表职业运动员利益的职业联盟工会协商确定，任何可能影响运动员利益的反兴奋剂规定都会遭到职业联盟工会的反对。在美国，职业运动员是职业联盟的雇员，与职业联盟之间的关系由《国家劳工关系法案》（The National Labor Relations Act，简称NLRA）调整，根据《国家劳工关系法案》的规定，雇员有权组织、参加工会组织并进行集体谈判；在关涉工资、工作时间或者其他雇用事项或条件上必须经由雇主同雇员谈判协商，达成一致，任何一方没有同意上述条款或雇主单方实施上述条款，将构成违反该法案的不合理行为；在雇员结成工会的情况下，工会和雇主必须遵守集体谈判强制条款。因此，职业联盟工会系联盟内部职业运动员的联合组织，为代表职业运动员的利益与雇主进行集体谈判而存在。在反兴奋剂问题上，美国国家劳工关系委员会（The National Labor Relations Board，简称 NLRB）认定反兴奋剂规则因要求对运动员进行检测而构成必须经双方进行谈判协商的雇用条件。[1] 因此，职业联盟的反兴奋剂规则必须由联盟与联盟工会协商一致，任何一方都不可单方决定反兴奋剂规则的内容。

实践中，职业联盟反兴奋剂制度的推进总是容易招致联盟工会的反对导致举步维艰。职业运动员以比赛作为职业，对任何可能影响其职业利益的事项，联盟工会的立场都极为保守。在反兴奋剂问题上，联盟工会对禁用物质的添加、兴奋剂检查例数或比例的提高、进行血样检测、提高处罚标准等一系列完善反兴奋剂规则的事项均持反对意见，原因即在于这些做法都会影响运动员的利益，在运动员看来可能是极其不利的，尤其是以禁赛为主的兴奋剂违规处罚，会直接导致职业运动员失去工作机会和收入来源，也很可能冲击甚至毁掉其职业生涯，因此会遭到职业运动员及工会的强烈抵制。在制定反兴奋剂规则时，联盟工会往往会基于运动员利益的考虑而拒绝接受管理层的提议。职业联盟的反兴奋剂规则作为联盟管理层与联盟工会的协商结果，实质为二者博弈的产物，反兴奋剂规则的内容充

---

〔1〕 NLRB 是美国国会为执行 NLRA 而成立的独立联邦机构，它负责处理雇员对雇主或工会违反 NLRA 的指控，不服 NLRB 的裁决可以向法院提起诉讼，NLRB 的生效裁决具有强制力。

斥着权力分立、相互制约平衡的理念，规则本身构成集体谈判协议的一部分，也正是因为反兴奋剂规则或者职业联盟的任何反兴奋剂行为均需联盟管理层与联盟工会双方协商确定，而双方在此类问题上因代表着不同的利益要求而很难达成一致，职业体育反兴奋剂制度也就很难得以发展完善。

自 2008 年以来，针对 HGH 的血样检测在竞技体育领域得到全面实施。2010 年 1 月，美国国家橄榄球联盟（National Football League，简称 NFL）的管理层告知其联盟工会，管理层有意推进针对 HGH 的血样检测，引起了联盟工会的强烈反应，联盟工会的官员声称"没有理由相信将会或者应当对 NFL 的球员进行血液检测"。2011 年 HGH 的血样检测被 NFL 纳入集体协议的谈判内容，但联盟工会拒绝了该项提议，导致了 HGH 血样检测被无限期推延，至今 NFL 对 HGH 的血样检测仍然毫无进展。在提高反兴奋剂处罚方面，职业运动员以及联盟工会的抵制则更加强烈，美国职业棒球大联盟的兴奋剂违规处罚力度一直不高，重要原因就在于每次提高处罚力度，就会遭到联盟球员以及联盟工会的抵制，谈判不能达成一致，提高反兴奋剂处罚的问题也只能被搁置；NBA 的球员罢工则更突出，直接导致 NBA 停摆，NBA 至今没有规定赛外检查，更没有血样检测的规定。因此，即使职业联盟管理层愿意推进联盟内部的反兴奋剂制度，职业运动员及联盟工会也会坚决反对，职业联盟工会的存在进一步增加了反兴奋剂规制的难度。

（二）职业体育反兴奋剂涉及的规则衔接问题

在研究与构建职业体育反兴奋剂制度中，要充分认识并处理好以下两组基本关系：一是法律规则与联盟自治规则的关系；二是反兴奋剂法律与劳动法、其他行政法律法规之间的关系。

1. 法律规则与联盟自治规则

职业联盟对包括反兴奋剂制度等在内的联盟内部规则拥有自治权，这种自治权并非凭空产生，其权力主要有三个来源：契约、法律授权和行政授权。

联盟构建的根本原因在于成员俱乐部为了集体合作生产，追求自我利益而进行自愿结合。成员俱乐部需要通过一定的机构和程序，来明确他们的合作并界定他们相互的权利义务，必要的程序就是契约，成员俱乐部通过自愿达成的契约构建联盟，而联盟也由契约获得成员俱乐部让渡的权利，并因之而集合成为自治权。契约产生的权力归根结底是因其内部的民主机制产生的。联盟自主管理的涵义就是成员俱乐部通过民主程序制定并约定共同遵守，实现自愿与强制的统一。通过民主程序制定契约是全体成员的自愿选择；而共同遵守则是自愿选择之后必须执行的强制性后果。在法律规定的联盟所享有的权利中，有一部分是法律的强制性规定，这部分权利便构成自治权的另一个来源，如我国《体育法》规定在体育运动中使用禁用的药物和方法的，由体育社会团体按照章程规定给予处罚。此外，职业联盟由于其所处的优势甚至垄断地位，便可能获得国家的委托授权，行使部分原本根据法律应由体育行政机关行使的权力，这也是职业联盟自治权的来源之一，依授权而取得的自治权同样也是一种职责或义务。

职业联盟的自治规则是源于契约的作为成员权利让渡的结果，自治规则作为全体成员的自愿选择产生强制性约束力，规则的内容由各方协商确定。基于契约自由的原则，各方是否缔结契约，契约的具体内容都是由当事方自由确定的，因此当事方拥有相当大的自主权。一般来说，反兴奋剂规则作为联盟自治规则，其效力也是来源于通过契约方式成员权利让渡。在美国，这种契约表现为球员标准合同中对球员须遵守联盟规则的要求以及作为联盟与联盟球员之间合意结果的集体谈判协议，反兴奋剂规则是联盟的重要内部规则，也是集体谈判协议的一部分。在我国，职业联盟有自己的内部规则，这些内部规则同样是以契约为权力来源，尽管我国全国性的单项体育协会对职业联盟有着较大的管理权或者说在国外部分由联盟自己决定的事项，在我国由管理该体育项目的全国性单项体育协会管理，但这并不影响联盟自治规则的性质。问题的关键即在于这些内部规则却并不包含进行兴奋剂检查、解决兴奋剂纠纷等反兴奋剂规则。职业联盟对反兴奋剂问题的规定，基于意思自治的法律原则，其如何进行规定甚至是否进行规定，均由联盟自己决定，它不同于依法律授权或行政授权取得自治权制定的自治规则均包含义务或职责的要求，联盟对这种内部规则具有相当的自主权。

反兴奋剂的主要目标在于预防和制止运动员使用兴奋剂，维护竞赛的公平、纯洁。因此反兴奋剂总是围绕着一系列赛事展开工作。在职业体育领域，职业联盟几乎垄断了一定区域或一国内相同项目的职业赛事，这些职业赛事是职业运动员最重要的竞技舞台，也是反兴奋剂工作的重中之重。此外，一方面，作为竞赛的组织者，职业联盟为维护竞赛的公平性有权要求参加竞赛的俱乐部或职业运动员遵守一定的反兴奋剂要求；另一方面，职业联盟内部的反兴奋剂问题不是外部管理机关检查——处罚就能解决的事项，它需要更加严密的检查计划，需要对兴奋剂处罚、兴奋剂纠纷等事项有着适合职业体育具体现实的规定，职业联盟基于契约的权利让渡成为联盟的管理者，只有它才最了解职业联盟的具体情况，能对联盟的反兴奋剂问题更好更全面地加以规制。因此作为职业联赛的组织管理者，对于围绕着联赛的反兴奋剂管理工作，职业联盟是最重要也是必要的义务主体。

职业联盟应当是职业体育领域最主要的反兴奋剂主体，但是，正如前文所述，职业联盟拥有内部规则的自治权，在反兴奋剂问题上有相当大的自主权，其如何规制联盟的反兴奋剂问题，甚至是否要在联盟内反对兴奋剂的使用都由联盟自己决定。而基于职业联盟的营利性特征，联盟是没有动力去推进其内部的反兴奋剂工作的，这就必须有外部的推动力或压力，使联盟客观上不得不对联盟内部的反兴奋剂问题进行规制。在美国，职业联盟制定反兴奋剂规则、开展反兴奋剂斗争的主要动因在于维护联盟形象，维持观众对联盟运动项目的支持。在我国，职业联盟至今没有自己的反兴奋剂规则，这并不是因为我国职业体育领域没有此种需求，而是由于缺乏外部推动力或压力，职业联盟不愿推进只有投入而缺乏收益的反兴奋剂工作。在反兴奋剂问题上，我国职业联盟并不存在美国职业联盟那样的社会压力，因此，最好的解决方式即是由法律去规定职业联盟的反兴奋剂义务，在没有社会压力迫使联盟进行反兴奋剂规制的情况下，以立法形式苛以职业联盟外部压力是推动其反兴奋剂工作开展的唯一途径。

法律规则是对权利义务的规定，这些规定有国家强制力的保障实施，法律主体须按照规定行使权利履行义务。在苛以职业联盟反兴奋剂义务的情况下，职业联盟必须履行其义务。前文已论述到，在我国，立法缺乏针对职业体育特殊性以及对职业联盟反兴奋剂义务的规定；也论证了以立法规定推进职业联盟制定其内部反兴奋剂规则、开展反兴奋剂斗争的必要。接下来需要解决，在反兴奋剂问题上，法律应当解决哪些问题，法律如何规定职业联盟的反兴奋剂义务，哪些问题留给职业联盟自己规定，也就是如何使法律规则与联盟自治规则相互衔接。

职业体育领域的反兴奋剂问题有其特殊性和复杂性，而我国立法对反兴奋剂制度的规定则主要是以竞技体育为核心，职业体育的特殊性主要表现在职业俱乐部的商法人地位，职业联盟的商业运作模式、职业运动员的劳动者身份以及职业体育的转会、外援等特殊制度等几个方面，而现行立法又恰恰缺乏针对这些职业体育特殊性的规定，因此未来职业体育反兴奋剂制度的构建需要在立法上对此予以完善，但立法上对这些特殊性的规定大部分是原则性的概括性的规定，更多的具体内容由联盟制定其自治规则加以解决，当然有些内容则必须从法律上予以明确，如引进的外援按照规定适用的禁赛期超出其合同期限的问题，是否承认国外职业联盟对运动员的兴奋剂违规处罚的问题等等。对职业联盟反兴奋剂义务的规定也是如此，立法可以构建职业联盟反兴奋剂义务的框架，以实现立法对职业联盟制定其内部反兴奋剂规则的外部推动，但具体的内容则可由职业联盟自己加以规定。一方面，为了规范职业体育的反兴奋剂问题，立法必须针对这些特殊性问题或职业联盟的反兴奋剂义务予以原则性规定，对职业联盟提出原则性要求或设定一定的标准，对职业体育反兴奋剂问题进行宏观调控规制；另一方面，作为对商事主体自治权的尊重，法律只能规定那些必须由法律规定的事项，并且只有联盟才最了解其自身，每个职业联盟各有其不同的运行制度和管理模式，联盟所组织管理的联赛也因运动项目的不同有着不同的联赛制度，在具体规定联盟反兴奋剂措施的问题上，由联盟自己制定反兴奋剂规则比较适宜。如职业运动员作为特殊的劳动者，在兴奋剂违规处罚上，需要考虑到劳动者保护，立法可以要求职业联盟须对滥用兴奋剂的职业运动员进行评估治疗，但却不适宜具体规定职业联盟应当怎样履行其治疗的责任，因为各个联盟有着不同的具体情况，这方面的内容可由联盟结合自身情况予以规定或在与运动员签订合同时加以约定；又如法律可强调职业联盟进行兴奋剂检查的义务，也可对检查的分布和数量提出一定的原则性要求，至于如何组织安排兴奋剂检查则由联盟自行规定。这种模式下，对职业体育的特殊性进行立法规定，弥补了现行立法的不足；对职业联盟的反兴奋剂义务从立法的高度予以强调，既起到了宏观上的规制作用，也使职业联盟有了自主规定的空间。

2. 反兴奋剂法律与劳动法、公司法

反兴奋剂法律规则主要是对法律主体与反兴奋剂相关的权利义务的规定，在职业体育领域，因职业体育本身的营利性、职业化特征，该领域存在着许多特有的现象与制度，在反兴奋剂问题上，这些现象与制度凸显了其本身的特殊性，要求反兴奋剂法律也必须予以考虑以适应职业体育反兴奋剂的具体需要，而这些特殊的现象与制度往往牵涉到其他法律领域的问题，其他法律对此从其调整领域进行了规定或作出了要求，因此，在进行职业体育反兴奋剂立法时，必须考虑到如何与这些法律相互衔接。其中，以反兴奋剂法律与劳动法之间的关系最为复杂。

反兴奋剂斗争主要是预防和制止运动员在体育运动中使用兴奋剂，因此反兴奋剂工作从来都是以运动员为核心，反兴奋剂法律对运动员反兴奋剂义务的规定则是反兴奋剂法律的应然之意。在职业体育领域，运动员以比赛为其职业，职业运动员受雇于职业俱乐部或职业联盟，对运动员进行兴奋剂检查、对兴奋剂违规的运动员进行处罚以及对运动员兴奋剂违规相关信息进行披露或予以保密等一系列问题涉及运动员工作中的切身劳动利益，必须要考虑职业运动员作为特殊劳动者的身份，反兴奋剂法律与劳动法的衔接显得尤为重要。

在美国，虽然立法并没有针对职业联盟的兴奋剂问题出台相应法律，但作为保护雇员（我国称之为劳动者，为叙述方便，本文遵照国外法律文本的用语，直接翻译为雇员，与之相对应的是雇主的概念，在我国称之为用人单位）的劳工法，却对联盟的反兴奋剂措施提出了一系列要求。根据美国《国家劳工关系法案》，反兴奋剂涉及对雇员的身体进行检查，且可能出现对雇员进行处罚构成雇主对雇员的雇用条件，职业联盟在反兴奋剂问题上就必须同职业联盟工会真诚协商，[1]反兴奋剂规则的内容必须经双方协商而达成一致，作为该法案的强制性内容，美国职业联盟的反兴奋剂规则由此成为联盟与联盟工会合意的结果，构成集体谈判协议的一部分。其中，联盟工会作为职业运动员利益的代表在博弈的过程中较好地维护了运动员的利益，因此，美国是通过劳工法要求联盟与联盟工会在反兴奋剂问题上协商确立联盟可以采取哪些措施，以达到对雇员进行保护的立法要求。除联邦立法之外，美国各州有关雇工保护的立法对职业联盟的反兴奋剂措施也提出了一定的标准或要求，一般来讲，这些标准或要求都是强制性规定，如果这些州对职业联盟或职业运动员具有管辖权，职业联盟的反兴奋剂措施就必须符合其要求。

---

〔1〕 在美国，职业运动员是与联盟的俱乐部签订的雇用合同，与职业联盟并没有直接的合同关系，但是在美国的司法实践中却认定，职业联盟是职业球员的"联合雇主"（joint employer），因此，所有有关雇主的规定和要求都适用于职业联盟。

在我国，根据《劳动法》第 2 条的规定，[1] 适用《劳动法》的用人单位和劳动者必须是形成劳动关系的双方，而《劳动法》对劳动关系并没有明确的定义，因此，立法上对适用《劳动法》的劳动者是比较模糊的。实践中，职业俱乐部与职业运动员就合同期限、职业报酬、训练竞赛、纪律处罚、伤残保障、社会保险福利等内容所签订的合同名称很多，职业足球俱乐部同运动员之间的该类合同名称为"工作合同"，职业篮球俱乐部与运动员之间的该类合同则称之为"聘用合同书"或"服役合同书"。理论界对该类合同性质的主流观点是：其属于一种劳动合同，应受劳动法律关系的调整。围绕着对该问题的论证，学者进行了较多阐述，在此不详细论述。主要的论证观点即在于：在我国理论和实务上都认为劳动者与用人单位之间的从属性为劳动关系的本质特征，而职业运动员必须严格遵守所在俱乐部的各类管理规章制度，服从所在俱乐部的指挥与工作安排，在人格上从属于所在俱乐部，完全符合劳动关系的本质特征。值得说明的是，尽管俱乐部与运动员之间的合同名称各不相同，但合同的具体条款仍最终表述为确立劳动关系而订立的劳动合同，这就意味着双方的权利义务关系必然要受到劳动法律关系的调整。在司法实践中，许多职业运动员与俱乐部发生的合同纠纷的司法裁决也确实适用的是劳动法律法规，如篮球运动员马健与奥神俱乐部案、足球运动员谢晖与力帆俱乐部案等。因此，尽管立法缺乏对劳动关系的定义，但职业俱乐部与职业运动员之间的劳动关系得到了司法和实务上的承认。职业运动员

---

〔1〕《劳动法》第 2 条：在中华人民共和国境内的企业、个体经济组织和与之形成劳动关系的劳动者，适用本法。国家机关、事业组织、社会团体和与之建立劳动合同关系的劳动者，依照本法执行。

应当属于我国《劳动法》规定范围内的劳动者。此外，根据我国《宪法》规定，国家对劳动者有加强劳动保护的义务，因此，在我国职业体育反兴奋剂立法时，在反兴奋剂问题上同样必须注意对作为劳动者的职业运动员的劳动保护，这是为了避免与《劳动法》的冲突，也是体育总局作为国家机关在涉及劳动保护上的应有责任。

为解决上述问题，第一种处理方式是借鉴美国的做法，将联盟内部反兴奋剂规则的制定交由联盟管理层与联盟工会讨价还价，联盟工会自然会将一系列劳动保护的主张和措施带进联盟的反兴奋剂措施。这种做法既避免了单个运动员与联盟进行合同约定时因其弱势地位往往无法要求联盟提供一定条件的劳动保护，也使反兴奋剂规则成为联盟与职业运动员直接签订的契约，具有直接的约束力，且不需立法再针对劳动者保护作出具体规定，是一种良好的制度模式。但是，这种方法并不适用于我国。因为我国职业运动员没有建立自己的工会组织，而是否建立工会组织由运动员自己决定，法律不能干涉运动员的结社自由。第二种处理方式是在处理涉及劳动者保护的具体问题时，法律直接作出相应规定。如针对兴奋剂检查的阳性检测结果允许运动员自费进行确认检测；职业运动员因兴奋剂违规而禁赛（非终身禁赛），禁赛期间可以参加球队训练；职业俱乐部、职业联盟在实施其反兴奋剂措施时要合理地保护运动员的隐私等等。当然这种直接的具体的规定还是比较少的，更多情况下立法只是进行原则性规定，留给职业俱乐部在合同的基础上解决。需要说明的是，在我国，职业运动员是直接与职业俱乐部签订的合同，运动员与职业联盟之间没有直接的合同关系，我国没有"联合雇主"（joint employer）理论，职业联盟也不是职业运动员的用人单位，它没有义务适用《劳动法》规定的劳动保护。尽管如此，职业俱乐部作为向职业联盟提供运动员参加比赛的劳动关系的一方，运动员按照合同规定参加比赛、配合赛事组织者的反兴奋剂措施，这些也是运动员的工作内容，职业俱乐部当然要保证运动员工作时的劳动保护。因此，职业俱乐部在反兴奋剂问题上劳动者保护的问题就转化为职业联盟在实施反兴奋剂措施时的劳动者保护问题，完全可交由职业俱乐部与职业联盟自己处理。

反兴奋剂法律与公司法之间的联系，在于作为职业体育反兴奋剂重要主体的职业俱乐部、职业联盟本身的商主体性质，它们大多为依据公司法成立的公司，由此产生了反兴奋剂法律与公司法之间的衔接问题。在美国，职业俱乐部的性质为公司，职业联盟虽然采公司制的管理方式但并不注册为公司，为规避反垄断法上的规制以及税法上联盟对联盟俱乐部贷款的高税率，职业联盟多以非法人团体的形式出现。美国联邦并没有统一适用的公司法，全美律师协会商法部的公司法委员会起草和修订了《标准商事公司法》，供各州立法机构选择适用。在我国，职业俱乐部一般注册为有限责任公司或股份有限公司，但也存在一部分非企业法人性质的俱乐部，我国《公司法》对公司的组织和治理结构进行了细致的规定，反兴奋剂法律与公司法的衔接问题主要在于反兴奋剂立法中如何在对职业俱乐部苛以反兴奋剂义务的同时保持其作为公司法主体的商业活力，表现为立法对二者的平衡。在这个问题上，《公司法》条文并没有规定，但根据公司法基本原理可知，《公司法》意在赋予公司以独立人格贯彻公司的意思自治，保持市场活力，而对职业俱乐部施以具体的反兴奋剂义务，既是法律对职业俱乐部这一市场主体的行政干预，对职业俱乐部来说也是一种负累。因此，在进行反兴奋剂运动时，仍然要坚持立法规定的合理适度原则，只规定那些必须由立法规定的事项，对于那些职业俱乐部可以自己解决的问题，立法可进行原则性规定，提出一定要求或标准，交给职业俱乐部根据自己实际情况加以处理。

第三节　国外职业体育反兴奋剂法律制度比较研究与借鉴

一、美国职业体育反兴奋剂法律制度

美国有着高度发达的职业体育，美国的四大主要职业联盟也早已成为世界职业体育领域的典范，然而职业体育领域的兴奋剂问题却从未断绝。20 世纪末，得因于巴尔科（BALCO）丑闻事件[1]，美国职业体育领域的兴奋剂问题逐渐显现。2004 年，面对职业联盟日益严重的兴奋剂问题，时任美国总统的乔治·布什在他的国情咨文中号召职业联盟加强对使用兴奋剂的规制。由于职业联盟在修改完善其内部反兴奋剂规则方面进展缓慢，国会有意对职业联盟的兴奋剂问题进行立法规制并于 2005 年出台了 7 个相关提案。国会众议院改革委员会则要求各职业联盟每年向国会提交兴奋剂检查的相关文件，作为对职业联盟的监督以及政策考量依据。职业联盟在国会的压力下，加快了其内

---

〔1〕 BALCO 的全称为 Bay Area Laboratory Co-operative，BALCO 乃设计类固醇的发明者，2002 年美国政府开始对 BALCO 进行调查，调查中发现美国职业棒球大联盟的本垒打巨头 BarryBonds 是 BALCO 的客户，2003 年 BarryBonds 的训练员被以提供合成类固醇给其他运动员之罪名提起公诉，更使 BarryBonds 的记录被蒙上阴影。因没有直接证据证明 BarryBonds 从 BALCO 处购买新型类固醇产品，案件最终沉寂。因事件爆发以前大联盟并没有检测此类新型类固醇，人们纷纷猜测大联盟到底有多少人使用这种产品。

部反兴奋剂规则的修改进程，对联盟内的兴奋剂违规事件也加以严处。2007 年参议员乔治·米歇尔（George Mitchell）关于美国职业棒球大联盟内违法使用兴奋剂情况的调查报告震惊世界体坛，根据《米歇尔报告》大联盟 30 支队伍都有球员使用过兴奋剂，可确认姓名的球员就多达 82 位。虽然因立法对兴奋剂检测进行规定涉嫌违反《美国宪法第四修正案》，国会最终放弃了对职业联盟兴奋剂问题的立法规制，但仍然加大了对职业联盟反兴奋剂规则执行和处罚的监督，并敦促职业联盟尽快实施《米歇尔报告》中的建议措施。本部分对美国几个典型职业联盟的反兴奋剂规则进行分别介绍如下：[1]

（一）美国职业棒球大联盟

美国职业棒球大联盟（Major League Baseball，简称 MLB）现行的反兴奋剂规则为 2016 年之后又进行过修订的《美国职业棒球大联盟药物禁止及治疗联合规划》（Major League Baseball's Joint Drug Prevention and Treatment Program）。该规则作为联盟俱乐部与联盟工会集体谈判的产物构成二者之间基本协议（其他联盟称之为集体谈判协议）的一部分。

1. 管理监督方面

美国职业棒球大联盟在其反兴奋剂规则中设置了专门的执行官，该执行官独立于执行总裁理事处（the Office of Commissioner of Baseball）[2]、所有大联盟俱乐部以及球员协会，由其负责组

---

〔1〕 本部分关于几大职业联盟的反兴奋剂规则均来自联盟官网公布的文件，典型的反兴奋剂文件代表《美国职业棒球大联盟药物禁止及治疗联合规划》已经由作者翻译成中文并附在书后附录。

〔2〕 执行总裁理事处系执行总裁的办公团队，在执行总裁的指令下工作。联盟执行总裁系联盟的首席执行官，由联盟球队所有人选举，美国几乎所有的职业联盟都设有执行总裁。

织、管理、监督兴奋剂检查、样本采集及检测以及用药治疗豁免等事宜。同时，该规则规定设立治疗委员会负责对使用或被怀疑使用毒品性物质的球员进行评估和治疗;[1]设立专家组以及医疗咨询组分别负责对新的刺激剂、新的非刺激剂用药治疗豁免申请的评估，并为执行官提供相应的专业意见。除上述特殊主体或机构，该规则亦规定了由专门的药物公司负责兴奋剂检查的样本采集，由世界反兴奋剂机构认证的蒙特利尔实验室负责样本的检测，实验室主任为药物检测官，负责组织样本的检测。根据该规则的规定，美国职业棒球大联盟将在每年赛季结束后的30日内，组织该项规则的管理监督人员讨论基于过去1年的发展该规则可能要进行的修改。

2. 关于禁用物质

美国职业棒球大联盟的反兴奋剂规则禁止球员使用、持有、销售、帮助销售、分发、帮助分发禁用物质，将禁用物质分为毒品性物质、增进体能性物质以及刺激剂。其中，毒品性物质主要是指天然大麻素、类大麻合成物、可卡因、迷幻剂、麻醉剂、亚甲二氧甲基苯丙胺、烃基丁丙脂、苯环利定——这些联邦规制条例中所列明的社会毒品。增进体能性物质共70多种，主要是指能提高运动能力的那些物质。该规则所规定的禁用物质之范围远不及WADA禁用清单所列的禁用物质范围，该规则亦并未规定禁用方法。对于禁用物质的添加，须经执行总裁理事处与联盟工会协商，此外，《联邦政府管制药物法案》中药物控制计划部分增加的物质将自动成为禁用物质清单的一部分。

---

[1] *Major League Baseball's Joint drug Prevention and Treatment Program* 原文使用的是 Drugs of Abuse，此类禁用物质即为人们所熟悉的社会性毒品，为方便理解并不采直译，而译作毒品性物质。

在最新版本（2016—2021 年）的美国职业棒球大联盟禁用清单中，增加了 DHEA（脱氢表雄酮）和利尿剂、掩蔽剂。[1]

3. 兴奋剂检查

该检查包括赛季内检查、附加的随机检查、合理原因检查以及后续检查四种类型。这四种类型的检查主要是针对增进体能性物质以及刺激剂、毒品性物质的检查，仅仅存在于合理原因检查以及由治疗委员会决定的检查。

（1）赛季内检查，检查对象为所有球员，且皆为随机选择的、日期事先无通知的检查。考虑到俱乐部春季体检的设备使用情况以及检查的可行性，赛季内检查将同春季体检相结合。

（2）附加的随机检查，既可于赛季内进行，亦可于赛季外实施，但赛季内检查可针对增进体能性物质或刺激剂，而赛季外检查则只能针对增进体能性物质。2016—2021 年版本的《美国职业棒球大联盟药物禁止及治疗联合规划》将附加的随机检查增加至 4800 例，且皆事先无通知。针对附加的随机检查中的赛季外检查，该规则规定了具体的检查例数。

（3）合理原因检查，是指在掌握相关信息因而有合理理由相信某位球员在过去 12 个月内有使用、持有、销售以及分发增进体能性物质（包括 HGH）、刺激剂、DHEA 或者毒品性物质行为的情况下，对该位球员进行的兴奋剂检查。

（4）后续检查，是指在因涉及增进体能性物质、刺激剂而违反该规则或因使用、持有、销售、帮助销售、分发、帮助分发禁用物质被处罚，在违规事件发生后的一段时间内对当事球员进行一定次数的强制性后续检查。涉及增进体能性物质，当事球员须在违规事件发生后的 12 个月内接受 6 次事先无通知的

---

[1]　可见本书附录2。

检查。涉及刺激剂和 DHEA，当事球员须在违规事件发生后的 12 个月内接受 6 次事先无通知的检查。后续检查只针对增进体能性物质以及刺激剂、DHEA。

以上检查并不针对毒品性物质且皆为尿样采集。2012 年美国职业棒球大联盟在该规则中专门增加了为检测 HGH 的血样采集。血样采集包括春训期间的检查以及赛季外检查两种情形，其中，春训期间的检查对象为所有球员，且亦为事先无通知的检查，赛季外的检查则由执行官决定是否实施以及检查例数。

4. 兴奋剂检测"阳性"

按照美国职业棒球大联盟的规定，其包括检测出达到采集程序及检测协议规定的任意禁用物质；球员拒绝或没有正当理由而未参加其应当参加的兴奋剂检查或阻碍为检查而实施的样本采集；球员试图对样本进行替换、稀释、作假、掺杂或以其他任何方式改变检测结果。后两种情形将由执行官决定是否为兴奋剂检测阳性。如果样本中发现利尿剂或掩蔽剂，则当事球员将再次被检查。如果球员意图逃避检查，并在其样本中发现了利尿剂或掩蔽剂，该种情形将被视为兴奋剂检测阳性。增进体能性物质检测阳性以及第二次或后续刺激剂检测阳性的结果认定（因刺激剂第一次检测阳性不会处以禁赛），由执行总裁理事处与联盟工会根据执行官的报告（该报告由药物检测官提供）商议确定。

5. 兴奋剂违规的处罚

该处罚分为六个大类，由联盟执行总裁执掌对球员的处罚决定权。

第一类，因增进体能性物质检测阳性，或使用或持有增进体能性物质。第一次违规，禁赛 90 场；第二次违规，禁赛 162

场或 183 天有薪日禁赛；第三次违规，终身禁赛。被终身禁赛的球员在实施禁赛不少于 1 年后，可向联盟执行总裁申请在实际实施禁赛至少 2 年后酌情复赛。

第二类，因刺激剂检测阳性，或者使用或持有刺激剂。第一次违规，进行后续检查；第二次违规，禁赛 50 场；第三次违规，禁赛 100 场；第四次及后续违反，终身禁赛，该处罚可因仲裁组的裁决而改变。

第三类，DHEA 违规。第一次违规，进行后续检查；第二次违规，禁赛 25 场；第三次违规，禁赛 80 场；第四次及后续违规，终身禁赛，该处罚可因仲裁组的裁决而改变。

第四类，由治疗委员会决定的球员违反毒品性物质的评估或者治疗计划。第一次违规，禁赛至少 15 场但不超过 25 场；第二次违规，禁赛至少 25 场但不超过 50 场；第三次违规，禁赛至少 50 场但不超过 75 场；第四次违规，禁赛至少 1 年，任何后续违规都将导致执行总裁对球员依据逐渐加重的处罚原则实施进一步的处罚。如果球员拒绝配合治疗，又未能参加其必须参加的阶段，联盟执行总裁将以"正当理由"对其进行处罚，[1] 而不考虑上述规定。

因使用或持有马利华纳（Marijuana）、哈希什（Hashes）或者合成四氢大麻酚（Synthetic tetrahydrocannabinol）而处于治疗计划的球员违反其治疗计划将被处以逐渐加重但不超过 35 000 美元的处罚。如果球员公然无视其治疗计划或因使用上述物质而对其他球员的安全构成威胁，联盟执行总裁将以"正当理由"对其进行处罚。

---

〔1〕 以"正当理由"进行处罚，根据美国职业棒球大联盟集体谈判协议的规定，其实质为一种自由裁量权，即不考虑现有规定由处罚决定者自由裁量如何进行处罚。

第五类，因使用或持有禁用物质被认定有罪或自认有罪（包括阴谋或意图使用或持有）。第一次违规，涉及增进体能性物质，则禁赛至少60场但不超过80场，涉及刺激剂或毒品性物质，则禁赛至少25场但不超过50场；第二次违规，涉及增进体能性物质，则禁赛至少162场或183个有薪日，如果涉及刺激剂、DHEA或毒品性物质，则禁赛至少50场但不超过100场；第三次违规，涉及增进体能性物质，则终身禁赛，但可申请酌情复赛，涉及刺激剂、DHEA或毒品性物质，则禁赛1年且任意后续犯罪都将导致终身禁赛，该处罚可因仲裁组的裁决而改变。

第六类，因销售、帮助销售、分发、帮助分发禁用物质。第一次违规，涉及增进体能性物质，则禁赛至少80场但不超过100场，涉及刺激剂、DHEA或毒品性物质，则禁赛至少60场但不超过90场；第二次违规，涉及增进体能性物质，则终身禁赛，但可申请酌情复赛，涉及刺激剂或毒品性物质，则禁赛2年且任意后续违规都将导致终身禁赛，该处罚可因仲裁组的裁决而改变。

此外，禁赛期间，大联盟将停止计发当事球员的薪水。

6. 信息的保密

美国职业棒球大联盟的反兴奋剂规则规定了严格的保密条款，其中包括通过启动法律程序或提起诉讼等方式制止官方调查。球员涉及该规则的信息都将被保密，公开信息只限于球员被禁赛或联盟为回应可能破坏联盟团结或联盟反兴奋剂规则公信力的球员的错误或误导性言论。涉及禁赛而被公开的声明将是该球员因违反反兴奋剂规则而被禁赛具体多少天。如果因禁用物质检测阳性而禁赛，其所涉具体物质以及禁用物质的分类也可能被公开。

7. 美国职业棒球大联盟反兴奋剂规则下的争议

按照基本协议及该规则的规定，所有争议须诉诸按照基本协议成立的独立仲裁员或仲裁组仲裁。对于阳性检测结果由执行总裁理事处承担举证责任，执行总裁理事处须证明检测的可靠性和准确性以及采集程序的规范性，但不须证明当事球员的意图、过错、疏忽或明知。如果球员能证明检测结果中出现禁用物质并非由于其过错或疏忽，则不认为球员违反了美国职业棒球大联盟的反兴奋剂规则。因兴奋剂纠纷涉及球员重大利益，美国职业棒球大联盟规定对该类纠纷必须尽快召开听证会，并对召开听证会的时间安排都规定了具体的时限。此外，依据该规则所实施的检测费用将由执行总裁理事处承担。治疗计划中球员的治疗和检测费用则由球员所属俱乐部承担。

(二) 美国职业篮球联盟

美国职业篮球联盟（National Basketball Association，简称NBA）并没有单独的反兴奋剂规则，而是将与反兴奋剂有关的问题规定于 NBA 与 NBA 工会集体谈判协议的第 33 条 "Anti-Drug Program"（简称 "禁药计划"），以及协议最后所附的 I-1、I-2、I-3、I-4 表，现行的 NBA 与 NBA 工会集体谈判协议为 2005 年制定，2017 年进行了修订。

1. 管理监督方面

根据禁药计划的规定，由 NBA 以及 NBA 工会联合选举一位医疗负责人以及一位独立专家，前者负责管理监督该计划的实施，依照该计划的规定对球员进行评估治疗，任命医疗顾问以及其他为实施禁药计划所必需的人员；后者负责联盟的兴奋剂检测事宜。根据联盟的规定，在切实可行的情况下，医疗负责人应选择合格的 NBA 退休球员作为医疗顾问。医疗负责人须对

NBA 以及 NBA 工会负责。NBA 与 NBA 工会共同委派代表组成
的禁用物质委员会每年都会对 NBA 的禁用物质清单进行审查，
并讨论当下反兴奋剂领域的问题（包括兴奋剂检测科学和技术
的发展，其他体育组织反兴奋剂规则的修改等），以决定是否向
NBA 以及 NBA 工会提出修改禁用物质清单的建议。兴奋剂检测
实验室由 NBA 以及 NBA 工会共同选择，要求必须是经世界反兴
奋剂机构、美国药物滥用及精神健康服务管理局（Substance A-
buse and Mental Health Services Administration，简称 SAMHSA）
或国际奥委会认证的实验室。

2. 关于禁用物质

NBA 的禁用物质清单规定于作为集体谈判协议附件的 I-2
表，禁用物质分为以下几大类：第一类是毒品性物质（指安非
他命及其类似物、可卡因、迷幻剂、麻醉剂、苯环利定等社会
毒品），第二类是大麻及其副产品，第三类是类固醇、增进体能
性物质以及掩蔽剂（Steroids Performance-Enhancing Drugs and
Masking Agents，简称 SPED）。此外，利尿剂和可能引发提升运
动成绩的其他物质均属于禁用物质清单之列。NBA 的禁药物质
清单也是一份开放式清单，任何被认定违法的类固醇或增进体
能性物质都将自动添加到禁用物质清单，作为 SPED 的一部分。

3. 兴奋剂检查

NBA 主要规定了三种类型，且所有的检查均为尿样采集，
NBA 至今没有采纳血样采集，且未规定赛季外检查。

第一类，随机检查。每个赛季内所有球员将接受不超过 4
次事先无通知的随机检查。检查将由第三方机构随机挑选球员。

第二类，合理原因检查。NBA 或者 NBA 工会任意一方掌握
相关信息因而有合理理由相信某位球员有使用、持有或分发禁

用物质的行为，包括第一年球员在其进入 NBA 之前的 3 个月内有上述行为的情况下，[1] 对该球员进行的检查。

第三类，其他原因检查。如果球员对禁用物质问题寻求联盟治疗计划外的治疗，医疗负责人即有权对该球员安排自初次评估起不超过 1 年每周不超过 3 次的检查；如果球员在入院治疗或康复治疗期间被指控"饮酒驾车""醉酒驾车"等，须在 7 日之内接受尿样采集；如果球员在过去的 6 个月内持有可以用来替换、稀释、掺杂样本的设备或产品，该球员必须接受 6 个星期内不超过 4 次的检查；在治疗计划中球员须接受医疗负责人确定的兴奋剂检查。

4. 兴奋剂检测"阳性"方面

对于以下六种情形，按照禁药计划规定将被认定为兴奋剂检测"阳性"：①如果所涉药物乃禁用物质但并非增进体能性物质或利尿剂，只有在所检测到的物质达到一定含量时才被认定为兴奋剂"阳性"。含量的标准根据美国药物滥用及精神健康服务管理局（SAMHSA）的标准来决定，如果美国药物滥用及精神健康服务管理局没有上述标准则按照 NBA 自己确定的标准来决定。②如果检测系针对增进体能性物质，则除 I-4 表中所列的 7 种物质按规定须达到一定含量才被认定为兴奋剂"阳性"之外，其余禁用物质清单上所列的增进体能性物质则没有含量要求，只要在样本发现其存在，则被认定为兴奋剂"阳性"。③如果球员没有向医疗负责人提交合理的解释理由而拒绝参加检查或不配合检查的情况下，采集员将在采集地点等待 90 分钟，如果该球员在此附加时间内配合完成检查采集，其之前拒

―――――――――
〔1〕　第一年球员（First-Year Player），是指在本赛季前进入 NBA，还没有被列入 NBA 常规赛球队球员名单的球员。

绝或不配合检查的行为将不被认定为兴奋剂"阳性"。④如果球员没有向医疗负责人提交合理的解释理由而未能参加预定的检查。⑤如果球员试图对样本进行替换、稀释、掺杂或以其他任何方式改变检测结果。⑥任何含量的利尿剂检测阳性。

5. 兴奋剂违规的处罚

联盟按禁用物质清单上对禁用物质的分类，分别规定了对兴奋剂违规的处罚以及相应的治疗程序：

（1）毒品性物质（Drugs of Abuse）。对于毒品性物质检测阳性，如果当事球员为老将球员，其将被立即开除于联盟的所有协会及球队（所有被处以立即开除于联盟所有协会及球队的球员，其与 NBA 的合同效力终止，且其在至少 2 年的时间内无资格进入 NBA）。如果当事球员为第一年球员，其将被开除于联盟所有协会及球队，但其不能进入 NBA 的时间较于老将球员被缩短至 1 年。对于因使用毒品性物质而违反禁药计划的球员，其必须接受毒品性物质计划。整个毒品性物质计划包含两个阶段，在第一阶段医疗负责人会对球员进行评估，球员须根据医疗负责人的要求提供医疗以及治疗记录，并依医疗负责人指示开始治疗和检查计划。在第一阶段球员无需承担任何惩罚，如果球员配合治疗，其薪酬也不会被扣掉。进入第二阶段，在球员入院治疗以及至少 6 个月的康复治疗期间，NBA 将会对球员实施禁赛。如果医疗负责人认为其须在后续的某段时间接受治疗，则该段时间亦将对球员实施禁赛。在第二阶段，如果该球员有任何使用、持有或分发毒品性物质的行为，其将被立即开除于 NBA 的所有协会以及球队。在毒品性物质计划中可能包含对该球员的随机检查，此时的检查不针对增进体能性物质。

（2）大麻（Marijuana）。检测阳性、在合理原因检查中被仲裁员裁决曾使用或持有大麻，或因违法使用或持有大麻被证实有罪皆构成对 NBA 禁药计划的违反。第一次违规，必须接受大麻治疗计划（Marijuana Program）。第二次违规，罚款 25 000 美元，如果球员此时并未处于大麻治疗计划的入院治疗或康复治疗阶段，则其必须接受大麻治疗计划。第三次违规，禁赛 5 场，如果球员此时并未处于大麻治疗计划的入院治疗或康复治疗阶段，则其必须接受大麻治疗计划；任何后续违规，球员将在前一次禁赛场数上增加 5 场禁赛，且如果球员此时并未处于大麻治疗计划的入院治疗或康复治疗阶段，则其必须接受大麻治疗计划。

（3）类固醇、增进体能性物质以及掩蔽剂[1]。检测阳性、在合理原因检查中被仲裁员裁决曾使用或持有 SPED 皆构成对 NBA 禁药计划的违反。第一次违规，禁赛 10 场，且球员必须接受 SPED 治疗计划（SPED Program）；第二次违规，禁赛 25 场，且如果球员此时并未处于 SPED 治疗计划的入院治疗或康复治疗阶段，则其必须接受 SPED 治疗计划；第三次违规，从违规之日起禁赛 1 年，且如果球员此时并未处于 SPED 治疗计划的入院治疗或康复治疗阶段，则其必须接受 SPED 治疗计划；第四次违规，立即开除于 NBA 的所有协会以及球队。

此外，在球员因使用或持有除大麻以外的禁用物质而构成犯罪（包括其认罪或辩称无罪），该球员同样将被开除于 NBA 所有协会及球队。老将球员在被联盟开除至少 2 年后，第一年球员在被开除至少 1 年后，球员可向联盟申请酌情复赛，是否同意申请由 NBA 以及 NBA 工会决定。

6. 信息的保密方面

NBA 规定了十分严格的保密政策。除非有合理的原因，对

---

〔1〕 SPED 中含利尿剂及其他有增进体能性质的物质。

被开除或禁赛的球员，其诊断信息、治疗信息、检测结果信息、治疗计划信息都将被严格保密。医疗负责人、医疗顾问以及医疗负责人、医疗顾问的附属人员、调查人员、顾问、雇用人员；独立专家；禁用物质委员会的委员、NBA 球队等都被禁止公开泄露在其职务范围内所获知的上述信息，当然，保密规定不禁止上述人员依照禁药计划将相关信息向 NBA 或 NBA 工会报告。球员因毒品性物质或大麻被开除或禁赛，除非有 NBA 工会的同意或当事球员已公开相关信息，NBA 将不会公开所涉及的具体禁用物质；球员因 SPED 被开除或禁赛，NBA 的声明将包括所涉的具体物质以及对球员所适用的处罚。

7. 争议解决方面

根据联盟的规定，对涉及罚款 50 000 美元以下且可能影响到篮球运动的纯洁性以及公众对篮球运动的信心的兴奋剂纠纷由联盟执行总裁或其指定人员裁决，除此之外，对禁药计划下的所有决定甚至是医疗负责人、独立专家、禁用物质委员会的行为的争议，均由独立仲裁员进行裁决，规定执行总裁或其指定人员的裁决效力等同于独立仲裁员的裁决效力，具有终局性。禁药计划的运行费用从"NBA 球员健康计划"中支出，超出计划的费用则由 NBA 以及 NBA 工会分担。合理原因检查以及随机检查的费用和开支由 NBA 承担。

（三）国家橄榄球联盟

国家橄榄球联盟（National Football League，简称 NFL）关于反兴奋剂问题的规定包括"合成代谢类固醇及相关物质政策"［Policy on Anabolic Steroids and Related Substances，简称"类固醇政策"（Steroids Policy）］，以及"禁用物质滥用政策与规划"［Policy and Program for Substances of Abuse，简称"禁用物质政

策"（Substances of Abuse Policy）]。两个规则皆制定于 2010 年，并作为集体谈判协议的一部分。其中，禁用物质政策系仅针对毒品性物质或酒精的规定。

1. 管理监督方面

类固醇政策由联盟管理委员会负责宏观上的监督。[1]联盟另设独立的执行官负责类固醇政策的运行，对挑选球员进行检查、确定检查时间、确定合理原因检查的实施、组织赛季外的检查、监督样本的采集以及对用药治疗豁免的申请等都拥有完全的决定权，执行官亦负责为球员以及俱乐部训练师提供咨询、监督联盟反兴奋剂教育工作的进行等。NFL 另设一位毒理学咨询师，负责在检测程序、检测结果、实验室质量等问题上为执行官提供咨询。兴奋剂检测的实验室由联盟的执行官选择决定，目前是由经世界反兴奋剂机构认证的加州大学洛杉矶分校奥林匹克分析实验室以及盐城运动药物研究及检测实验室。

2. 关于禁用物质

NFL 的禁用物质清单包含合成类固醇、刺激剂、人类生长激素、掩蔽剂以及其他相关或类似的物质，并作为类固醇政策的附件而存在，因此该清单不包含禁用物质政策中所禁止的可卡因、苯环利定、苯丙胺等毒品性物质。此外，NFL 的禁用物质清单对禁用方法也有所规定。

3. 兴奋剂检查

该检查包括以下几种类型：

（1）入职检查：入职检查针对那些进入 NFL 的自由球员。此外，联盟对于通过选秀进入 NFL 的球员也会对其进行兴奋剂

---

〔1〕　NFL 管理委员会是代表联盟成员俱乐部与联盟工会进行集体谈判的代表，NFL 集体谈判协议也授予了它一部分监督职责。

检查。

（2）年度检查：所有的球员在每一联盟年将至少接受 1 次兴奋剂检查。[1] 年度检查将于春训期间或者球员报到之后进行，并将其作为季前赛体检的一部分。

（3）季前赛/常规赛检查：季前赛以及常规赛期间，每周都将由执行官通过电脑程序从每个球队中随机选择 10 位球员进行检查。每周内检查的时间以及每次检查的人数由执行官决定。

（4）季后赛检查：打入季后赛的每个俱乐部都将定期被随机选择 10 位球员进行兴奋剂检查，直到俱乐部退出季后赛。

（5）赛季外检查：赛季外的检查系以所有球员为对象的随机检查。根据执行官的指令，对球员实施的赛季外检查可能多达 6 次（不包括合理原因检查）。赛季外检查，球员须在执行官同意的可利用且便利的地点提供尿液样本。

（6）合理原因检查：在球员出现过兴奋剂检测阳性或者有合理的证据证明某球员可能违反了类固醇政策等情形下，球员须服从合理原因检查。合理原因检查既可于赛季内进行，亦可于赛季外实施，具体检查时间以及次数由执行官决定。

所有赛季内的检查通常将于每周内选择两天进行，在检查的当天会通知被选择进行检查的球员。所有的检查皆为尿样采集。

4. 兴奋剂违规的处罚

NFL 由联盟执行总裁执掌处罚的决定权。NFL 的球员或其他人员因下列三种情形：使用、持有、购买、销售或分发类固醇、人类生长激素、刺激剂或者其他相关物质；或与人共谋上

---

〔1〕 联盟年（League Year），是指每年 3 月至次年 3 月的这段时间，根据 NFL 的规定，NFL 与 NFL 工会也可另外协商确定一段时间作为联盟年。

述行为；或有充分而可信的证据（如执法报告）证明其曾使用、持有、分发增进体能性物质，而触犯法律被认定或自认有罪，联盟执行总裁将对该球员处以禁赛，甚至解除其与 NFL 俱乐部之间的合同。如果 NFL 的球员违反法律的同时亦违反了类固醇政策，NFL 亦将依类固醇政策对其进行处罚。

检测阳性；企图替换、稀释、掺杂样本；操纵检测结果；违反类固醇政策的同时触犯法律，均构成对类固醇政策的违反。

第一次违规，禁赛至少 4 场且无薪水（常规赛或者季后赛）。如果整个赛季内所剩的比赛不足 4 场（包括当事球员所属俱乐部有资格参加的季后赛），则禁赛延续至下一常规赛季。

第二次违规，禁赛至少 8 场且无薪水（常规赛或者季后赛），如果整个赛季内所剩的比赛不足 8 场（包括当事球员所属俱乐部有资格参加的季后赛），则禁赛延续至下一常规赛季。

第三次违规，禁赛至少 12 个月且无薪水。禁赛 12 个月后，当事球员可以向执行总裁申请复赛，是否批准复赛由执行总裁决定。

执行官会对兴奋剂检测阳性的球员进行评估，如果评估认为需要对该球员进行治疗，则该球员必须接受执行官确定的治疗计划。球员须在收到兴奋剂检测阳性通知后的 1 年内尽快接受执行官评估。在入职检查中出现兴奋剂检测阳性结果的球员，不但依照上述规定进行处罚，还必须接受临床监测。禁赛将从联盟禁赛通知确定的日期开始实施。禁赛期间当事球员将被列入禁赛名单，其不得参加球队活动，亦不得使用俱乐部设施。禁赛期间当事球员也没有资格参加职业碗（Pro Bowl）的比赛，或接受联盟以及联盟工会授予的荣誉或奖励。当事球员因禁赛期间不能为联盟或俱乐部带来收入，其必须返还一部分在禁赛期间根据球员合同所领取的奖金，球员重新参加比赛必须对所有禁用物质检测呈阴性，且须经体能检测证明其身体适宜参加比赛。对球员没有正当理由而未能接受检查或拒绝接受检查，或未能配合进行检查或评估的情形，联盟规定将对当事球员进行处罚，但并未规定如何处罚。

5. 因兴奋剂违规被其他组织禁赛球员的资格准入

根据 NFL 的规定，对于曾经因兴奋剂违规而被其他组织禁赛，同时禁赛系基于下列原因之一者，NFL 虽允许其与 NFL 的成员俱乐部签订合同，但其必须接受合理原因检查，且联盟将对其处以至少 8 场禁赛：一是世界反兴奋剂机构认证的实验室对其样本检测呈阳性，且所涉及的禁用物质在类固醇政策下同样被禁用；二是试图替换样本、操纵检查或不配合检查；三是因使用类固醇或其他增进体能性物质而违反法律。

6. 信息的保密

考虑到球员因违反类固醇政策而被处罚将会引起媒体极大的关注，NFL 对球员的医疗状况以及检测结果信息进行了最大程度的保密，执行总裁对俱乐部以及俱乐部雇员泄露类固醇政策下的相关信息或者有其他触犯类固醇政策保密条款的行为将处以 500 000 美元的罚款。

7. NFL 反兴奋剂规则下的争议

因违反类固醇政策而被联盟通知施以处罚的球员有权对处罚决定提出申诉（联盟并没有规定其他可提出申诉的情形），联盟将指定时间和地点召开听证会，并以执行总裁或其指定人员为听证官。联盟对兴奋剂违规承担举证责任，执行官、毒理学咨询师以及实验室的采集和检测将被推定为符合该规则的规定，球员可举证证明在其样本采集和检测程序中偏离了该规则所规定的标准，于此情形，联盟须证明该种偏离对兴奋剂检测阳性结果或其他违规行为不构成实质性影响。联盟工会可以代表当事球员参加听证会。听证官的裁决作为对申诉全面而最终的处理，效力及于所有当事方。

滥用物质政策的主要内容即为针对毒品性物质检测阳性以及滥用酒精规定的治疗程序（Intervention Program），其中认定毒品性物质检测"阳性"须含量达到一定标准。处罚限于球员不配合治疗的情形。此外，值得一提的是在类固醇政策的 3E 部分，NFL 对饮食补充剂作了充分的风险提示，并且以专门的附件对饮食补充剂可能含有禁用物质进行了说明。

（四）国家冰球联盟

国家冰球联盟（National Hockey League，简称 NHL）的反兴奋剂规则包括，NHL 与 NHL 工会集体谈判协议（现行的 NHL 集体谈判协议为 2012 年制定，有效期至 2022 年）的第 47 条——《提高运动物质禁药计划》（Performance Enhancing Substances Program），以及《国家冰球联盟禁用物质和行为计划》（The NHL/NHLPA Program for Substance Abuse and Behavioral Health）中的相关规定。《提高运动物质禁药计划》主要针对增进体能性物质，《国家冰球联盟禁用物质和行为计划》有关反兴奋剂的内容主要是对于兴奋剂检测阳性的球员的评估和治疗程序，此外，该规则对于球员涉及毒品性物质的处罚也有规定。

1. 管理监督方面

《提高运动物质禁药计划》由 NHL 以及 NHL 工会双方各自选派的代表以及各自任命的一位顾问医生所组成的委员会（The Program Committee）负责管理运行，包括负责建立、管理反兴奋剂教育项目；监督球员的评估和治疗；监督、管理用药治疗豁免；选择样本检测实验室等事宜。委员会在年度会议上会对《提高运动物质禁药计划》规定的用药治疗豁免条款、检测条款、采集条款、通知条款等进行审查以确定是否需要进行修改，并由委员会负责审议世界反兴奋剂机构最新的禁用物质清单以确定是否需要根据该清单对 NHL 以及 NHL 工会建议将 NHL 的禁用物质清单增添或移除某个/某些与冰球运动相关的增进体能性物质。

2. 关于禁用物质

如果委员会向 NHL 以及 NHL 工会提出了修改建议，双方就必须召开会议并对禁用物质清单进行讨论。如果双方决定增加新的禁用物质，在决定做出之前所采集的样本不需要进行重新检测。

3. 兴奋剂检查

NHL 的兴奋剂检查均为尿样采集，包括以下几种情形：

（1）春训/常规赛/季后赛检查：春训期间，联盟将对联盟所有俱乐部以球队为单位进行检查；常规赛期间，联盟将随机选择俱乐部以球队为单位进行检查；常规赛以及季后赛期间，联盟将随机选择球员进行检查。以上所有检查皆事先无通知，且所有检查都将安排于进行训练或会面的工作日实施，但不能在比赛日实施。

（2）赛季外检查：赛季外，联盟将随机选择球员进行检查。这种联盟范围内的赛季外检查，每个赛外季最多 60 例，所有的检查皆事先无通知。赛季外的检查，联盟会依据球员提供的联系方式通知被选择的球员，如果球员没有正当理由在通知后的两周内没有到达检查的地点接受检查，则由委员会决定下一步措施，包括对球员进行处罚。

（3）合理原因检查：NHL 或 NHL 工会任何一方掌握相关信息因而有合理理由相信某位球员在过去的 12 个月内有使用增进体能性物质的行为，可据此对该球员实施检查。

4. 增进体能性物质检测"阳性"

包括没有正当理由而拒绝检查或未能检查；试图替换、稀释、掺杂、掺假检测样本同样可视作增进体能性物质检测阳性，上述情形是否作为检测阳性处理由顾问医生决定。

5. 兴奋剂违规的处罚

根据联盟的规定，增进体能性物质检测阳性将按以下规定进行处罚（NHL 并没有规定其他兴奋剂违规行为）：

第一次检测阳性，禁赛 20 场，无薪水，并须按照规定接受评估及治疗。

第二次检测阳性，禁赛 60 场，无薪水，并须按照规定接受评估及治疗。

第三次检测阳性，终身禁赛，但被终身禁赛的球员在实施禁赛不少于 2 年后，可向委员会申请酌情复赛。

在第一次以及第二次检测阳性的情况下，禁赛生效之日至禁赛结束前 10 日，当事球员不得参加俱乐部活动；在禁赛的最后 10 日，当事球员可恢复 60%的薪水及奖金，并可参加俱乐部活动，但不得参加比赛。

6. 信息的保密

所有的阳性检测结果都将进行保密，联盟对外的声明为：某球员因违反 NHL/NHL 工会的《提高运动物质禁药计划》而被处以 20 场/60 场/终身禁赛。

7. NHL 反兴奋剂规则下的争议

根据 NHL 的规定，对于阳性检测结果（包括顾问医生对视为检测"阳性"的决定），球员自己不能直接提出申诉，对于申诉权利的行使，只能由 NHL 工会代表球员向独立仲裁员提出。NHL 工会在收到 A 样本、B 样本文件包后须在 48 个小时内发表相关声明，NHL 工会也应发表相对应的答辩声明。在独立仲裁员作出裁决之前，联盟不会对球员施加处罚。球员可通过举证证明其拥有可适用的用药治疗豁免、采集或检测程序错误或能够合理解释禁用物质如何进入其体内而改变先前阳性检测结果的认定。如果球员对阳性检测结果进行了成功地辩护，则不认为该球员此次检测呈阳性，也不会对球员进行处罚，但球员必须按照《国家冰球联盟禁用物质和行为计划》的规定接受评估及治疗。如果俱乐部在当事球员自被发现检测阳性至被宣布因兴奋剂阳性而处以禁赛期间可能将当事球员予以交易，则独立仲裁员将按照加急程序尽快召开听证会并发布裁决，如果申诉得到了独立仲裁员支持，独立仲裁员可根据合同法原则对当事球员提供救济，包括终止交易。

尽管 NHL 与反兴奋剂有关的两个计划其范围有所不同，但是对于实验室发现的因毒品性物质检测阳性且样本所含的毒品性物质含量较高可能影响当事球员或其他球员的安全或健康的兴奋剂违规案例，顾问医生有权要求当事球员进行解释，如果其理由不够充分，该球员将被交由《国家冰球联盟禁用物质和行为计划》下的顾问医生进行强制性评估及治疗。

值得一提的是，NHL 规定委员会负责对球员进行反兴奋剂的教育，在委员会对球员进行《提高运动物质禁药计划》的教育（包括介绍兴奋剂检查程序、样本检测程序、纪律处罚以及禁用物质清单）之前，不允许对球员实施兴奋剂检查或者以兴奋剂违规对球员施加处罚。此外，根据联盟与联盟工会的集体谈判协议,《提高运动物质禁药计划》下所有的检查、检测费用均由 NHL 承担。

（五）美国职业体育反兴奋剂法律制度的总结与比较

美国对职业体育联盟的反兴奋剂问题并没有进行专门的立法规制，禁用物质清单包括哪些禁用物质、兴奋剂违规的定义、如何实施兴奋剂检查、兴奋剂违规的处罚等事宜甚至包括是否要在联盟内禁用兴奋剂均交由联盟自己决定。因此，职业联盟各自遵循着各自的反兴奋剂规则。需要说明的是，在美国国会看来，职业联盟为私有性质的商主体，为保证其商业活力，尽量避免对其进行干预，因此美国国会没有对职业体育领域的反兴奋剂问题进行专门立法，但联盟仍然要遵循其他与兴奋剂有关的法律，尤其是联盟作为球员的雇主，其须遵守一系列调节雇佣关系或保护雇工的法律，包括州法律。

美国《国家劳工关系法案》（NLRA）要求对于反兴奋剂问题的规定，雇主须与雇员协商确定，因此所有职业联盟的反兴奋剂规则均由联盟与联盟工会协商制定。州法律对其管辖范围内的联盟、联盟俱乐部及其活动同样具有适用性。如明尼苏达州的《工作地药物及酒精检测法案》，为保护雇员的利益，对药物检测规定了最低限度的标准，要求雇主必须给雇员自费进行第二次确认检测的机会；第一次检测阳性雇主不得解雇雇员，除非雇主给予了雇员进行治疗的机会而雇员拒绝进行治疗或未能完成治疗；除非阳性检测结果在第一次检测的基础上得到了确认检测，否则雇主不得以检测阳性对雇员进行处罚。对于明尼苏达州管辖范围内的职业联盟、联盟俱乐部，上述法案的规定其必须遵守。因此，职业联盟的反兴奋剂规则应当符合联邦法以及对其具有管辖权的州法的规定，如果联盟的反兴奋剂规则不符合法律的规定，则联盟的反兴奋剂措施很可能在诉讼中被法院判决违法。关于禁用物质，《联邦政府管制药物法案》（Federal Controlled Substances Act，简称 CSA）以及《联邦政府法规》（Code of Federal Regulations，简称 CFR1300-1367）所列明的管制药物，很多同时也是体育运动中的兴奋剂，如 CSA 将药物分为 5 类管制级别，而多数兴奋剂都在 CSA 中有对应的管制级别，如海洛因、大麻、可卡因、迷幻剂等均受刑事法律管制，是管制级别最高的药物，生产、交易、持有、消费、分发这些毒品均构成犯罪，这些可作为兴奋剂使用中的社会毒品受到严厉管制，职业球员亦应遵守法律规定；又如蛋白同化制剂属Ⅲ级管制药物，如果球员没有处方而持有这类物质，公权力机关即介入调查。此类针对管制药物的立法虽然对联盟的反兴奋剂规则没有特殊要求，但联盟的反兴奋剂规则一般对违反反兴奋剂规则同时又违反法律的行为规定了较重的处罚，被纳入管制药物的兴奋剂在职业联盟中也都被纳入禁用物质清单，在实践中联盟也多与执法机构保持联动配合。

职业联盟的反兴奋剂规则有着共同的特点，与竞技体育相比则自成一脉。

1. 关于管理监督

职业联盟均设置了专门的人员或机构负责其反兴奋剂规则的统一管理和运行，其为反兴奋剂规则的执行官、负责人或执行机构。对执行官、负责人或执行机构人员则要求其具有与兴奋剂或药物治疗相关的专业知识和背景，反兴奋剂规则对其具体职责都有着明确的规定，一般包括组织、管理、监督兴奋剂检查、样本采集、样本检测、对球员的评估治疗；对阳性检测结果的初步审查；管理用药治疗豁免；任命为执行反兴奋剂规则所必需的其他人员等。联盟大都有专门的咨询人员负责为球员、俱乐部或反兴奋剂规则的执行官、负责人或执行机构提供专业咨询。当然，联盟与联盟工会作为反兴奋剂规则的制定者，始终作为联盟反兴奋剂的最高权力机关和监督机关而存在。对于负责样本检测的实验室，职业联盟同样规定须由权威机构认证，但这里的权威机构不限于 WADA。相较于竞技体育领域——一般即由管理组织的具体相关部门负责反兴奋剂事宜，但很少会设置单独的执行官或负责人管理监督整个反兴奋剂规则的运行。

2. 关于禁用物质

禁用物质清单由联盟以及联盟工会协商确定，尽管各联盟的禁用物质清单有所不同，但对禁用物质都进行了分类，分类中均包含了可提高运动能力的增进体能性物质以及作为社会毒品的毒品性物质。对于法律予以规制的药物，禁用物质清单基本都进行了吸收。当然，联盟所规定的禁用物质之范围远不及WADA 禁用物质清单所列的禁用物质范围，大多数联盟亦未规定禁用方法。

3. 关于兴奋剂检查

因职业联盟的体育项目各不相同，各大联盟规定的检查计划也各具特色。所有的检查均为事先无通知的检查，除 NHL 存在着以球队为单位的检查外，所有的检查皆以球员个人为选择的对象。检查计划划分比较细致，一般根据联盟的赛制而存在着多种类型的检查。合理原因检查为职业联盟规定中十分具有特色的检查，职业联盟普遍没有规定目标检查，而是规定了合理原因检查，因目标检查并不要求须有合理的怀疑或可能的理由，合理原因检查则须掌握了具有说服力的相关信息，且对于合理原因检查，联盟均赋予了当事球员抗辩或由第三方裁决的权利。此外，除美国职业棒球大联盟规定了血样采集外，其他联盟的反兴奋剂规则至今未规定血样检测。相较于竞技体育，职业联盟的兴奋剂检查许多种类都是竞技体育所没有的，如治疗计划中的检查、合理原因检查；检查计划的分布结合体育项目的赛制，对职业联盟来说具有完全的适应性。但是职业联盟的检查计划很多地方都不如竞技体育领域严格，如除美国职业棒球大联盟之外没有血样检测；根据 NBA 的检查计划，其检查例数过少，且未规定赛季外检查；NHL 规定赛季内检查不在比赛日实施等。

4. 关于兴奋剂检测"阳性"

职业联盟对兴奋剂检测"阳性"的定义不仅包括在样本中发现了达到规定含量标准的禁用物质，还包括没有正当理由而拒绝检查或未能检查以及试图替换、稀释、掺杂、掺假检测样本的两种情形，或者将这两种情形与兴奋剂检测阳性规定同样的处罚。在竞技体育领域，根据 WADA 的规定，上述两种情形为兴奋剂违规行为但并未视作兴奋剂检测阳性。

5. 关于兴奋剂违规的处罚

职业联盟均以不同的禁用物质分类规定了涉及该种禁用物质的不同处罚。处罚主要包括禁赛、进入治疗计划、罚款三种。禁赛为最主要的处罚方式，禁赛大都以场次计；对于被处以终身禁赛或开除于联盟的球员，都可于禁赛实施一定期限或被开除于联盟一定期限后（一般为 1 年或 2 年），向联盟申请酌情复赛，美国的各大职业联盟都对酌情复赛进行了规定，这也是职业联盟十分特殊的规定。禁赛期间联盟还会扣发球员的薪水。治疗计划系职业联盟履行其作为雇主对其雇员——球员应有的责任与关怀，因此各大职业联盟均规定了相应的治疗计划，且对治疗计划的内容和程序都有着十分详细的规定。罚款为程度最轻的处罚，应用也比较少。虽然职业联盟的反兴奋剂规则对除球员以外的其他人员也规定了相应的义务，但并未在规则中对其他当事人违反反兴奋剂规则所应承担的责任予以规定。在兴奋剂违规处罚方面，竞技体育领域对禁赛多以月、年等时间单位计算，职业联盟则规定为场次；对于终身禁赛或开除联盟的球员，当事球员可申请酌情复赛，竞技体育则没有此类规定；治疗计划也是职业联盟的特殊规定。

6. 关于信息的保密

职业联盟一致规定了严格的保密条款，职业联盟对有关兴奋剂问题的信息十分敏感，尤其是因球员使用兴奋剂的曝光很可能损害联盟的公众形象，故而职业联盟对反兴奋剂规则下的检测结果信息、医疗信息、兴奋剂纠纷信息等都予以严格保密，联盟内能够接触到相关信息的人员都有保密的义务，NFL 还规定了对违反保密义务的处罚。对当事球员兴奋剂违规的公开声明则非常简短，在不涉及禁赛或开除于联盟的情况下根本不会对外发表声明，对球员使用的禁用物质的披露仅限于特定种类的禁用物质检测阳性而被处以禁赛或开除于联盟的情形。竞技体育领域对兴奋剂违规的公开披露要求公布运动项目、违反的反兴奋剂规则、当事人姓名、使用的禁用物质或禁用方法以及处罚后果，与之相比，职业联盟的公开披露的信息则显得十分不足。

7. 关于反兴奋剂规则下的争议解决

兴奋剂纠纷由职业联盟的内部仲裁程序解决，这种内部仲裁不但适用于兴奋剂纠纷，亦适用于联盟的其他纠纷。裁决者为独立仲裁员或仲裁组，或者为联盟执行总裁或其指定人员。裁决者对兴奋剂纠纷的裁决具有终局性，效力及于所有当事方。联盟的集体谈判协议详细地规定了仲裁员的任命以及听证程序等内容，联盟反兴奋剂规则则针对兴奋剂纠纷做了一些特殊规定，如加急程序的适用等。各个联盟对可申诉的决定有着不同的规定。兴奋剂违规采严格责任原则，兴奋剂违规的举证责任由联盟承担，球员可根据联盟的规定提出相应的理由为自己辩护，联盟工会可代表球员参加或支持申诉。在竞技体育领域，兴奋剂纠纷一般由相应的单项体育协会规定应提交的仲裁机构进行强制仲裁，一定条件下可上诉至国际体育仲裁院，职业联盟则完全由联盟内部的裁决机构裁决；职业联盟规定的可申诉的兴奋剂纠纷范围也远远小于竞技体育领域的规定。

二、欧洲职业体育反兴奋剂法律制度

（一）欧洲模式的基本特点

欧洲国家的职业联盟虽然独立于国际、国内单项体育协会或者政府体育主管部门（或政府授权的体育管理组织），但却不同于美国职业联盟内部规则的高度自治，而是接受或服从上述协会或主管部门的管理。出现这种差别的原因在于：美国的职业联盟都是完全私有的，俱乐部参加的比赛由联盟举办，不同于欧洲职业俱乐部因参加国际、国内单项体育协会所组织的竞赛（如欧洲足球协会联盟举办的欧洲冠军联赛）而须遵守赛事组织者的反兴奋剂规则，美国的职业联盟无此种约束。在美国国会看来，职业联盟为商主体，为保持其商业活力，国会很少干预，亦很少授权政府对其按体育组织进行管理，故而美国的职业联盟主要遵守与商主体相关的法律，联盟内部自治程度较高。在欧洲国家，包括英超、意甲在内的职业联赛，一方面得因于联赛的发展历史，另一方面也是因为立法或政府对联赛的干预较多，其国内单项体育协会或政府体育主管部门（或政府授权的体育管理组织）对其都有着很大的监督管理的权力。因而联赛的反兴奋剂规则通常即为国内单项体育协会或体育管理组织确定的反兴奋剂规则，此类规则亦为竞技体育所遵循，故此，欧洲职业联盟的反兴奋剂规则与竞技体育的反兴奋剂规则的大部分内容是一致的。例如，意大利足球甲级联赛（Serie A，简称"意甲"）是意大利最高等级的职业足球联赛。意甲虽为职业体育联赛但仍须服从意大利足球协会以及意大利国家奥委会的监督管理。意大利通过立法将国家管理体育的权力交给意大利国家奥委会，故而意甲亦完全遵守意大利国家奥委会所确定的反兴奋剂规则——《意大利奥委会反兴奋剂规则》（Norme Sportive Anti-Doping）。值得一提的是，意大利对兴奋剂问题有专门的立法，根据《意大利反兴奋剂法》的规定，非法制造、贩卖、服用兴奋剂、对他人施用兴奋剂以及医生参与服用兴奋剂都将构成犯罪并且面临着严厉的处罚。

具体说来，在欧洲模式下，职业联赛大多由国内单项体育协会与联赛职业俱乐部成立的组织或国内单项体育协会授权组织一起管理，如英超由英足总以及英超 20 家俱乐部组成的英格兰超级联盟管理运行；意甲由其创办者——意大利足协以及 42 家甲级乙级足球俱乐部组成的意大利职业足球联盟负责管理运行；德国足球甲级联赛由其创办者德国足球协会以及 36 家德甲职业俱乐部组成的联赛协会管理运行；法国足球甲级联赛由其创办者法国足球协会以及法国足协下属机构法国职业足球联盟管理运行。其中，前者负责宏观上的监督管理，包括制定联赛竞赛规则、反兴奋剂规则在内的政策法规，后者则负责联赛具体的管理运作。因各国国内单项体育协会同时作为竞技体育的管理者，其所制定的反兴奋剂规则同样为竞技体育所遵循。如英足总的《英国足协反兴奋剂计划》（The FA Anti-Doping Programme）以及《意大利奥委会反兴奋剂规则》同时亦为竞技体育的反兴奋剂规则，对于世界反兴奋剂机构制定的《世界反兴奋剂条例》中的强制条款，其有义务加以实施。上述两个规则中包括其禁用物质清单、兴奋剂以及兴奋剂违规的定义、兴奋剂违规的处罚、兴奋剂纠纷的解决等在内的很多内容都与《世界反兴奋剂条例》保持一致，或者仅为对条例的具体化；而对于职业联赛或联盟俱乐部的规定仅限于某些技术性规定。

（二）英格兰足球超级联赛

英格兰足球超级联赛（Premier League，简称"英超"）系英国乃至欧洲顶级的职业体育联赛。英格兰足球总会（The Football Association，简称"英足总"）作为管理英格兰境内足球事务的法定机构，英超必须服从其制定的竞赛规则，同时，英足总作为英超的创办者，亦为英超的特殊股东，对英超拥有宏观的管理权，英超完全遵守英足总的反兴奋剂规则——《英国足协反兴奋剂计划》，英足总负责对英超球员按照其反兴奋剂规则组织、实施兴奋剂检查（当然，英超球队参加其他比赛亦须服从赛事组织的反兴奋剂规则），对于英超包括兴奋剂违规在内的纪律处罚，英足总拥有决定权。英国并没有专门针对体育运动的反兴奋剂立法，与此相关的法律主要是指《滥用非法药物法令》（Abuse of Illicit Drugs Act），该法令对被列入管制名单的药物规定了相应的控制措施，其中包括合成类固醇、生长激素、克伦特罗等体育运动中的兴奋剂。

正如上文所说，《英国足协反兴奋剂计划》的内容与《世界反兴奋剂条例》基本保持一致，针对英超球员等职业运动员的特殊性规定包括如下：不同于竞技体育球员须按规则填报信息，职业球员由其所属俱乐部负责向英足总提供球员的行踪信息，为检验俱乐部提供的信息是否准确，英足总可能委派人员进行核实，俱乐部未能提供准确的信息亦将受到处罚。在俱乐部未能满足对于兴奋剂控制站的最低设备要求；阻碍或拖延赛事组织者通知球员进行检查；因俱乐部故意或过失而致使球员未能被通知到或延迟被通知到关于兴奋剂检查的要求；对于被选择进行检查的伤势严重的球员，俱乐部未能向英足总或赛事组织者提交，却缺乏足够的证据证明该球员已被同意入院治疗或接受医疗会诊等情况下，英足总将对当事俱乐部按照英足总《纪律处罚规定》第8.1条进行处罚。此外，在用药治疗豁免的申请程序上，英足总也对职业球员做了不同规定，对于血样检查的最低设备要求则规定只适用于英超以及英格兰足球乙级联赛俱乐部。

（三）欧洲足球协会联盟

欧洲足球协会联盟（Union of European Football Association，简称 UEFA，"欧足联"）系欧洲区足球事务的管理机构，同时也是欧洲冠军联赛、欧足联欧洲联赛的组织者，而欧洲冠军联赛、欧足联欧洲联赛资格则是各大职业俱乐部奋力角逐的目标，尤其是英超、意甲等欧洲五大职业联赛的豪门俱乐部，参加这些赛事的俱乐部当然必须遵守赛事组织者欧足联制定的规则，包括反兴奋剂规则。

从《欧足联反兴奋剂规则》（UEFA Anti-Doping Regulations）的内容来看，对于兴奋剂以及兴奋剂违规的定义、兴奋剂违规的举证责任及证明方法、禁用物质清单以及对兴奋剂违规球员的纪律处分，欧足联完全采纳了《世界反兴奋剂条例》相关规定。欧足联的反兴奋剂规则由其医疗及兴奋剂控制部门负责管理及运行，包括计划和组织赛内赛外的兴奋剂检查，指令进行目标检查，委派样本采集及运输的兴奋剂控制官、采血官，管理用药治疗豁免申请，负责结果管理等。欧足联规定的兴奋剂检查包括赛内检查和赛外检查。赛内检查在比赛结束后的 30 分钟内进行，被确定须接受兴奋剂检查的球员必须在接到通知时立即向兴奋剂控制站报到，赛外检查球员则须在接到通知后的 60 分钟内报到。兴奋剂检查采集的样品可能为血样、尿样或其他任何生物材料样品，具体由医疗及兴奋剂控制部门确定。对兴奋剂违规个人的处罚规则同《世界反兴奋剂条例》的规定相一致，赛内球队发生兴奋剂违规，在出现球队一名以上的球员可能存在兴奋剂违规的情形时，欧足联将对全队进行适当的目标检查，如果发现球队两名以上的球员兴奋剂违规，则可能取消该球队本次比赛或将来参赛的资格。作为其反兴奋剂规则的一部分，欧足联同时以《欧足联反兴奋剂规则》附件的形式规定了球员行踪信息的填报规则以及兴奋剂检测程序，多为技术细节性规定。

虽然对检查程序有着详细的规定，但英足总、意大利国家奥委会、欧足联在其反兴奋剂规则中对其包括检查人数在内的检查计划均未予以规定。[1]

---

〔1〕 在欧足联的官网上有对各个赛季检查人数的公布，如 2012/2013 赛季欧洲冠军联赛共实施 813 例检查，其中 489 例为赛外检查；欧足联欧洲联赛共实施 561 例兴奋剂检查。

三、对我国的借鉴与启示

我国职业体育尚处在发展阶段，与之相关的一系列制度也在不断地探索发展。随着职业体育消费份额的增加，该领域的兴奋剂问题也亟须加以规制。西方国家有着高度发达的职业体育，尤其美国的职业联盟内的反兴奋剂规则自成一脉，与竞技体育相比，更符合职业体育本身商业化、职业化的特征，许多制度与规定值得我国借鉴。

（一）由职业联盟制定自己的反兴奋剂规则

美国的职业联盟均各自制定了自己的反兴奋剂规则，以应对联盟内的反兴奋剂问题。我国的 CBA、中超等职业联盟亦可借鉴美国职业联盟的做法，制定自己的反兴奋剂规则，因为仅仅依靠足协、篮协或反兴奋剂中心的抽查是不能有效解决自身的反兴奋剂问题的，况且反兴奋剂问题从来都不仅仅只是检查、处罚的问题，还包含着反兴奋剂教育、兴奋剂纠纷解决、对球员的治疗等一系列问题，职业联盟亦不同于竞技体育而有着自己的训练和比赛制度。联盟制定自己的反兴奋剂规则可针对联盟体育项目的特征确定反兴奋剂项目的管理、检查计划的分布以及纪律处罚，具有较强的针对性，并可对信息的保密及公开、反兴奋剂教育与宣传等问题进行全面规划以实现预防和制止球员使用兴奋剂，保障球员的健康以及公平竞赛权利的目标。

（二）设置独立的反兴奋剂机构或人员

对于反兴奋剂规则的实施，美国的职业联盟大都设立了专门的相对独立的执行官、负责人或执行机构，负责反兴奋剂规则的具体管理。此种做法可供我国职业联盟借鉴，应当赋予管理联盟反兴奋剂事宜的专门人员或机构独立性。美国各大职业联盟在管理兴奋剂事宜上授予了执行官、负责人或执行机构不同程度的独立性，如美国职业棒球大联盟、NFL 规定其执行官完全独立于联盟以及联盟工会，NBA 虽规定医疗负责人须对 NBA 以及 NBA 工会负责，但在其职责范围内医疗负责人有决定权。这种做法的好处在于，在兴奋剂问题上联盟以及联盟工会难免会为自身利益考虑而有所偏失，因此，由独立于双方的人员进行管理可保证反兴奋剂规则的贯彻执行。我国社会历来讲究"人情"，联盟为自身利益考虑也可能袒护某些明星球员，因此我国职业联盟在规定反兴奋剂规则的管理机构或人员时赋予其独立性也是非常必要的。同时，对于此类管理机构的组成人员或此类管理人员一般要求其必须具有相关的专业知识，如必须具有与兴奋剂检查治疗相关的专业知识。至于对反兴奋剂规则的管理人员或机构究竟要赋予其什么样的具体职责，可根据联盟自身的需要规定，如组织兴奋剂检查、对阳性检测结果进行初步审查等。需要说明一点，美国的职业联盟对用药治疗豁免都是由联盟的上述管理机构或人员审查决定，我国职业联盟如果认为将此权力赋予联盟反兴奋剂规则的管理人员或管理机构不够严格，亦可成立专门的审查小组或借鉴欧洲的做法，由管理 CBA、中超的国内单项体育协会——篮协、足协负责审查决定。

（三）在禁用物质与兴奋剂违规的定义上与世界反兴奋剂机构保持一致

在禁用物质清单、兴奋剂违规的定义方面，美国职业联盟远不如世界反兴奋剂机构规定全面。如禁用物质范围较小、未规定禁用方法、对兴奋剂违规的定义不及《世界反兴奋剂条例》的定义广泛（这跟美国职业联盟拥有规则自治权以及美国职业联盟的反兴奋剂规则作为联盟与联盟工会二者博弈的产物而具有妥协性有关），欧洲职业联盟因遵循国内单项体育协会的规定因而多与世界反兴奋剂机构保持一致。我国职业联盟对禁用物质以及兴奋剂违规可直接采纳世界反兴奋剂机构的相关规定，以最大范围和限度地遏制职业体育领域使用兴奋剂的问题。

（四）制订符合职业联盟体育项目特征的兴奋剂检查计划

兴奋剂检查在美国职业联盟有着极具特色的规定。检查因职业联盟各自的体育项目的不同被划分为多种类别，检查的例数、检查的时间、挑选球员的方式都有不同的规定。检查基本包含了赛季内检查、赛季外检查以及合理原因检查。合理原因检查要求联盟（或代表联盟的其他机构，如美国职业棒球大联盟的执行总裁理事处）或联盟工会掌握相关信息因而有合理理由相信某位球员涉嫌兴奋剂违规，在通知另一方之后，对当事球员进行检查，当然如果另一方认为相关理由不具有说服力而表示异议，则该方有权向联盟的仲裁组或独立仲裁员，或者其他专门机构提出审查程序，由第三方决定是否构成合理原因以决定是否对当事球员进行检查。对于我国的职业联盟来讲，职业体育不同于竞技体育，可根据体育项目的具体情况规定联盟的检查计划。对于赛季内的检查可借鉴美国职业联盟的规定，在春训期间、季前赛、常规赛以及季后赛均有分布；对于合理原因检查亦可加以吸收，作为目标检查的补充。此外，对于挑选球员的方式，美国职业联盟一般都规定在联盟范围内随机挑选球员进行检查，也有规定挑选俱乐部以球队为单位进行检查或赛季内每周选择一定数量的球员进行检查，具体的方式我国职业联盟可根据自身需要而加以规定。值得一提的是，NFL还规定了入职检查——对新进入NFL的自由球员进行检查以及针对打入季后赛的球队的重点检查，这些都值得吸收借鉴。

（五）兴奋剂违规处罚的规定要考虑职业体育的特殊性并兼顾运动员的劳动保护

兴奋剂违规的处罚，根据美国职业联盟反兴奋剂规则的规定，处罚的主要类型包括禁赛、进入治疗计划以及罚款，且禁赛期间一般是没有薪水的。禁赛以场次计算并以涉及禁用物质的不同分类规定处罚的内容为各大职业联盟兴奋剂违规处罚的主要特征，这种以场次计算禁赛的做法与竞技体育以时间为单位计算的做法并无优劣之分，但职业联盟以场次计算的禁赛时间实际比竞技体育领域规定的相应的处罚时间要短。我国职业联盟对禁赛期的规定，是否借鉴美国职业联盟以场次计算的规定，可根据职业联盟自身需要确定。对于禁赛期间扣发的薪水或奖金，则可借鉴NHL的规定用于反兴奋剂规则的运行。以涉及禁用物质的不同分类规定处罚的内容则有其可借鉴之处，我国职业联盟可依照使用禁用物质对提高运动能力的作用大小或对人体的危害程度而对禁用物质不同作出分类，规定不同程度的处罚；对违反联盟反兴奋剂规则的同时亦触犯法律或构成犯罪的行为，可借鉴美国职业联盟的做法对当事球员施以严厉的处罚。对于终身禁赛或被处以开除联盟处罚的球员，美国各大联盟均规定了在禁赛实施或开除于联盟一定时间后可申请酌情复赛。然而，被处以终身禁赛或开除联盟的球员均为多次兴奋剂违规的球员，酌情复赛的规定大大降低了对此类球员的处罚，实际上是在为某些明星球员在多次兴奋剂违规之后重新回归比赛提供依据，这种做法降低了反兴奋剂规则的处罚力度和威慑效力，但是职业球员职业生涯不长，终身禁赛以后也很难转业，对于职业联盟或职业俱乐部返聘球员从事辅助运动员训练或反兴奋剂教育，立法当无不允。治疗计划是美国职业联盟履行雇主责任的义务内容，NBA几乎对所有的兴奋剂违规行为均规定了相应的治疗计划（不包括立即开除于NBA的情形），各大联盟对治疗计划的程序和内容也规定得十分详细，对于我国职业联盟来讲，虽然我国相关立法并无类似规定，劳动法也没有强制要求，但此种做法仍然非常值得借鉴，它体现了一种人性关怀，作为对当事球员的救助，也给予了当事球员继续其职业生涯的机会，毕竟对于职业球员来说，若使用禁用物质所造成的危害不能消除，其职业生涯很可能由此结束。在实际操作中，我国职业联盟亦可借鉴美国职业联盟的规定，在一定条件下（如滥用社会性毒品，禁用物质检测阳性），兴奋剂违规的球员必须接受治疗计划，球员的治疗费用由所属俱乐部承担或者从联盟分给球员的那一部分收益中扣除。对球员是否实施治疗计划以及治疗计划的具体内容可由反兴奋剂规则的管理人员或管理机构决定，亦可设置拥有相关专业知识的专门人员负责。美国职业联盟极少运用罚款处罚，我国职业联盟可借鉴NFL的规定，对球员或其他人员违反保密条款或实践中不构成兴奋剂违规的但与反兴奋剂有关的不良行为适用罚款处罚。因反兴奋剂规则主要针对球员但又不仅仅针对球员，因此其效力范围当然约束联盟、俱乐部、反兴奋剂规则设置的机构或人员、联盟或俱乐部的其他工作人员等，但美国的职业联盟对此类人员规定了义务但却未规定违反义务的相应处罚，在我国职业联盟制定自己的反兴奋剂规则时当避免上述情形，对球员以外的其他人员违反反兴奋剂规则做出必要的处罚规定。

（六）信息披露要注意保护运动员的隐私权

对于信息的保密，美国职业联盟的做法过于保护球员的利益，信息的披露则显得十分不足，我国职业联盟在信息的披露中可按照 WADA 条例中公开披露的原则予以具体规定。当然，为保护球员的隐私权，我国职业联盟亦可借鉴美国职业联盟的规定，对保密信息的范围、保密的方式、负有保密义务的人员范围、违反保密义务的处罚予以详细规定。

（七）建立兴奋剂纠纷内部裁决制度

解决反兴奋剂规则下的争议，我国职业联盟可效仿美国职业联盟建立自己的内部仲裁。内部仲裁并非专门为解决兴奋剂纠纷而设，联盟内部的所有纠纷均可以该种方式解决。在美国，内部仲裁主要是指由仲裁组或独立仲裁员裁决联盟内部争议的纠纷解决方式，独立仲裁员由联盟或联盟劳工关系部门与联盟工会双方共同任命，其独立于任命双方以及所有联盟俱乐部。一般要求独立仲裁员必须是美国仲裁协会或国家仲裁员协会的成员或者律师，其任期与联盟集体谈判协议的有效期保持一致，任期内任意一方得以书面形式在集体谈判协议规定的时间通知另一方以终止其任命，但终止任命不影响其任期内裁决的效力。涉及独立仲裁员的费用及开支包括其报酬皆由联盟以及联盟工会平等分担。仲裁组由独立仲裁员以及双方各自指定的人员组成。在组成仲裁组仲裁的情况下，由独立仲裁员担任仲裁组主席，并负责仲裁程序的控制。独立仲裁员作为兴奋剂纠纷的主要裁决主体，独立于联盟以及联盟工会，但是从其固定任期以及报酬来源可知，其又属于联盟的一个专门的纠纷裁决主体。为保证裁决的公正性和可接受性，裁决程序大都要求跟美国仲裁协会或国家仲裁员协会规定的仲裁程序框架保持一致。独立仲裁员或仲裁组必须依据联盟的集体谈判协议、反兴奋剂规则以及运动员合同进行裁决，而不得对其有任何减损。仲裁员或仲裁组的裁决作为对兴奋剂纠纷的全面的、最终的处理，效力及于纠纷的所有当事方。对于联盟来说，内部性的解决方式有利于兴奋剂纠纷的尽快解决以维护竞赛秩序，同时可以对球员的兴奋剂违规相关信息加以保密，维护球员和联盟的形象；独立仲裁员作为联盟专门的兴奋剂纠纷的裁断者，大多有着职业仲裁员或律师背景，又独立于联盟及联盟工会，保证了其裁决的公正性。仲裁员或仲裁组裁决的内部仲裁方式是我国职业联盟良好的借鉴。至于内部仲裁的具体构建，我国职业联盟可结合我国的具体情况加以规定。

对于因兴奋剂违规而被其他组织禁赛的球员，职业联盟是否允许其进入联盟或对禁赛是否予以承认的问题，根据 NFL 的规定，当事球员仍然可进入联盟，但在一定条件下，[1] 当事球员必须接受合理原因检查，且联盟将对其按照第二次兴奋剂违规处以至少 8 场禁赛。这种做法有其可借鉴之处，但应当明确其之前的禁赛处罚是否已经实施完毕，如果已经实施完毕则应当减免其处罚。对于反兴奋剂的教育宣传是反兴奋剂规则的重要内容，美国职业棒球大联盟规定了专门的教育项目，NHL 甚至规定联盟在对球员进行反兴奋剂的教育（包括介绍兴奋剂检查程序、样本检测程序、纪律处罚以及禁用物质清单）之前，不允许对球员实施兴奋剂检查或者以兴奋剂违规对球员施

---

〔1〕 NFL 规定禁赛系基于下列原因之一者，NFL 虽允许其与 NFL 的成员俱乐部签订合同，但其必须接受合理原因检查，且联盟将对其处以至少 8 场禁赛：①WADA 认证的实验室对其样本检测呈阳性，且所涉及的禁用物质在类固醇政策下同样被禁用；②试图替换样本、操纵检查或不配合检查；③因使用类固醇或其他增进体能性物质而违反法律。

加处罚。我国职业联盟也应当对反兴奋剂的教育宣传予以适当规定。

第四节　我国职业体育反兴奋剂法律制度的建构

一、职业体育反兴奋剂法律制度建设的总体框架

根据职业体育反兴奋剂法律制度建设需求，研究提出法律制度建设的指导思想和基本原则，设计制度总体框架。

（一）指导思想

我国现有的职业体育反兴奋剂规则与管理主体均存在着联盟规则与联盟主体的缺位问题，而职业联盟是推动职业体育反兴奋剂制度建设最不可忽视的一个环节，因此，职业体育反兴奋剂法律制度建设的指导思想拟围绕将职业联盟纳入反兴奋剂义务主体为核心，确定以下指导思想：为维护职业体育比赛的纯洁性与公平性，保护运动员、观众的合法权益，加强国家对职业体育反兴奋剂的管理与规范，推动职业联盟开展反兴奋剂工作，构建适合我国国情的职业体育反兴奋剂法律制度体系。

（二）基本原则

1. 全面系统与重点突出相结合

职业体育反兴奋剂法律制度建设是一项系统性工程，既要充分考虑各项相关制度在法律体系中的合理布局与相互衔接，形成系统完善的法律制度体系；又要突出重点，着重解决制约当前职业体育法律制度建设的重点与难点（目前最突出的问题是职业联盟的兴奋剂检查义务需要规定），保障和促进职业体育反兴奋剂制度建设工作的推进。

2. 统一管理和分工协作相结合

职业体育法律制度建设工作涉及多个管理部门，包括国务院体育主管部门、国家反兴奋剂机构、各职业联盟、各全国性单项体育联合会。为此，既要统一管理，形成科学、系统、完善的法律制度建设顶层设计；又要加强不同部门间的分工协作，强化各自管理部门的职能（尤其需要调动职业联盟的反兴奋剂动力），形成推进职业体育反兴奋剂制度建设的合力。

3. 政府管制与联盟自治相结合

职业体育反兴奋剂法律制度建设既要充分发挥政府（国务院体育主管部门）的宏观管制和主导作用，又要尊重各个联盟的自治权。国家立法层面仅规范国家的强制性管制措施，各个联盟内部的规则还需要各职业联盟自身规定并实施。

4. 统一要求和分类指导相结合

职业体育反兴奋剂法律制度建设既要考虑全国层面反兴奋剂制度的统一性，又要考虑不同比赛种类、不同职业联盟性质之间的差异性，进行分类指导与规范，进而保证法律制度的针对性和可行性。

（三）总体框架

结合职业体育反兴奋剂法律制度建设的目标、工作重点和实际工作需求，初步考虑从国家立法层面与职业联盟内部规则层面建构如下制度框架：

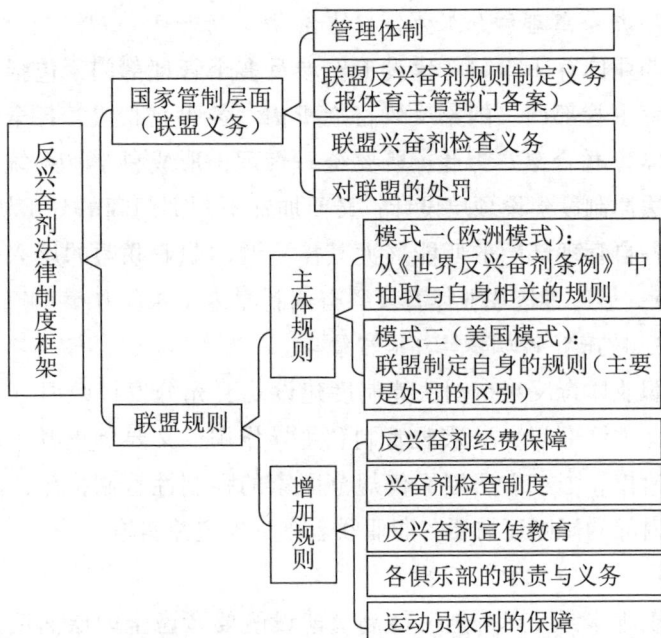

我国职业体育反兴奋剂法律制度框架

（四）制度建设路径

结合前文针对职业体育反兴奋剂法律制度建设所做的分析和研究，根据各项重点法律制度的重要性和立法难度等，统筹考虑各种因素，提出法律法规体系的制度建设进程安排。

第一，针对紧迫性较强、时机较为成熟的联盟兴奋剂检查制度尽快制定规范性文件。作为国家反兴奋剂管理职责的主要承担部门，国务院体育主管部门在职业体育反兴奋剂法律制度建设中负有无可替代的职责。考虑到国务院部门规章的制定需要较为复杂的程序与较长的周期，为了满足当前职业体育反兴奋剂工作开展的迫切需要，首先应当在自身权限范围内有选择地针对职业体育反兴奋剂管理中的部分关键制度以国务院体育主管部门规范性文件的形式制定并颁布。从实践的立法需求来看，首先需要强化和规范的就是职业联盟的兴奋剂检查义务。

第二，大力推进各个职业联盟自身反兴奋剂规则的制定和实施进程。目前，各个职业联盟并未就自身情况制定专门的反兴奋剂规则，处罚均由全国性单项体育联合会实施，检查基本为国家计划内检查。下一步应当推动各大职业联盟制定自身的反兴奋剂规则，除了以《世界反兴奋剂条例》为基础进行主体规则的确定外，还可以根据联盟自身的特点制定特殊的内容。但在国务院体育主管部门关于职业联盟检查义务的规范性文件要求下，职业联盟应当制定自己的兴奋剂检查制度。职业联盟的选择可以先从职业化程度较高的 CBA 与中超开始。

第三，职业体育反兴奋剂法律制度的全面建设与完善。在职业联盟自身规范比较完善的基础上，可以在国务院体育主管部门层面制定一部对职业体育统一进行规范的全面性的部门规章，对职业体育的管理体制、职业体育与竞技体育的关系、职业联盟与全国性单项体育联合会的权限划分、各类管理主体的职责与义务、运动员权利的保障、争议解决制度等问题进行规定。通过不断促进职业体育反兴奋剂制度建设的推动与开展，实现我国职业体育反兴奋剂管理的法治化，推动职业体育健康良好发展。

二、职业体育反兴奋剂的重点法律制度论证

职业体育反兴奋剂法律制度建设是一项复杂的工程，在工作开展过程中必然涉及多项具体管理制度措施，根据国家体育总局、国家体育总局反兴奋剂中心及职业联盟的职能定位和工作需要，本部分拟对职业体育反兴奋剂涉及的具有特殊性的重点法律制度进行论证，与竞技体育完全一样的法律制度不在本部

分赘述。本书主张禁用清单完全按照《世界反兴奋剂条例》确定的清单（我国会以兴奋剂目录形式由国务院相关主管部门联合发布），职业体育不再另行规定单独的清单（如果需要另行规定，只能在兴奋剂目录或禁用清单的基础上增加，而不能减少[1]）。

基于上述原因，初步考虑以下制度作为职业体育反兴奋剂制度建构中的重点制度：

（一）管理体制

管理体制是职业体育反兴奋剂法律制度建设的根本基础，是各项具体反兴奋剂管理工作开展的基本前提。管理体制的建立健全应当以在反兴奋剂管理中实现政府管制与调控、职业联盟为主体的原则下不断完善，明确国务院体育主管部门、国家反兴奋剂中心、全国性单项体育联合会、各职业联盟的管理职责、职能范围，为职业体育反兴奋剂法律制度的实施奠定坚实基础。因此，职业体育反兴奋剂管理体制建设的首要目标在于建立职责清晰、分工明确、行为规范、运转协调的职业体育反兴奋剂管理工作机制，真正保障严令禁止、严格检查、严肃处理的反兴奋剂工作"三严"方针在职业体育领域得到严格落实。

职业体育反兴奋剂管理体制中各个管理主体的职责权限构建如下：

1. 国务院体育主管部门

根据国务院《反兴奋剂条例》的规定，国务院体育主管部门负责并组织全国的反兴奋剂工作。在职业体育领域，国务院主管部门也处于领导、负责并组织、监督的层面，具体包括制定国家立法层面的职业体育反兴奋剂法律制度、委托国家反兴奋剂机构对职业联盟开展兴奋剂检查，依据法律对职业联盟实

---

[1] 美国职业联盟的禁用清单与 WADA 禁用清单不一样，前者范围更小。

施相应的管制措施、课以相应的义务等。

2. 国家反兴奋剂机构

国家反兴奋剂机构主要承担兴奋剂检查、检测、调查及结果管理、听证的职能。其中，兴奋剂检查既包括列入国家计划内的检查，也包括职业联盟委托的检查。调查则是依据《世界反兴奋剂条例》及国务院体育主管部门《反兴奋剂管理办法》的规定，对有关职业体育涉嫌兴奋剂违规行为或案件开展调查。其他的职能，包括兴奋剂检测、结果管理、听证，都与竞技体育中的职能没有区别。

3. 全国性单项体育联合会

全国性单项体育协会负责对在协会注册的职业运动员进行反兴奋剂监督管理，包括对兴奋剂违规的职业运动员进行处罚。同时，全国性单项体育协会作为其管理体育项目职业联赛的创制者和所有者，对联盟拥有宏观的管理权，并享有联盟重大事务的决定权以及联赛的收益分配权。以中超和 CBA 为例，中国足协为中超的创办者，2004 年中国足协依《中国足球协会章程》成立了中超委员会负责联赛的具体管理，但足协对中超联赛的名称、参赛队数、升降级制度拥有决定权。中超俱乐部的进入、退出，中超联赛的规程，联赛收益分配等事项也由足协审批，联赛的商业推广则由中超经营公司负责。CBA 由中国篮协创制，由篮协官员、CBA 俱乐部组成的 CBA 联赛委员会负责联赛的具体运作，但篮协拥有管理监督权和重大事务的决定权。联赛的商业推广由中篮公司负责。全国性单项体育联合会应当承担对注册运动员的教育、宣传职责，同时承担对注册运动员的违规处罚职能。这里涉及的一个重要问题在于全国性单项体育联合会与职业联盟之间的权限划分问题。

我国现行做法是基本所有职业运动员（包括俱乐部的外援）参加职业联赛的前提是必须成为该职业体育相对应的全国性单项体育联合会的注册会员（如CBA的职业运动员，包括外援，必须成为中国篮协的注册会员）。一旦出现职业运动员兴奋剂违规问题，由其所注册的全国性单项体育联合会根据章程给予处罚。这一做法的优点在于便于对职业运动员的管理，而且直接适用与竞技体育相一致的规则，加大了处罚力度。但从未来职业体育的发展方向来看，职业联盟的运行毕竟与单项体育联合会的管理存在很大差别，随着职业联盟的独立性增强与职业体育国际化程度的不断提高，所有职业运动员都纳入本国单项体育联合会进行统一规范会产生许多问题。从《世界反兴奋剂条例》的规制模式看，竞技体育与职业体育是两类不同的模式：竞技体育通过各个国际单项体育联合会及重大竞技体育赛事（如奥运会）加入的方式来规范；职业体育则通过各大职业联盟的加入（如NBA、MPL）或对部分条款的承认来实现。

因此，对职业运动员的管理、处罚权限，应当属于职业联盟。全国性单项体育联合会的主要职能是对职业联盟行使监督权，而不是代替职业联盟直接行使管理权。但在我国目前阶段，可以保留全国性单项体育联合会的一部分直接管理权限。

4. 职业联盟

职业联盟的责任与义务一直以来被忽略，在管理体制中应当予以明确。职业联盟负责职业俱乐部及运动员的反兴奋剂宣传、教育职能及委托检查、处罚职能。为了确保职业联盟反兴奋剂义务的实施，有必要明确职业联盟对反兴奋剂的经费投入、制定合乎比例的兴奋剂检查计划并上报国家反兴奋剂机构审核。同时，各职业联盟还必须结合《世界反兴奋剂条例》与我国有关反兴奋剂管理的规定，制定自身的反兴奋剂规则，上报国务院体育主管部门或国家反兴奋剂机构备案。

5. 职业俱乐部

各个职业俱乐部基本是公司化运行的法人，其在职业体育反兴奋剂工作中承担的主要责任是对职业运动员的反兴奋剂宣传、教育，配合调查、检查。为了推动反兴奋剂工作的开展，职业联盟可以规定职业俱乐部对反兴奋剂工作的经费投入。

（二）兴奋剂检查制度

兴奋剂检查制度是规范职业联盟反兴奋剂义务的核心，也是目前最迫切需要通过规范性文件予以规范的制度。在兴奋剂检查制度中需要明确以下内容：

第一，职业体育兴奋剂检查由两部分构成：一是列入国家计划内的检查，由国家反兴奋剂机构制定，并报国务院体育主管部门批准；二是职业联盟委托的检查。

第二，明确规定职业联盟的兴奋剂检查义务：各职业联盟应当根据运动员数量、比赛场次等因素制定，并需报国家反兴奋剂机构审核。

（三）兴奋剂违规处罚制度

根据美国与欧洲职业体育的实践来看，职业体育兴奋剂违规处罚包括两种模式：一种是基本按照《世界反兴奋剂条例》的规定，与竞技体育实施同样力度的处罚（一般按禁赛期计算）；另一种是根据职业联盟的特点，制定自身的处罚方式（一般按禁赛场次计算）。

从职业体育未来的发展趋势来看，本书主张职业体育的兴奋剂违规处罚应当由职业联盟实施，全国性单项体育联合会、国家反兴奋剂机构可以作为最高层级监督主体，且处罚的方式应当按照职业体育的特点，以禁赛场次为处罚单位。当然，在各职业联盟制定出自己的反兴奋剂规则之前，全国性单项体育联合会仍然有必要对注册的职业运动员实施管理与处罚职能。

（四）兴奋剂争议解决制度

对兴奋剂争议的解决，在职业体育高度发达的美国，一般采用内部裁决的方式解决，裁决争议的主体包括以下两类：一类是联盟任命的独立仲裁员或仲裁组；另一类为联盟执行总裁或其指定人员，进行裁决的协议基础在于运动员工作合同以及集体谈判协议中的仲裁条款。

本书主张设立独立仲裁员以解决联盟内部的反兴奋剂争议。这种内部裁决不仅保证了兴奋剂争议的公正、及时解决，也满足了裁决主体专业化以及对相关信息保密的要求，同时，这种裁决方式亦可适用于解决联盟内部的其他争议，节约了职业联盟争议处理的制度成本。关于争议解决制度的具体内容在本书第五章详细论证。

职业体育反兴奋剂各项重点制度的规划如下表：

管理体制	兴奋剂检查制度	兴奋剂违规处罚制度	兴奋剂争议解决制度
建立健全政府管制与引导、职业联盟为主体的职业体育反兴奋剂管理体制	建立国家计划检查与职业联盟委托检查相结合的兴奋剂检查制度	建立以《世界反兴奋剂条例》为基础的，体现职业联盟特色的兴奋剂违规处罚制度	建立公正、独立、公平的兴奋剂争议解决制度
重点内容	**重点内容**	**重点内容**	**重点内容**
➤明确各相关部门的职能与分工 ➤规定职业联盟在职业体育反兴奋剂中的责任与管理主体地位 ➤合理划分职业联盟与全国性单项体育联合会的权限	➤明确职业联盟的兴奋剂检查义务 ➤建立合理的国家计划检查与职业联盟委托检查比例 ➤国家反兴奋剂中心与职业联盟在兴奋剂检查制度中的关系	➤处罚的主体（职业联盟与全国性单项体育联合会处罚权限划分） ➤处罚方式（以《世界反兴奋剂条例》的禁赛时间为主，还是以禁赛场次为主） ➤处罚程序 ➤处罚的监督	➤争议解决主体 ➤争议范围 ➤争议解决程序 ➤争议解决效力 ➤争议解决与司法程序的关系

职业体育反兴奋剂法律制度体系

第四章

兴奋剂争议仲裁制度研究

第一节　兴奋剂争议仲裁制度的现状及建立必要性

一、我国兴奋剂纠纷解决机制的现状及问题

（一）我国兴奋剂纠纷解决机制的现状

1995 年，我国《体育法》规定设立体育仲裁机构对竞技体育活动中的纠纷进行仲裁，[1] 2004 年起施行的《反兴奋剂条例》也直接规定运动员对兴奋剂违规处理不服，可以向体育仲裁机构申请仲裁。[2] 然而至今为止，我国并没有设立国家体育仲裁机构，这种兴奋剂纠纷解决的安排对于运动员来讲目前还属于"空头支票"。2008 年，仰泳名将欧阳鲲鹏兴奋剂检测阳性，被中国游泳协会处以终身禁赛，欧阳鲲鹏救济无门，最后在世界反兴奋剂机构和国际泳联的介入下，才被改处以 2 年禁赛。可以想见运动员救济渠道的缺乏。

实践中，涉及国际赛事或国际级运动员的兴奋剂纠纷，一

─────────────

〔1〕《体育法》第 32 条规定：在竞技体育活动中发生纠纷，由体育仲裁机构负责调解、仲裁。体育仲裁机构的设立办法和仲裁范围由国务院另行规定。

〔2〕《反兴奋剂条例》第 46 条第 2 款规定："运动员因受到前款规定的处理不服的，可以向体育仲裁机构申请仲裁。"《反兴奋剂条例》自 2004 年制定至今，经历了几次小的修订，但均未对仲裁条款进行细化规定。

般按照国家单项体育协会的规定由国际体育仲裁院仲裁。而涉及非参加国际赛事或非国际级运动员的争议，则按照对运动员实行注册管理的国内单项体育协会的章程或有关规定，运动员可进行申诉或者提请单项体育协会的行业内仲裁。以中国足协为例，兴奋剂纠纷当事人可以向执行委员会（执行委员会是足协最高权力机关会员代表大会的常设机关）申诉，也可就足协的内部机关——纪律处罚委员会做出的兴奋剂违规处罚决定，向足协的另一内部机关——仲裁委员会申请仲裁。纪律委员会委员全部由中国足协执行委员会确定，一般即为足协内部官员。仲裁委员会由足协内部工作人员调任，2009 年足协实施改革以后，增加了外部聘任专家担任的仲裁委员。

此外，由于法院对运动员有关纪律处罚而提起的诉讼，大都以不属于法院受案范围或未穷尽内部救济为由而不予受理，因此兴奋剂纠纷很少能进入法院的审理范围。2009 年田径"女飞人"王静兴奋剂检测阳性被中国田协处以 4 年禁赛，司法介入不了了之，运动员生涯被迫结束。事实上，由于国内单项体育协会一般直接要求协会成员不得将有关纪律处罚的业内争议提交法院，[1] 违反规定则予以处罚，实践中很少有运动员甘冒风险而将争议提交法院。

（二）我国兴奋剂纠纷解决制度存在的问题

兴奋剂纠纷当事人目前可利用的救济渠道限于申诉或行业内仲裁。但申诉或行业内仲裁有其明显的弊端，即缺乏公正性。申诉是不服协会的决定，再提请对协会进行处理，即使处理申

---

〔1〕 如中国足球协会的章程规定：会员协会、注册俱乐部及其成员，应保证不得将他们与本会、其他会员协会、会员俱乐部及其成员的业内争议提交法院，而只能向本会的仲裁委员会提请仲裁。违反上述规定将根据中国足协的有关规定予以处罚。

诉的机构分立于作出兴奋剂违规决定的机构，但二者之间的内在关系以及二者利益的同质性很难保证兴奋剂纠纷得到应有的公正处理。如足协对兴奋剂纠纷申诉的处理由足协执行委员会负责，而执行委员会本身即是足协反兴奋剂工作人员的选任机构。行业内仲裁，仲裁委员会或由协会内部工作人员充任，或聘请外部专业人士与内部工作人员共同组成。协会内部工作人员缺乏独立性与专业性，其代表协会利益，公正性更是无法保证。在后者，即使外部聘请的人员具有专业性保障，在协会一手组建仲裁委员会并选聘其成员的情况下，仍然难以让人相信仲裁委员会的公正性。

二、建立兴奋剂争议仲裁制度的必要性

（一）是我国反兴奋剂工作法治化的必然要求

反兴奋剂工作一直是我国体育工作中非常重要的内容，尤其是我国加入《世界反兴奋剂公约》和我国《反兴奋剂条例》的通过，进一步促进我国反兴奋剂工作的法治化。但在反兴奋剂工作法治化进程中，争议解决机制的缺乏一直是一个制度上的问题。尽管我国有关法律法规已经规定了体育仲裁制度的原则性条款，如我国《体育法》第32条规定，在竞技体育活动中发生纠纷，由体育仲裁机构负责调解、仲裁。体育仲裁机构的设立办法和仲裁范围由国务院另行规定。我国《反兴奋剂条例》第46条第2款也规定了运动员因受到禁赛等处理不服的，可以向体育仲裁机构申请仲裁。2014年底我国出台的《反兴奋剂管理办法》及《体育运动中兴奋剂管制通则》也规定了兴奋剂领域争议解决的原则性条款。但我国体育仲裁制度却迟迟未能建立。而实践中兴奋剂纠纷是体育仲裁中专业性、技术性和时效

性要求最高的种类之一，长期缺乏争议解决机制将不利于反兴奋剂工作的开展。

（二）是与国际体育规则接轨、成为体育强国的必然要求

在国际层面，国际体育仲裁院体育仲裁一直是一种主导性、示范性的体育纠纷解决方式。根据国际体育惯例和各国际单项体育协会、国际奥委会的章程，体育纠纷不同于民事纠纷，具有很强的专业性，应当由专门的机构进行仲裁。因此，欧美国家基本都按照国际体育仲裁院的仲裁方式建立了国内的体育仲裁机构，英国等国家基于兴奋剂案件的特殊性还专门设立了反兴奋剂工作小组专门解决兴奋剂纠纷，以区别于其他体育纠纷。欧美国家的国内体育仲裁都基本可以最终上诉至国际体育仲裁院，形成了国际体育仲裁院作为最终上诉机构、涵盖各国国内体育仲裁制度的体育仲裁体系。2012 年，国际体育仲裁院亚洲听证中心落户上海，设立我国的兴奋剂争议解决机制更是迫在眉睫。同时，2015 版《世界反兴奋剂条例》对独立的听证机构和公平、公正的听证程序作出了明确的要求。2021 版《世界反兴奋剂条例》更是将听证作为结果管理的一部分，单独制定了结果管理的国际标准作为条例的附件，强化对听证公平、公正、公开的要求。而我国现有反兴奋剂听证程序由国家体育总局反兴奋剂中心主持，反兴奋剂中心既作为"当事人"，承担举证的责任，又作为"裁判者"，一定程度上影响了听证机构的独立性。因此，需要按照《世界反兴奋剂条例》的要求，对听证程序进行修订。听证程序在欧美国家也基本由仲裁主体主持，正式听证程序作为准仲裁程序处理。建立我国的兴奋剂争议仲裁制度，是与国际体育规则接轨、成为体育强国的必然要求。

（三）是保护运动员合法权益的必然要求

"有权利必有救济。"运动员永远是兴奋剂纠纷中的主角，

运动员合法权益的保护既是国际奥林匹克宪章的目标之一，也是《世界反兴奋剂条例》的宗旨之一。如前文所论述，反兴奋剂法律制度的设定本就包含着一种"有罪推定"的假设，基于这种框架，就应当特别强调运动员的权益保护，个体的权益应当受到更多的关注。2015 版与 2021 版《世界反兴奋剂条例》均体现了这一原则，尤其在 2021 版《世界反兴奋剂条例》中，保护运动员权利被明确写入条例的基本原则。在我国，由于缺少兴奋剂争议仲裁制度，法院又依据各国内单项体育协会的章程对兴奋剂争议不予受理，导致运动员在权利受损时无救济途径。如著名的欧阳鲲鹏案件，查出一次克伦特罗阳性给予终身禁赛，国内无相关救济途径，世界反兴奋剂机构都认为处罚太重，违反《世界反兴奋剂条例》，最终上诉至国际体育仲裁院要求减轻对运动员的处罚。就目前的国际规则来看，国际级别的运动员可以在国内没有体育仲裁制度的前提下直接到国际体育仲裁院起诉，但非国际级别的运动员则没有任何救济途径。设立我国国内的兴奋剂纠纷仲裁制度对于保护运动员合法权益至关重要。

第二节　国外兴奋剂纠纷仲裁制度模式的比较研究

1995 年《体育法》首次在立法中使用竞技体育的概念，但并未对其进行界定，从《体育法》对竞技体育概念的使用来看，竞技体育有两点核心特征：其一，"为争取荣誉"，高水平的"运动员"（区别于社会体育）参加纳入国家分级分类管理的国内体育竞赛或国际重大体育竞赛（区别于学校体育）。这一点具体体现在"参加体育竞赛，争取荣誉"的竞技体育往往会对获胜运动员发给象征性的奖牌以示奖励，并不涉及金钱等物质回报（区别于职业体育），[1] 奥林匹克运动会、亚运会等各种形式的运动会即为典型体现。其二，竞技体育实行运动员注册管理制。[2] 国际社会经常使用的是业余体育的概念。业余体育即运动员参加体育竞赛不收取报酬，另有谋生职业的体育形态。美国与中国"竞技体育"相对应的是业余体育中高水平运动员从事的体育活动（学校体育除外），不同的是美国对这部分体育的管理不同于中国的"举国体制"，美国政府不直接进行管理，而是将它授权给美国奥委会协调监督，国内单项体育协会依其自治权对其会员进行管理。为方便中美之间制度的比较和分析，本书将美国业余体育中高水平运动员从事体育活动（学校体育除外）的部分涵摄于"竞技体育"的概念之下，与中国《体育法》中规定的"竞技体育"相对应，作为本书分析的体育基础领域。二者共同的特征是：其对象范围限于从事高水平体育竞赛的体育运动员；参加竞赛不以收取金钱报酬为直接目标，赛事组织者也以象征性的奖牌作为激励；运动员一般由国内单项体育协会进行直接管理。

---

〔1〕 竞技体育的目标在于追求体育精神，但不可否认的是竞技体育领域的获胜也会带来一定的物质利益。如，有的政府会对获胜运动员给予物质上的奖励，或者获胜运动员利用自己的声誉代言广告赚取收益。但这些都不是竞赛本身的奖励或者说通过竞赛直接获得的奖励。

〔2〕 1995 年《体育法》将竞技体育作为体育的重要组成部分与社会体育、学校体育并列。根据该法对社会体育、学校体育的表述，社会体育指向全体公民业余、自愿、小型多样的体育活动领域，学校体育指向学校教育中的体育活动领域。而根据《体育法》第四章"竞技体育"第 24 条的规定，竞技体育指向运动员参加竞赛，争取荣誉的体育活动，这一点将所指的对象范围限缩于"运动员"（突出与一般公民运动水平的区别），并区别于参加赛事以专门获取物质回报的职业体育领域。结合该章对体育竞赛的规定，竞技体育领域运动员参加体育竞赛也有别于社会体育中的群众性体育竞赛和学校体育中学校组织的体育竞赛，是纳入国家体育竞赛分级分类管理的体育竞赛以及按照国务院体育主管部门的规定选拔运动员、组建运动队参加的国际重大体育竞赛；第四章强调对运动员的管理，规定了国内单项体育协会对运动员的注册管理制。可以说《体育法》竞技体育概念主要体现在"参加体育竞赛、为国家争取荣誉"以及"运动员管理"两个维度。

在国际体育法层面，职业体育与竞技体育属于完全不同的领域：竞技体育由各国际单项体育联合会管理，职业体育由各职业联盟管理。相应地，在兴奋剂纠纷解决机制上也存在不同体系。本章对两种不同体系的纠纷解决机制进行分别比较研究。

一、竞技体育兴奋剂纠纷解决机制的比较研究

（一）兴奋剂纪律委员会模式的代表国家及其主要制度内容

兴奋剂纪律委员会模式是指成立专门的兴奋剂听证与纠纷解决小组来解决兴奋剂领域的听证与仲裁问题。目前采用此种模式的主要是英国、澳大利亚。

1. 英国反兴奋剂小组（NADP）的基本情况

英国反兴奋剂小组（The National Anti-Doping Panel，简称NADP），是由英国体育争议解决服务机构（Sport Resolutions）设立的独立处理兴奋剂争议的仲裁机构。英国反兴奋剂小组有两个特点：其一，独立性。英国反兴奋剂小组独立于英国反兴奋剂机构。英国反兴奋剂机构负责兴奋剂案件的起诉、举证、调查。英国反兴奋剂小组负责的则是案件的审理和裁决。其二，服务无偿性。英国反兴奋剂小组根据英国反兴奋剂政策建立，资金来源于英国文化体育部。因此，英国反兴奋剂小组向运动员和政府机构等当事人提供的服务都是无偿的。

2. 英国反兴奋剂小组（NADP）成员的构成情况

英国反兴奋剂小组由 25 名成员（个人）组成。设立主席 1名，由法律、体育、反兴奋剂管理、医学等方面的专业人士担任成员，承担兴奋剂案件的裁决工作。现有的 25 名成员中，主席由皇家大律师 Charles Flint（QC）担任。24 名其他成员中，有 10 名为法律成员（Legal Member），其中皇家大律师有 6 名；

14 名为专业人员（Specialist Member），主要包括运动员、医生、在体育管理或反兴奋剂方面有丰富经验的人员等。

3. 英国反兴奋剂小组（NADP）的主要职能

英国反兴奋剂小组的主要职能包括两大类：①听证。所有涉及兴奋剂违规行为的听证，都由反兴奋剂小组来组织，国家反兴奋剂中心是一方当事人。②仲裁。所有国内运动员的兴奋剂纠纷案件，都由英国反兴奋剂小组负责仲裁。国际或国家级运动员在征得本人同意后，可以直接在国际体育仲裁院召开听证会（2015 版与 2021 版《世界反兴奋剂条例》第 8.5 条）。

4. 英国兴奋剂违规听证的相关立法

关于英国兴奋剂违规听证的相关立法，主要体现在两部法律中：一是《英国反兴奋剂规则》（The UK Anti-Doping Rules）第 8 条纪律处罚程序（Disciplinary Proceedings）；二是《英国反兴奋剂小组 2015 规则》（2015 Rules of The National Anti-Doping Panel）。

澳大利亚的制度与英国类似。澳大利亚听证机构名称是兴奋剂违规裁决小组（Anti-Doping Rule Violation Panel）。在机构设置与职能上与英国反兴奋剂小组非常类似，也是独立于国家反兴奋剂组织的裁决机构，包括主席在内由 9 名成员构成。

（二）将兴奋剂纠纷纳入国内体育仲裁制度的代表国家及其主要制度内容

不同于英国、澳大利亚等由兴奋剂纪律委员会单独解决兴奋剂纠纷的制度，美国等国家将兴奋剂纠纷纳入国内体育仲裁或国内仲裁制度进行解决。美国是此类模式的代表国家，本部分以美国为例对该模式进行制度内容介绍。

1. 美国兴奋剂纠纷仲裁制度概况

在体育自治的理念下，美国早前对于兴奋剂的规制并没有专门的立法或管理措施，仅仅对于那些使用或持有涉毒兴奋剂的行为，在违反《联邦禁药规制计划》的层面由食品药品监督管理局进行管制，或者由禁毒署对涉嫌犯罪的行为进行调查监控。1978年，为协调业余体育的发展，美国通过了《业余体育法》授权美国奥委会管理协调全国的业余体育，明确国内单项体育协会管理其体育项目下的业余体育事务，但业余体育组织要获得管理列入奥运会或泛美运动会体育运动项目的国内单项体育协会的资格，则必须得到美国奥委会的认可。

1999年10月，美国奥委会成立了一个独立的反兴奋机构——美国反兴奋剂机构（the United Stats Anti-Doping Agency，简称 USADA），由其负责国内有关奥运会的反兴奋剂工作，同时规定：作为获得美国奥委会认可的必要条件，美国国内单项体育协会必须获得美国反兴奋剂机构的反兴奋剂认证。2001年12月美国国会正式承认美国反兴奋剂机构为美国奥运会、泛美运动会以及残疾人奥运会的反兴奋管理机构。[1]通过与美国奥委会订立协议，美国反兴奋剂机构取代了美国奥委会以及国内单项体育协会，负责对参加美国奥运会、泛美运动会以及残疾人奥运会的运动员进行赛内外兴奋剂检查、结果管理、涉嫌兴奋剂违规的调查以及实施反兴奋剂教育、开展反兴奋剂科学研究。除此之外，美国反兴奋剂机构也获得了美国国内单项体育协会、国际单项体育协会的授权，对美国国内单项体育协会组织的赛事以及国际单项体育协会在美国境内组织的赛事实施兴奋剂检查检测以及结果管理。

美国反兴奋剂机构成立以后，按照与美国奥委会的协议，

---

〔1〕 对 USADA 的承认被写入美国《2002年国库及总政府拨款法令》，由总统乔治·布什签字后成为《美国公法》，从而获得了国库拨款的资金保障。

从兴奋剂检查检测、结果管理到兴奋剂纠纷解决都由 USADA 一手操办，然而，美国反兴奋剂机构作为反兴奋剂管理的主体，再由其主导兴奋剂纠纷的解决，违背了"任何人不得做自己案件的法官"的法理原则，基于公正性考量，美国反兴奋剂机构开始探索建立一个独立于自身同时又不受国内单项体育协会控制的纠纷解决系统。这一探索开始于《美国反兴奋剂机构奥运会以及泛美运动会兴奋剂检测规则》（U. S. Anti-Doping Agency Protocol For Olympic and Paralympic Movement Testing，简称《美国反兴奋剂机构兴奋剂检测规则》）允许运动员将兴奋剂纠纷提请美国仲裁协会（AAA）仲裁，并有权将美国国家仲裁协会仲裁裁决上诉至国际体育仲裁院。美国仲裁协会也专门制定了《兴奋剂纠纷仲裁补充程序》（American Arbitration Association Supplementary Procedures for the Arbitration of Olympic Sport Doping Disputes），并规定了该规则相对于美国国家仲裁协会商事仲裁规则的优先适用性。[1]

2. 美国竞技体育领域兴奋剂纠纷仲裁体系

（1）以美国国家仲裁协会为主导的仲裁。第一，美国国家仲裁协会仲裁的启动。[2]在出现兴奋剂检测阳性结果或其他涉嫌兴奋剂违规行为的情况下，美国国家反兴奋剂机构会先后启

---

〔1〕 美国仲裁委员会的《兴奋剂纠纷仲裁补充程序》规定在仲裁兴奋争议的时候如果该补充程序的规定与美国仲裁委员会《商事仲裁程序规则》的规定不一致的话，适用该补充程序的规定。《兴奋剂纠纷仲裁补充程序》的原文可参见 AAA 官网：https://adr. org/sites/default/files/document_ repository/AAA%20Supp. %20Procedures%20for%20the%20Arbitration%20of%20Olympic%20Sport%20Doping%20Disputes _0. pdf，最后访问日期：2019 年 2 月 6 日。

〔2〕 对美国仲裁委员会仲裁内容的概括归纳来自作者对《USADA 兴奋剂检测规则》、美国仲裁委员会《兴奋剂纠纷仲裁补充程序》的分析研究，前述文件原文可参见 http://www. usada. org/wp-content/uploads/USADA_ protocol. pdf，最后访问日期：2018 年 3 月 2 日。

动初审程序、审查委员会程序以及结果管理程序，在美国国家反兴奋剂机构接到审查委员会是否构成兴奋剂违规的建议后，美国国家反兴奋剂机构将做出决定，并通知其认为构成兴奋剂违规的运动员或运动辅助人员以及美国国家仲裁协会，通知的内容是其提出的兴奋剂违规指控以及将适用的处罚，仲裁程序随即启动。在接到通知后的 10 日内（可延长 5 日），如果该运动员或运动辅助人员要求举行听证会，必须以书面形式通知美国国家反兴奋剂机构，否则美国国家反兴奋剂机构的制裁决定将送达各国际单项体育协会以及世界反兴奋剂机构，并交由美国国内单项体育协会执行；该运动员或运动辅助人员也可选择接受美国国家反兴奋剂机构的制裁决定以免除接下来的仲裁程序。因此，仲裁程序的启动并不以当事运动员或运动辅助人员的申请为必要条件，一旦美国国家反兴奋剂机构发出兴奋剂违规指控或兴奋剂制裁的通知，仲裁即已启动，但当事运动员或运动辅助人员必须通知美国国家反兴奋剂机构是否要求仲裁。

第二，仲裁不适用调解。兴奋剂纠纷仲裁不适用调解原则，美国国家仲裁协会《兴奋剂纠纷仲裁补充程序》对此作了明确规定。其原因在于，体育运动中使用兴奋剂根本性违反体育精神，这种虚假或作弊的行为动摇了体育的真实性与纯洁性，同时使用兴奋剂对人体具有极大的损害，更是给青少年带来不良示范，在危害后果上不亚于刑事犯罪，其性质的恶劣程度决定了其不能通过相互妥协的调解解决纠纷。这也是德国、法国、意大利等国家将服用兴奋剂规定为刑事犯罪的重要原因。因此，兴奋剂纠纷排除了协商调解予以解决的可能，其必须通过规范的仲裁程序，严格执行反兴奋剂实体规则。

　　第三，仲裁员的产生。在具体的兴奋剂纠纷中，一旦美国国家反兴奋剂机构发出通知，美国国家仲裁协会就必须向美国国家反兴奋剂机构以及当事运动员或运动辅助人员寄出仲裁员备选名单，仲裁有两种形式可供选择：一是独任仲裁员仲裁；二是提请仲裁组仲裁，在后者，当事方（美国国家反兴奋剂机构以及涉嫌违规的运动员或运动辅助人员）必须在 5 日内以书面形式向管理兴奋剂案件的美国国家仲裁协会副主席申请，同时通知另一方当事人。若选择独任仲裁员仲裁，双方应在收到仲裁员备选名单的 10 日内共同协商选择 1 名仲裁员，并通知美国国家仲裁协会副主席，如果双方不能在 10 日内达成仲裁员选择的合意，则延长 5 日，双方各自在备选名单上就不愿选择的仲裁员划掉（strike out）1/3 的名字，并将剩下的仲裁员按照选择意愿的高低进行排列，并交回美国国家仲裁协会。如果当事方未能在规定的时间交回名单，则视为当事方可以接受名单上的所有仲裁员。最后由美国国家仲裁协会在双方都能接受的仲裁员中，按照双方选择意愿的高低任命仲裁员。如果没有双方都能够接受的仲裁员或者双方都能接受的仲裁员无法接受任命，则由美国国家仲裁协会在备选名单外另行任命仲裁员。仲裁组仲裁则由双方各自在备选名单中选择 1 名仲裁员，第三名裁员则由已经选出的两名仲裁员共同在备选名单中协商选择，规定时间内不能协商选出，则按照前述"strike out"的程序进行选择，第三名仲裁员为仲裁组主席。

　　第四，仲裁的规则适用。体育纠纷的处理所适用的规则，尤其是在纪律处罚方面大都适用更加普遍的 IFS 的规则。具体来讲，在竞技体育领域内兴奋剂纠纷仲裁，对是否构成兴奋剂违规以及违规处罚的审查，实体规则一般即适用各国际单项体育协会的反兴奋剂规则，对兴奋剂案件程序的审查则主要适用国际奥委会《反兴奋剂规划》以及《美国反兴奋剂机构兴奋剂检测规则》，在前述规则出现漏洞的情况下则适用《世界反兴奋剂条例》。当然，由于美国奥委会、国际单项体育协会以及美国国内单项体育协会以及美国国家反兴奋剂机构同为《世界反兴奋剂条例》的签约方，上述组织在反兴奋剂实体规则上对兴奋剂违规认定、违规处罚等关键内容是一致的。

（2）国际体育仲裁院上诉仲裁。《美国反兴奋剂机构兴奋剂检测规则》规定，对美国国家仲裁协会的裁决不服，国际单项体育协会以及当事运动员或运动辅助人员可以向国际体育仲裁院提起上诉，也可绕过美国国家仲裁协会直接向国际体育仲裁院提起上诉。

第一，上诉仲裁的启动。[1]《美国反兴奋剂机构兴奋剂检测规则》第 15 条规定，美国国家仲裁协会作出仲裁裁决后 21 日内当事方可以向国际体育仲裁院提起上诉，这里有权提起上诉的当事方包括涉嫌违规的运动员或运动辅助人员与国际单项体育协会。另一方当事人为美国国家反兴奋剂机构。这种安排一方面是因为美国国家反兴奋剂机构向美国国家仲裁协会提起兴奋剂纠纷仲裁本身是获得了美国奥委会、国际单项体育协会以及美国国内单项体育协会的授权，以统一的兴奋剂违规指控提高反兴奋剂工作效率，美国国家仲裁协会仲裁实质上扮演了美国国家反兴奋剂机构兴奋剂违规认定以及处罚的听证的角色，美国国家仲裁协会作出的仲裁裁决即被认为是美国国家反

---

〔1〕　对 CAS 上诉仲裁内容的概括归纳来自作者对《USADA 兴奋剂检测规则》以及《CAS 仲裁规则》的分析与研究，前述文件原文可参见 http://www.tas-cas.org/en/icas/code-statutes-of-icas-and-cas.html，最后访问日期：2018 年 3 月 2 日。

兴奋剂机构要实施的决定，上诉仲裁中，美国国家反兴奋剂机构自然应作为被上诉人。另一方面美国奥委会、美国国内单项体育协会以及美国国家反兴奋剂机构毕竟为一国国内的反兴奋剂组织，为避免国内反兴奋剂组织对本国运动员的偏私，并且美国国内体育单项协会本身也是国际单项体育协会的会员，通过协议安排，国际体育单项协会可以对美国国家反兴奋剂机构需要实施的兴奋剂纠纷处理决定进行上诉。按照国际体育仲裁院的上诉规则，上诉分为两个步骤，首先应在上诉期内提出上诉声明，其次在上诉期届满 10 日内还应提交上诉申请书加以补充说明，规定期限内未提交上诉申请书则视为撤回上诉申请。

第二，上诉仲裁的仲裁机构。美国国家反兴奋剂机构成立以后，赋予了当事运动员或运动辅助人员向国际体育仲裁院上诉的权利，这里的上诉系直接上诉至国际体育仲裁院北美分院。《美国反兴奋剂机构兴奋剂检测规则》对此有着明确的规定：向国际体育仲裁院的上诉将被提交至国际体育仲裁院的负责人，国际体育仲裁院的仲裁庭审将在美国举行，意即在国际体育仲裁院北美分院举行。

第三，上诉仲裁的规则适用。《国际体育仲裁院仲裁规则》将仲裁中实体法律适用表述为："仲裁庭应依据当事人选择的可适用的规定及法律规则决定争议；或如无此选择，则根据做出该被上诉的决定的联合会、协会或体育组织所在国的法律决定，这种适用应被仲裁组认为是合适的，并且出现此情况时，仲裁庭应给出适用法律决定的原因。"

3. 相关案例评析——贾斯汀·盖特林（Justin Gatlin）案件

（1）案情简介[1]。

贾斯汀·盖特林是美国田径协会的成员，在 9 岁时被诊断为注意力缺陷障碍，处方中包括安非他命（Amphetamine）。2001 年 6 月，盖特林参加美国田径协会举办的青少年全国锦标赛，赛中被美国国家反兴奋剂机构检测出兴奋剂阳性，所涉及的禁用物质正是安非他命。美国国家反兴奋剂机构拟对其处以 2 年禁赛处罚，随后的美国国家仲裁协会仲裁维持了美国国家反兴奋剂机构的处罚决定。2006 年 4 月盖特林接受兴奋剂检查，再次被检测出兴奋剂阳性，但此次所涉及的禁用物质并非治疗注意力缺陷的处方药。美国国家反兴奋剂机构对其提出违禁指控。

美国国家仲裁协会裁定盖特林构成第二次兴奋剂违规，并予以 4 年禁赛处罚。盖特林不服，向国际体育仲裁院提出上诉。盖特林诉称：如果将 2001 年的阳性事件认定为兴奋剂违规，并将其作为针对自己的不利后果，违反了美国残疾人保护法。尤其是，美国田径协会作为隶属美国主权管辖的实体，对其以第二次兴奋剂违规进行处罚，将使美国田径协会违反美国法律规定。国际体育仲裁院上诉仲裁组认为，国际体育仲裁院裁判不受美国法律的约束；并且，如果要证明美国田径协会违反美国残疾人保护法，盖特林必须证明，美国田径协会因其所患的注意力缺陷障碍而对其实行歧视待遇或者其注意力缺陷与其参与竞赛的资格和能力密切相关，而盖特林未能证明。最终，国际体育仲裁院驳回了盖特林的上诉。

---

〔1〕　案件的详细描述以及 CAS 裁决原文可见：http://jurisprudence.tas-cas.org/sites/CaseLaw/Shared%20Documents/1461,%201462.pdf，最后访问日期：2019 年 1 月 2 日。

盖特林在国际体育仲裁院上诉失败以后，并未向瑞士联邦法院提起撤销之诉，而是在国内以美国国家反兴奋剂机构违反美国残疾人保护法为由请求美国联邦法院发布禁令。美国联邦法院在受理案件以后，发布了临时禁令（Temporary Injunctive）以阻止美国国家反兴奋剂机构实施国际体育仲裁院的裁决并允许盖特林参加 2008 年的奥运会。但三天以后，法院以缺乏实质管辖权（Lack Subject Matter Jurisdiction）为由拒绝了盖特林发布预备禁令（Preliminary Injunction）的请求，法院解释道：法律授权美国奥委会管理业余体育，而美国奥委会选择将上诉交由国际体育仲裁院解决，尽管法院认为对盖特林的处罚可能违反了美国残疾人保护法，但盖特林唯一可行的救济途径是向瑞士联邦法院提起诉讼，并且即使法院发出禁令，也无法禁止国际体育组织对盖特林的处罚。

（2）案件评析。

贾斯汀·盖特林案件完整而全面地反映了竞技体育领域美国兴奋剂纠纷解决的过程，本案还需说明两个问题：一是仲裁体系设置对当事运动员或运动辅助人员弱势地位的平衡作用；二是法院对兴奋剂纠纷实质管辖权的弱化。

由于美国国家反兴奋剂机构乃美国反兴奋剂管理的专门机构，不仅拥有专业的技术和人员，还获得了美国国会的拨款，在财力、物力、人力上均远远超过运动员个人，相比之下，运动员往往非常弱势。反兴奋剂仲裁体系中，美国国家仲裁协会仲裁事实上扮演了美国国家反兴奋剂机构兴奋剂违规听证的重要角色，对运动员的惩罚不是由美国国家反兴奋剂机构做出决定，美国国家反兴奋剂机构只是提出拟作出的决定，兴奋剂违规处理由美国国家仲裁协会在审理案件之后以裁决方式作出。

这就将反兴奋剂管理同兴奋剂案件审理分离。同时，国际体育仲裁院上诉仲裁的设置赋予了运动员二次救济的权利，这些都成为实力悬殊的当事人之间的平衡点。在后者，体育的国际化特征，使得体育组织总是在寻求将包括兴奋剂纠纷在内的体育纠纷诉诸司法之外的纠纷解决方式。因为，体育运动以及体育竞赛的国际化要求体育规则也要保持国际范围的一致性，一国法院的介入随之而来的对体育规则的审查可能导致体育规则在国内的中止适用或者法院搁置体育规则转而适用其他法律，为此，体育界建立了兴奋剂纠纷的仲裁体系。一般来讲，仲裁排斥法院管辖并不损害司法终局的原则，因为法院可以对国内仲裁裁决进行审查，在国际民商事仲裁中，国内法院对仲裁裁决的承认和执行也可依据本国的国际私法和本国加入的国际条约进行审查，但兴奋剂纠纷仲裁中国内法院对兴奋剂纠纷并没有实际管辖的意义。因为体育界通过一系列条约构建起对《世界反兴奋剂条例》以及国际体育仲裁院仲裁裁决的执行体系，即使国际体育仲裁院裁决因一国国内法院的介入不能执行，但国际体育组织以及其他国家的体育组织仍会一体遵循并执行国际体育仲裁院裁决，法院可以以禁令要求国家反兴奋剂机构不得阻止某个运动员参加竞赛，却无法阻止国内体育组织取消对当事运动员的成绩认定，更无法阻止国际体育组织对运动员实施处罚。

4. 美国为代表的兴奋剂纠纷解决机制的特征

（1）统一性。美国国家反兴奋剂机构成立之前，美国竞技体育领域纠纷解决大都是行业内仲裁，且体育组织的行业内仲裁都自成一套体系，由于体育组织之间往往相互不承认另一方对兴奋剂纠纷的处理，国内体育组织兴奋剂纠纷解决又随时面临国际单项体育协会的干涉和介入，所以兴奋剂纠纷解决显得十分混乱。美国国家反兴奋剂机构成立以后，统一了竞技体育领域的反兴奋剂管理，由其作为统一的兴奋剂管理主体，实施兴奋剂检查检测，在发现兴奋剂违规以后统一向美国国家仲裁协会提起仲裁，所有兴奋剂纠纷由美国国家反兴奋剂机构统一作为指控方与当事运动员或运动辅助人员形成对抗结构。这种模式取代了体育组织形态各异的行业内仲裁，彻底改变了原来的混乱状况，理顺了兴奋剂纠纷仲裁的环节和程序，缩减了纠纷处理的时间，实现了反兴奋剂管理与兴奋剂纠纷解决的完美衔接。

（2）中立性。美国国家反兴奋剂机构将兴奋剂纠纷的处理同自身的反兴奋剂管理职能相分离，整个兴奋剂纠纷解决机制外在于美国国家反兴奋剂机构自身的兴奋剂管理体系，美国国家反兴奋剂机构不再介入纠纷的处理，而是专职实施反兴奋剂管理工作、担任兴奋剂违规的指控方，避免了沦于"自己做自己案件法官"的尴尬处境，同时纠纷解决不再沿袭协会将兴奋剂纠纷交由组织内部的工作人员组成仲裁小组进行处理的做法，而是交由外部主体美国国家仲裁协会以及国际体育仲裁院进行仲裁解决，美国国家反兴奋剂机构的职能分离以及外部主体的中立性保证了兴奋剂纠纷解决机制的中立性。值得一提的是，美国国家反兴奋剂机构成立以前，兴奋剂纠纷只有国际级的运动员才能向国际体育仲裁院提出上诉，成立以后有权提起国际体育仲裁院上诉仲裁的人扩展至全部运动员，为当事人提供了二次救济的机会，也更加有利于运动员的权利保护。

（3）专业性。为保证兴奋剂仲裁的专业性，根据美国国家仲裁协会《兴奋剂纠纷仲裁补充程序》的规定，裁决兴奋剂纠纷的美国国家仲裁协会仲裁员必须同时是国际体育仲裁院北美分院的仲裁员。此外，纳入兴奋剂纠纷仲裁员选择库的仲裁员，要求必须是来自法律界、医学界或体育界等相关领域的专家，并且还要接受专门的培训。这就为兴奋剂纠纷仲裁提供了专业性的双重保障。

二、职业体育兴奋剂纠纷解决制度的代表国家及其主要制度内容

体育的职业化和产业化一直是近几年国家体育改革的重要内容。国务院《关于加快发展体育产业促进体育消费的若干意见》《体育发展"十三五"规划》《中国足球改革发展总体方案》等一系列政策文件明确提出"鼓励发展职业联盟，逐步提高职业体育的成熟度和规范化水平"，"充分发挥俱乐部在职业联赛中的主体地位，加快现代企业制度建设"，"建立具有独立法人资格的职业联赛理事会负责组织和管理职业联赛"等要求。随着我国职业体育进入快速发展时期，中职篮（CBA）、中超等职业联盟迅猛发展。然而在体育利益日益外显的同时，职业体育中的兴奋剂违规问题愈趋严重。与之形成明显对比的是，该领域内除了政府通过国家反兴奋剂计划实施的反兴奋剂检查外，职业体育自身的反兴奋剂机制几乎整体处于空白。2013年以来发生的职业运动员兴奋剂违规案件引发了社会的关注。CBA接连在极其小的抽查比例中发现3起兴奋剂检测阳性事件；2016年9月，时隔12年职业足球再次发生兴奋剂违规事件。由于职业体育运动对欺骗性行为极为敏感，一旦涉假将引起观众强烈的反感，严重损害联盟声誉，处理好兴奋剂纠纷在内的反兴奋剂问题将对我国职业体育的发展有着重大影响。美国有着高度发达的职业体育，美国职业联盟兴奋剂纠纷仲裁等反兴奋剂机

制对构建我国职业体育反兴奋剂相关制度有重要启示。

（一）美国职业体育兴奋剂纠纷仲裁制度概况

美国职业俱乐部普遍采取相互协作的方式组成职业联盟。按照国家法律与社会自治的明确分工，除非有国家强制性法律规制，联盟内部的规则由其自行决定，包括反兴奋剂制度。职业联盟也完全不受奥委会以及国际、国内单项体育协会的影响，后两者反兴奋剂规则对职业联盟的约束仅限于联盟的俱乐部或运动员参与其举办的竞赛的情形，而职业联盟对其国内体育项目的职业赛事一般具有垄断权，完全可以不参加上述主体所举办的竞赛以规避其约束。如何规定自己的反兴奋剂规则，甚至是否反对兴奋剂的使用都由联盟自己决定。

出于维护联盟形象、取得观众信任的需要以及国会、政府的频频施压，[1]美国职业联盟均制定了自己的反兴奋剂规则，确立了兴奋剂纠纷仲裁制度：一方面，通过任命专门仲裁员，并利用仲裁的保密性、灵活性，使兴奋剂纠纷在联盟内部解决，进而一定程度排斥法院的司法介入，维护联盟自治；另一方面，以仲裁体系的专业性与高效性体现对运动员权益的保护。这种专门、统一的仲裁模式，很好地平衡了联盟和运动员二者之间的利益，因而在美国职业体育领域得以普遍建立，形成颇具特色的兴奋剂纠纷仲裁体系。

（二）美国职业体育兴奋剂纠纷仲裁建立的法律依据

1. 联邦仲裁法案

仲裁作为一种纠纷解决方式在美国经历了一个逐渐被接受

---

〔1〕 Brent D. Showalter, "Steroid Testing Policies in Professional Sports: Regulated by Congress or the Responsibility of the Leagues", *Marquette Sports Law Review*, 2007, 17 (2), pp. 651-678.

的过程。最初，法院认为仲裁驱逐了司法的管辖因而不支持仲裁。随着仲裁纠纷解决优势的显现，美国国会开始积极推动仲裁的发展。1925 年，美国国会通过了《联邦仲裁法案》(The Federal Arbitrator Act，简称 FAA，至今已历经 5 次修改)，要求法院尊重仲裁，并通过允许当事人向法院申请强制另一方当事人按照仲裁协议提交仲裁或者申请法院强制执行仲裁裁决以支持仲裁；并且，根据 FAA 的规定，仲裁并不限于依托仲裁机构或仲裁协会，当事人可以协议选择或任命第三人为仲裁员或裁决人（arbitrator or umpire），这成为联盟任命仲裁员解决其内部纠纷的法律依据。

2. 国家劳工关系法案

在美国，职业运动员是联盟的雇员，二者的关系由《国家劳工关系法案》（NLRA）调整，根据 NLRA 的规定，雇员有权组织、参加工会并进行集体谈判；在关涉工资、工作时间或者其他雇用事项或条件上必须经由雇主同雇员谈判协商，达成一致；在雇员结成工会的情况下，工会和雇主必须遵守集体谈判强制条款。[1]针对兴奋剂纠纷，美国国家劳工关系委员会（National Labor Relations Board，简称 NLRB）认定反兴奋剂规则涉及运动员劳动权利，其构成必须经双方谈判协商的雇用条件。NLRB 是美国国会为执行 NLRA 而成立的独立联邦机构，它负责处理雇员对雇主或工会违反 NLRA 的指控，不服 NLRB 的裁决可以向法院提起诉讼，NLRB 的生效裁决具有强制力。法院也通过判例确定：雇主的纠纷解决机制必须通过集体谈判协议确立。[2]

---

〔1〕　NLRA Section 7-9, https://www.nlrb.gov/how-we-work/national-labor-relations-act，最后访问日期：2018 年 6 月 2 日。

〔2〕　NLRB v. Indep. Stave Co., 591 F. 2d 443, 446 (8th Cir. 1979)，https://www.leagle.com/decision/19791034591f2d4431958，最后访问日期：2018 年 12 月 30 日。

因此，职业联盟反兴奋剂及其纠纷解决机制都必须由联盟与运动员工会协商一致，任何一方都不可单独决定。[1]实践中，职业联盟任何不利于运动员权益保护的制度都会招致工会的强烈反对。在反兴奋剂问题上，运动员工会对禁用物质的添加、增加兴奋剂检查例数或比例、提高处罚标准等一系列事项均持反对意见，原因在于这些做法可能直接导致职业运动员失去工作机会或收入来源。职业联盟的兴奋剂纠纷解决机制作为联盟与运动员工会的协商结果，实质为二者博弈的产物，内容充斥着权力分立、相互制约平衡的理念。

（三）美国职业体育兴奋剂纠纷仲裁的基本内容——以美国四大职业联盟为例

1. 美国职业棒球大联盟

职业棒球大联盟（MLB）是美国国内棒球运动的垄断生产者。在联盟集体谈判协议的框架下，美国职业棒球大联盟制定了联盟的反兴奋剂规则——美国《职业棒球大联盟药物禁止及治疗规划》（Major League Baseball's Joint Drug Prevention and Treatment Program，以下简称《规划》）[2]，规定兴奋剂纠纷通过内部仲裁予以解决。现行内部仲裁制度集中规定于集体谈判协议第 11 条（有效期为 2016—2021 年），在此基础上，适用于兴奋剂纠纷的特殊规则又主要规定于《规划》第 8 条。

（1）纳入仲裁的兴奋剂纠纷范围。兴奋剂纠纷可提交仲裁审查的范围包括：任何认为运动员违反《规划》的决定，以及任何依据《规划》所做的有关用药治疗豁免的决定。仲裁员可

---

〔1〕 Daniel Gandert, Fabian Ronisky, "American Professional Sports is a Doper's Paradise: It's Time We Make a Change", *North Dakota Law Review*, 2010, 86（4）, pp. 813-844.

〔2〕 见本书附录 2。

以对违反《规划》的运动员所受处罚是否有正当理由进行审查，但无权缩减处罚决定至《规划》确定的最轻处罚以下。《规划》确立了一个十分宽泛的可仲裁范围，但由于《规划》本身并没有对辅助人员施用兴奋剂等行为做出规定，因此可提交仲裁审查的主体仅包括运动员本人以及运动员工会。

（2）仲裁员的产生。兴奋剂纠纷仲裁庭有两种形式：中立仲裁员（Impartial Arbitrator）或仲裁组。默认的形式为中立仲裁员独任仲裁，任何一方都可在开庭前提出申请，要求组成仲裁组仲裁。仲裁组将由中立仲裁员以及两名当事方仲裁员（Party Arbitrator）组成，并由中立仲裁员担任首席仲裁员。其中，两名当事方仲裁员在具体案件中分别由运动员工会、联盟劳动关系部门任命。中立仲裁员是联盟一个常设的职位，由运动员工会以及劳动关系部门合意任命。如果双方不能就中立仲裁员的人选达成合意，则根据美国仲裁协会提供的优秀仲裁员名单，由双方分别依次去掉（strike out）其排除人选，最后剩下的姓名即为中立仲裁员人选。中立仲裁员的任命随集体谈判协议的生效而生效，在当次集体谈判协议生效期间，运动员工会以及联盟劳动关系部门任何一方均可以书面形式通知该仲裁员以及另一方以结束对该仲裁员的任命，但不影响该中立仲裁员已经作出的裁决的效力，并且不影响该仲裁员对已经提交仲裁的案件的审理和裁决。仲裁庭的裁决具有终局性。为了应对联盟逐渐增多的纠纷，2017年开始，美国职业棒球大联盟增设临时中立仲裁员，在中立仲裁员因主客观原因无法及时处理纠纷时担任首席仲裁员，其选任程序、任期、裁决效力与中立仲裁员相同，但裁决本身不作为仲裁庭的判例。

（3）仲裁规则。当事人申请仲裁后，仲裁程序随即启动。

直接利益相关人有权参与庭审，其他人员是否得以参与庭审由仲裁庭决定。运动员工会代表可以出庭支持运动员仲裁。根据当事人申请，仲裁庭可以缩减庭审的程序，但必须给予双方充分且平等的机会提交和出示证据。经中立仲裁员询问，双方没有新的证据出示，庭审即结束。《规划》对兴奋剂纠纷仲裁程序时限作了特殊规定：庭审应当在提起仲裁后的 20 日以内召开，涉及 PEDs（即 Performance Enhancing Drugs，对于提高运动体能作用明显的药物）阳性以及刺激剂、DHEA 第二次检测阳性的在 10 日以内召开。仲裁裁决在召开庭审后的 25 日内宣布。除当事方仲裁员报酬、证人费用补偿以及律师代理费由各方当事人自己负担以外，仲裁所产生的费用，包括中立仲裁员的报酬均由美国职业棒球大联盟以及美国职业棒球大联盟运动员工会平均负担。

（4）信息的保密。所有兴奋剂检测、兴奋剂违规调查、违规处罚的文件和信息都属于保密信息，联盟、运动员工会、俱乐部（包括它们的附属机构、工作人员、咨询机构）以及所有运动员都是保密义务主体。仲裁过程中，涉及纠纷的相关信息只能透露给双方所请律师、专家或参与庭审的证人。对于兴奋剂纠纷仲裁，当事方不得泄露仲裁决定以及仲裁员审理兴奋剂纠纷过程中的任何程序记录。对信息的公开包括以下几种情况：兴奋剂违规被处以禁赛；应对官方调查必要的信息披露（仅对要求获取相关信息的官方机构公开，并且抹去统计、报告或总结中的人名等可识别身份的信息）；以及回应可能破坏联盟团结或《规划》公信力的错误言论而公开必要的信息。

2. 美国职业篮球联盟

美国职业篮球联盟（NBA）是职业体育产业化的典范。在反兴奋剂问题上，联盟将反兴奋剂管理与兴奋剂纠纷解决分别规定于集体谈判协议的第33、31条（现行生效的集体谈判协议制定于2017年1月），与美国职业棒球大联盟相仿，同样确立了兴奋剂纠纷的内部仲裁制度。

（1）纳入仲裁的兴奋剂纠纷范围。NBA将"禁药计划"（Anti-Doping Program，是NBA集体谈判协议第33条联盟反兴奋剂规则的名称）下的所有决定都纳入到了可提请仲裁员仲裁解决的范围，这不仅包括因用药治疗豁免、兴奋剂违规认定及处罚而引起的争议，甚至因负责实施禁药计划的工作人员的行为而引发的争议，都可提请仲裁解决。有权提起兴奋剂纠纷仲裁的主体包括运动员本人以及运动员工会，但运动员工会代表运动员提起仲裁需要得到运动员的许可。兴奋剂纠纷的另一方当事人则是联盟本身。在涉嫌违规的运动员面临转会等与联盟或俱乐部法律关系可能发生改变的情况下，仲裁员对相关的纠纷可一并进行处理。

（2）仲裁员的产生。联盟内的兴奋剂纠纷由1名专任仲裁员独任仲裁，NBA将其称之为"申诉仲裁员"（Grievance Arbitrator）。申诉仲裁员由联盟以及运动员工会合意产生，任期同集体谈判协议的有效期一致。如果双方就申诉仲裁员的人选不能达成合意，则根据国际预防和解决冲突机构（International Institute for Conflict Prevention and Resolution，简称CPR，是以调解方式帮助当事人解决民商事纠纷的国际组织）提供的优秀律师名单中选择1名律师担任申诉仲裁员。如果双方在接到名单后的7日内仍然无法就人选达成合意，则各自在名单上去掉5名其不愿选择的律师，由CPR在剩余名单中选择1名律师担任申诉仲裁员。申诉仲裁员任期与当次集体谈判协议有效期保持一致，但任期内每年的 7 月 27 日至 8 月 1 日或集体谈判协议有效期内最后一个赛季的 4 月 30 日，联盟或工会任意一方均可以以通知形式终止其任命。

（3）仲裁规则。兴奋剂纠纷提请仲裁必须在引起争议的行为发生后的 30 日内提出，或者在知道或应当知道该行为的 30 日内提出。提请仲裁的当事人必须在申诉仲裁员受理仲裁后立即以书面形式通知另一方当事人。另一方当事人收到通知后，联盟以及运动员工会将协商确定对各方当事人均比较便利的时间以召开庭审。所有向申诉仲裁员提请的仲裁，庭审皆在纽约举行。裁决需在庭审结束后 30 日内作出。庭审之前或庭审结束之后，一方当事人可申请以书面形式与仲裁员进行交流，另一方可以提出反对意见。书面交流的形式和具体规则适用美国纽约南区地区法院的规则。集体谈判协议如无特殊规定，仲裁具体规则适用美国国家仲裁协会劳动仲裁规则。申诉仲裁员的裁决作为对争议全面、完整和最终的处理，各方均受其约束。包括申诉仲裁员的报酬在内的仲裁各项费用，由联盟以及运动员工会平均分担。

（4）信息的保密。NBA 同样对兴奋剂纠纷规定了严格的保密要求。所有可能知悉兴奋剂纠纷仲裁裁决的人员均需遵守保密规定。有关信息的公开仅限于：纠纷获终局性解决以后，在运动员最终因毒品性物质或大麻被开除或禁赛的情况下，除非运动员工会同意或当事运动员已公开相关信息，NBA 只能说明某运动员因违规而被开除或禁赛，但不会公开所涉及的具体禁用物质；在运动员因使用提高体能的禁用物质而被开除或禁赛的情况下，NBA 的声明将包括所涉的具体物质以及对运动员所适用的处罚。

3. 美国国家冰球联盟

美国国家冰球联盟（NHL）号称全世界最高层级的冰球联盟。因冰球运动极其消耗体力，运动员使用兴奋剂的行为也屡禁不止。NHL 现行生效的集体谈判协议制定于 2012 年（有效期为 2013—2022 年），其中，兴奋剂纠纷仲裁的内容又集中规定于集体谈判协议的第 47 条"增强体能型物质禁用计划"（Performance Enhancing Substances Program）。

（1）纳入仲裁的兴奋剂纠纷范围。NHL 可仲裁的兴奋剂纠纷包括两类：不服运动员兴奋剂检测阳性结果而发生的争议；其他任何因解释或适用集体谈判协议第 47 条而发生的争议。前者适用加急程序，后者适用普通程序。也就是说，NHL 几乎将所有关于反兴奋剂的纠纷都纳入到其内部仲裁的制度框架中。同时，在运动员转会等可能改变其与联盟或俱乐部的法律关系的情况下，可在仲裁中适用合同法的原理进行处理。

（2）仲裁员的产生。根据 NHL 集体谈判协议的规定，兴奋剂纠纷由联盟与运动员工会共同任命的中立仲裁员（Impartial Arbitrator）仲裁，其任期同当次集体谈判协议的有效期保持一致。中立仲裁员首先必须是美国国家仲裁协会的仲裁员。每年的 9 月 1 日或此前的合理期间，联盟或运动员工会可以以书面通知的形式结束对中立仲裁员的任命。在结束任命后的 90 日内，联盟与运动员工会必须重新合意任命新的中立仲裁员，如果双方就仲裁员人选不能达成合意，则按照美国国家仲裁协会仲裁规则的规定为每一个案件选择 1 名临时仲裁员（临时仲裁员也必须是美国国家仲裁协会仲裁员），直至双方合意选出中立仲裁员。中立仲裁员即使收到结束任命的通知，仍有权裁决其正在主持庭审的案件。

（3）仲裁规则。运动员及运动员工会（在 NHL，运动辅助人员也不属于反兴奋剂规制的对象，同时运动员也不能单独提起仲裁）在接到兴奋剂违规通知后的合理期间内（兴奋剂阳性案件为 48 小时）通过书面形式向联盟发出声明并以书面形式向中立仲裁员提出申请即启动仲裁。除兴奋剂阳性案件直接适用加急程序外，对于其他类型的兴奋剂纠纷在仲裁启动后，任何一方当事方均可请求适用加急程序，是否适用由中立仲裁员决定。如果运动员在仲裁裁决作出之前，面临转会、合同续展等可能改变其与联盟或俱乐部的法律关系的情形，中立仲裁员应当同意当事人的申请适用加急程序。仲裁地点双方可协议确定，没有协议或无法达成协议则在纽约或多伦多进行。庭审时间系 NHL 以及 NHL 运动员工会协商确定的每月固定的仲裁期间（兴奋剂阳性案件为仲裁启动后的 9 日内，且要求庭审不间断举行）。中立仲裁员须在庭审结束后的 30 日内作出仲裁裁决（兴奋剂阳性案件为 6 日），裁决具有终局性。中立仲裁员报酬以及其他仲裁费用由联盟以及运动员工会平均分担。

（4）信息的保密。在兴奋剂纠纷得以解决之前，有关兴奋剂违规及违规处罚的任何信息都将被严格保密，兴奋剂纠纷仲裁的程序记录以及仲裁裁决也不得向公众或媒体披露。NHL 对违反保密规定的行为设置了高额的罚款。兴奋剂纠纷解决以后，对于被中立仲裁员确定兴奋剂检测阳性的运动员，联盟对外全部的公开内容是：XX 运动员因违反"增进体能型物质禁用计划"被禁赛 XX 场。对于非因兴奋剂检测阳性而构成的兴奋剂违规，相关信息则不公开。

4. 美国职业橄榄球联盟

美国职业橄榄球联盟（NFL）是美国乃至世界最大的职业

橄榄球联盟。联盟反兴奋剂规则包括针对增强体能型兴奋剂管制规则（National Football League Policy on Performance-Enhancing Substances）以及针对毒品和酒精的管制规则（National Football League Policy and Program on Substances of Abuse）。2015 年以前，NFL 兴奋剂纠纷均由联盟总裁（Commissioner）或其指定人员裁决。由于联盟总裁执掌联盟的日常运行，权力过大且中立性不足，其内部仲裁在美国国内屡遭批评。[1] 2015 年至 2016 年，NFL 同运动员工会对两项规则进行了大幅修改，尤其是其中的兴奋剂纠纷仲裁制度。

（1）纳入仲裁的兴奋剂纠纷范围。任何因解释、适用、执行反兴奋剂规则而引起的争议都可提请仲裁解决。兴奋剂纠纷主要包括：运动员对违反联盟反兴奋剂规则被施以纪律处罚的决定不服而引起的争议，以及因兴奋剂违规行为同时违反法律或被联盟以外其他有效文件所证实被加重处罚所产生的纠纷。前者由第三方仲裁员（Third-Party Arbitrator）仲裁，后者由联盟总裁或其指定人员裁决，并可以上诉至上诉委员会（The Appeals Panel）。其他纠纷则应提交运动员工会，由工会在征求联盟意见的基础上做出处理，或者根据情势需要提交第三方仲裁员或联盟总裁处理。

（2）仲裁员的产生。第三方仲裁员由联盟同工会合意选任，人数不少于 3 人不多于 5 人，仲裁员必须是拥有良好信誉的州律师协会成员，具备处理兴奋剂问题的专业知识和能力，并且与联盟、工会、联盟各俱乐部不存在隶属关系。第三方仲裁员任期不少于 2 年，除非联盟或工会以书面通知形式结束其任命。

---

〔1〕　Jeremy R. Abrams, "Making the Right Call: Why Fairness Requires Independent Appeals in U. S. Professional Sports Leagues", *Marquette Law Review*, 2013, 97（2），p. 469.

上诉委员会由联盟和工会合意选择的 3 位固定成员组成，其中一位必须曾经是法官。如果联盟和工会无法就委员会人选达成合意，由双方共同在 CPR 或者双方同意的其他机构提供的律师名单中决定人选；仍然无法达成合意，则由双方依次在名单中划去排除人选，名单上最后剩余的 3 人即为上诉委员会成员。

（3）仲裁规则。对于普通兴奋剂违规案件，当事运动员应当在收到处罚通知后的 5 个工作日内提出仲裁申请。案件将自动分配给发出处罚通知后第四个星期二当值的第三方仲裁员，并于该时间进行庭审。当事双方也可合意选择其他时间进行庭审。工会可以出席或参加庭审。第三方仲裁员的裁决作为对争议全面、完整和最终的处理，各方均受其约束。对于被加重处罚的兴奋剂违规案件，在联盟总裁或其指定人员的裁决违反正当程序原则，或者对于相同情形的运动员加重处罚或给予区别对待的情况下，当事运动员可以在收到裁决通知的 3 个工作日内就裁决提起上诉，上诉委员会应指定其一名成员处理该上诉。如果上诉人能够证明裁决有明显错误，违反联盟反兴奋剂规则的原则要求，又或者不符合规则对运动员的权利保护，被指定的上诉委员会成员应指令由第三方仲裁员重审案件。上诉委员会成员和第三方仲裁员的指令和裁决具有终局性，其报酬和其他仲裁所产生的费用由联盟和工会平均分担。

（4）信息的保密。NFL 的反兴奋剂规则规定了严格的保密条款。兴奋剂检测阳性、兴奋剂纠纷等与兴奋剂违规的相关信息都禁止对外披露。信息的公开限于：因兴奋剂违规最终被处以禁赛，联盟可以公布对当事人的处罚决定；因不可归责于联盟或俱乐部的原因，相关信息已由其他渠道泄露，联盟可公开承认对当事人进行纪律处罚；为了纠正运动员或其代理人有关处罚的公开不实言论，联盟可以公开纪律处罚的相关信息；为了反兴奋剂管理之便利，联盟可能定期公布不可识别身份的兴奋剂违规数据统计信息。违反信息保密规定将被处以高达 50 万美元的罚款。参与反兴奋剂管理过程的人员违反保密规定，联盟将解除与该人员的法律关系或对其采取其他相应措施。

（四）美国职业体育兴奋剂纠纷仲裁的主要特征

1. 内部性

职业体育兴奋剂纠纷仲裁以内部性为其显著特征，主要体现在以下几个方面：首先，仲裁制度构建依据的内部性。职业联盟整个仲裁机制依集体谈判协议而构建，仲裁程序、仲裁规则、仲裁人员的任命、仲裁裁决的效力均由协议直接规定，仲裁的起始定位就是联盟内部的纠纷解决机制。其次，裁决主体的内部性。由仲裁员、仲裁组组成的仲裁庭是联盟内设的机构，负责处理联盟内部的兴奋剂纠纷。最后，仲裁作为双方当事人合意选择的兴奋剂纠纷解决方式，其排斥法院管辖，也排斥了另外的第三方解决方式。通过这种内部性的仲裁机制，使兴奋剂纠纷在联盟内部得到处理和解决。

2. 中立性

职业联盟的仲裁员由联盟及运动员工会联合任命，任期固定，任期内负责联盟兴奋剂纠纷的解决，其报酬由联盟以及联盟运动员工会双方平等负担。同时，职业联盟所任命的仲裁员虽然属于联盟的专门裁决主体，但又不同于联盟的工作人员，仲裁员是从外部选任的主体，仲裁员收取报酬而非领取薪金，与联盟或运动员工会无任何隶属关系，依自身独立意志裁判。由于中立仲裁员、申诉仲裁员、第三方仲裁员的选任由利益对立的双方共同任命，报酬由对立的双方均等给付，能够最大限度地保证仲裁员在案件中不至于偏向任何一方，充分保障其中立性。

3. 专业性

联盟兴奋剂纠纷的仲裁人员实质上都有相当的专业背景。根据联盟的反兴奋剂规则，仲裁员的选任最终是根据美国国家仲裁协会提供的优秀仲裁员名单、CPR 提供的优秀律师名单决定，或者至少在任职资格上要求必须是美国国家仲裁协会仲裁员或者具备相应知识和能力的执业律师，这就为兴奋剂纠纷仲裁人员的专业性提供了最低限度的保障。同时，也恰恰是因为实质决定案件争议的仲裁员必须是代表对立利益的联盟与运动员工会合意选出，任何不够专业、不够水平的仲裁员备选人都会被一方从名单上排除，联盟与运动员工会选择仲裁员的"去掉"（strike out）设计，往往从另一个层面为兴奋剂纠纷仲裁的专业性加上了限制符。

4. 及时性

为保证兴奋剂纠纷的快速有效解决，职业联盟的兴奋剂纠纷仲裁均适用确定的程序性时限。美国职业棒球大联盟明确规定了仲裁的期限，从提起仲裁到发布裁决最多不超过 45 日；NBA 要求尽快作出裁决，并对庭审具体环节提出了时限要求；NHL 的加急程序对兴奋剂纠纷的解决以小时计算程序时限；NFL 的普通兴奋剂案件，从发出兴奋剂违规通知到仲裁员开庭审理通常不超过 30 日，这些内容都体现出对兴奋剂纠纷解决时效性的特殊关注。

（五）法院对职业体育兴奋剂纠纷仲裁的司法审查

仲裁因缺乏自身的救济制度，需要法院对其进行监督，而监督的主要方式就是在仲裁裁决违反基本法律原则或程序公正的情况下，通过撤销违法裁决对当事人进行救济。在职业联盟通过集体谈判协议确立仲裁解决方式以后，美国法院是明确支持以仲裁形式解决联盟内部纠纷的。通过判决，法院确立了一系列司法审查原则：一是推定仲裁原则，除非当事人有非常确切的证据证明不存在仲裁的合意，否则，即使仲裁协议十分宽泛笼统，法院也将推定争议在仲裁解决的范围之内；二是限制审查原则，对仲裁裁决的审查限制在很窄的范围，通常是审查裁决是否属于法定的应撤销或变更的情形；三是尊重仲裁原则，只要仲裁员在其授权范围内合理地解释或者适用了集体谈判协议，即使仲裁员是基于错误的事实或法律而作出的裁决，法院也不能随意推翻之。[1]

1. 司法审查的典型案例——威廉姆斯（Williams）案件

凯文·威廉姆斯（Kevin Williams）、帕特·威廉姆斯（Pat Williams）均为 NFL 的职业运动员。2008 年 9 月中旬，NFL 收到实验室发出的报告，确认该两名运动员被检测出布美他尼（Bumetanide，一种常被用作利尿剂或掩蔽剂的禁用物质）阳性。NFL 先后对两名运动员做出各禁赛 4 场的处罚，随后两名运动员提起仲裁。按照 NFL 的规定，联盟内部仲裁由联盟执行总裁或其指定人员作为裁决人。2008 年 11 月，NFL 执行总裁指定杰弗瑞·帕什（Jeffrey Pash，联盟总顾问）对案件进行了仲裁审理，裁定维持对两名运动员的禁赛处罚。

2009 年 8 月，NFL 运动员工会代表两名运动员向美国第八巡回法院提出撤销联盟内部裁决的申请，工会认为帕什作为联盟的总顾问，在案件进入仲裁程序之前就已经了解案情，明显

---

〔1〕　Joshua A. Reece, "Throwing the Red Flag on the Commissioner: How Independent Arbitrators Can Fit into the NFL's Off-field Discipline Procedures under the NFL Collective Bargaining Agreement", *Valparaiso University Law Review*, 2010（1）, pp. 359-414.

不是公正的裁决者。但法院认为：首先，双方将仲裁选定为争议解决的方式，集体谈判协议中联盟及工会也一致同意由联盟执行总裁或其指定人员仲裁。本案中，帕什是执行总裁指定的裁决人，因此由其裁决案件也就无争议也无理由反对。其次，联邦仲裁法案允许撤销仲裁裁决是基于裁决人有明显的偏袒，明显偏袒的程度需要达到"客观存在偏见以至于一个理性人可以假设裁决人有不正当动机"的程度。运动员和工会在联盟执行总裁决定任命帕什为裁决人时，已经知悉帕什了解案情，也知悉联盟执行总裁与帕什的交流内容，但均未提出反对意见，即视为放弃反对帕什有明显偏见，即使未放弃，仅仅以其了解案情以及联盟总裁与帕什有过交流，也不足以证明帕什有"不正当动机"因而构成明显偏见。最终法院驳回了 NFL 工会撤销裁决的请求。[1]

2. 案件评析

根据美国《联邦仲裁法案》的规定，裁决作出地的地区法院可依当事人申请对因受贿、欺诈等不当行为而作出的裁决；裁决者有明显的偏袒或腐败的裁决；裁决者有任何损害当事人程序权利的行为所作出的裁决；超出当事人合意的裁决事项或超出裁决者的裁决权力所作出的裁决予以撤销。司法实践中，撤销裁决通常限于法定理由，法定理由之外，司法判例还确定了"明显漠视法律"（manifest disregard of the law），"缺乏合理的程序保护"（lack of reasonable procedural protection）等审查标准，[2]但当事人必须有切实可靠的证据。

---

〔1〕 Williams vs. Nat'l Football League, 582 F. 3d 863, 870（8th Cir. 2009），http://media. ca8. uscourts. gov/opndir/09/09/092247P. pdf，最后访问日期：2018 年 12 月 30 日。

〔2〕 Joshua A. Reece，"Throwing the Red Flag on the Commissioner：How Independent Arbitrators Can Fit into the NFL's Off-field Discipline Procedures under the NFL Collective Bargaining Agreement"，*Valparaiso University Law Review*，2010（1），pp. 359-414.

本案中，NFL 的裁决人帕什由联盟总裁指定处理纠纷，帕什作为联盟聘任的总顾问，不仅与联盟有直接的利益关系，而且很可能在裁决前就知悉案情，其作为裁决人的公正性无法令人信服。然而法院并没有以此认定帕什有明显偏袒，而是适用"不正当动机"这样一个很高的证明标准——"仅仅很少的偏见是达不到证明标准的"。[1] 由于工会和运动员不直接参与反兴奋剂管理，很难掌握充分的证据加以证明，败诉几乎不可避免。法院以极其狭窄的理由对联盟内部基于集体谈判协议作出的纠纷处理决定进行司法审查，运动员也就很难通过法院的司法审查推翻仲裁裁决。实践中，运动员向法院提起的撤销联盟内部裁决的请求，大多都被法院驳回。在联盟集体谈判制度发展的早期，法院通过判例尊重并支持联盟内部纠纷由集体谈判协议确立的仲裁机制予以解决，这有利于 NRLA 在职业体育的适用和执行；然而，兴奋剂纠纷关乎运动员切身利益，随着实践的发展，联盟的内部仲裁也凸显出一些问题，美国法院过于狭窄的司法审查理由，不仅无法发挥司法审查督促联盟完善其内部制度的作用（NFL 以联盟总裁或其指定人员为裁决人的争议处理方式得以保留至今即是例证），也可能使运动员丧失其最后的司法救济机会。

（六）美国职业体育兴奋剂纠纷仲裁的利弊分析

1. 美国职业体育兴奋剂纠纷仲裁的优点

（1）提供高效的兴奋剂纠纷解决途径。职业体育一直是兴奋剂的"重灾区"，2007 年美国国会参议员乔治·米歇尔对美国职业棒球大联盟使用兴奋剂的调查轰动世界体坛，30 支队伍

---

[1] Williams vs. Nat'l Football League, 582 F. 3d 863, 870 (8th Cir. 2009), http://media. ca8. uscourts. gov/opndir/09/09/092247P. pdf, 最后访问日期：2018 年 12 月 2 日。

都有选手使用过兴奋剂，涉及运动员多达 82 位。[1] 这一调查直接导致棒球项目从奥运会中被除名。联盟兴奋剂纠纷仲裁在以明确的制度规范为当事人提供纠纷解决途径的同时，又以仲裁人员的专业性和仲裁程序的各种时限规定保证争议的高效快速解决，提高了兴奋剂纠纷解决的可预期性和及时性，符合兴奋剂泛滥的职业体育打击兴奋剂使用的需要。

（2）充分保护运动员的劳动者权益。在职业联盟内，运动员是处于弱势地位的劳动者，联盟内部的制度章程必须符合《联邦劳动关系法案》和州法有关劳动者保护的要求。同时，由于运动员工会的存在，不利于运动员权益保护的规定必然会遭到运动员工会的强烈反对，因此，职业体育的兴奋剂纠纷仲裁融入了许多运动员劳动者权益保护的因素。这主要体现在：可仲裁范围的扩大，作为劳动者的运动员可将反兴奋剂规则下的所有争议提交仲裁；仲裁员的选任强调运动员工会对联盟的制衡；运动员工会可支持或代表运动员提起仲裁；仲裁费用由联盟与运动员工会共同负担以保证仲裁员的中立并减轻运动员的负担；仲裁信息严格保密以维护运动员的形象声誉。

（3）有利于维护联盟的自治。联盟通过仲裁使兴奋剂纠纷在联盟内部得到解决，保证联盟规则的统一适用，维护了联盟的自治；此外，联盟对兴奋剂案件以及具体案件中仲裁程序记录、仲裁内容严格保密，这不同于单项体育协会或反兴奋剂机构通常在指控当事人兴奋剂违规时便公开相关信息（2015 版与 2021 版《世界反兴奋剂条例》第 14.3 条），联盟的做法使兴奋

---

[1] Manfred, Robert D. Jr., "Federal Labor Law Obstacles to Achieving a Completely Independent Drug Program in Major League Baseball", *Marquette Sports Law Review*, 2008, 19 (1), pp. 1–14.

剂违规的相关信息不至于过早公之于众或过分被媒体渲染报道，在保护运动员利益的同时维护联盟自身的公众形象，避免外界对联盟反兴奋剂工作的干扰，有利于维护联盟自治。

2. 美国职业体育兴奋剂纠纷仲裁存在的问题

（1）独立性不足。美国职业体育兴奋剂纠纷仲裁虽然通过仲裁员任期固定、平均分担仲裁员报酬等机制极力维护仲裁员的中立性，但联盟内部仲裁独立性明显不足。主要体现在：虽然仲裁员名义上与联盟、联盟工会以及联盟俱乐部没有任何隶属关系，但仲裁员任期内，联盟和工会任何一方均能以任何理由解除对仲裁员的任命，这可能导致仲裁员为维续任期而迎合具体案件中强势一方的利益或要求，或者对案件的处理演变成对联盟和工会利益的折中。[1] 2011 年 12 月，美国职业棒球大联盟的明星球员瑞恩·博朗（Ryan Braun）因兴奋剂检测阳性被联盟处以 50 场禁赛，博朗按程序提起内部仲裁，并成功证明美国职业棒球大联盟尿液样本保存程序存在错误，以中立仲裁员达斯（Shyam Das）为首席的三人仲裁组最终以 2∶1 的表决结果支持了博朗的请求，并推翻了联盟总裁的处罚决定。3 个月以后，达斯即被美国职业棒球大联盟通知解除任命。[2] 这种情况也表明，由于联盟及工会拥有对仲裁员的解除任命权，仲裁员难免受之影响，可能很难做到真正依自身意志独立裁断。NFL 的内部仲裁还保留了联盟总裁或其指定人员担任裁决人的形式，不仅缺乏独立性，而且因兴奋剂违规本就是由联盟总裁作出处罚决定，直接违背了"任何人不得做自己案件的法官"的基本

---

〔1〕 Jeremy R. Abrams, "Making the Right Call: Why Fairness Requires Independent Appeals in U. S. Professional Sports Leagues", *Marquette Law Review*, 2013, 97（2）, p. 469.

〔2〕 Ken Belson, "Michael S. Schmidt. Star Player First to Win Appeal on a Drug Test", *N. Y. Times*, Feb. 24, 2012.

法律原则。在兴奋剂纠纷案件中，联盟作为纠纷一方当事人，联盟总裁的指定人员往往就是联盟的工作人员或者与联盟存在直接利益联系的人员，很难保证其裁断案件的独立性、公正性。

（2）运动员权利救济不足。因排斥司法管辖和其他的争议解决方式，联盟的仲裁制度实质上是将兴奋剂纠纷限定在联盟内部予以解决，这虽然维护了联盟的自治，但纠纷解决途径单一且封闭又导致了运动员权利救济的不足。兴奋剂违规处罚具有强烈的权益剥夺性，仅仅以联盟内部的仲裁为争议解决途径，又缺乏上诉渠道，无法为运动员提供充分的救济；虽然运动员可以提请法院对裁决进行司法审查，但法院的司法审查范围过于狭窄，并不能为运动员提供更多救济。值得说明的是，在美国的司法实践中，运动员可以以普通侵权纠纷的形式起诉联盟反兴奋剂行为侵害其具体法律项下的权利，从而寻求对执行兴奋剂违规处罚的禁令救济。上文所述的威廉姆斯案件，两位运动员虽然未能推翻内部裁决，但是通过普通侵权诉由，以 NFL 的反兴奋剂管理行为违反州法（Minnesota's Drug and Alcohol Testing in Workplace Act）下劳动者的法定权利提起诉讼，获得了法院的临时禁令救济。联邦法院在该案中强调 "NLRA 从未授权联盟和工会可以无视州法"，明尼苏达州地区法院也认定 NFL 未尽州法规定的义务。[1] 该案虽然开启了运动员通过普通诉讼寻求兴奋剂纠纷解决的一个先例，但是限于司法诉讼耗时长久，要通过司法程序获得救济不仅成本高昂而且根本无法满足兴奋剂纠纷权利救济的时效性要求（州法院随后撤销了临时禁令，该案又经历多次审判，最终州上诉法院驳回了运动员申请永久

---

〔1〕 Nat'l Football League Players Ass'n v. Nat'l Football League, 654 F. Supp. 2d 960, 967 (D. Minn. 2009).

禁令的请求）。

（3）仲裁信息过于封闭导致外部监督不足。职业联盟信息保密极其严密，又对违反保密政策规定了严厉的处罚，这的确有利于保护运动员的声誉和维护联盟形象。然而过于封闭的保密政策也使得兴奋剂阳性事件、兴奋剂纠纷仲裁等与兴奋剂违规相关的信息很少能够进入公众监督的范围，兴奋剂纠纷仲裁的相关信息几乎与外界隔绝，只有在案件进入诉讼程序或者官方调查程序时，公众才能获知兴奋剂纠纷仲裁的部分准确信息。虽然仲裁本身具有保密性的特征，但是兴奋剂问题影响公平体育竞赛、影响大众体育观念和青少年身心健康，反兴奋剂具有一定的公共性，需要相应程度的对外公开以接受公众监督。如按照国际体育仲裁院的仲裁规则，适用上诉仲裁的兴奋剂违规处罚案件应当公开上诉裁决和案情摘要。[1] 联盟过于封闭的保密政策，使仲裁制度的整体运行都处于公众不可知的范围，甚至国会、政府要想获取联盟反兴奋剂相关信息都是通过传唤令迫使联盟予以提供。如轰动一时的海湾实验室（Bay Area Laboratory Co-Operative）案，美国政府为调查海湾实验室为职业运动员提供非法类固醇的情况，发出传唤令要求美国职业棒球大联盟提供涉案运动员的兴奋剂检测信息，联盟以无权披露相关信息为由拒绝提供。在这种信息公开环境下，外部监督很难发挥作用。

三、国外兴奋剂纠纷仲裁模式对我国的启示

我国无论是《体育法》还是国务院《反兴奋剂条例》，均作了体育仲裁/兴奋剂纠纷仲裁的原则性规定。2014 年国家体育总

---

〔1〕 郭树理："CAS 体育仲裁若干问题探讨"，载《比较法研究》2004 年第 5 期。

局出台的《体育运动中兴奋剂管制通则》，明确提出兴奋剂纠纷可以申请国家兴奋剂争议解决机构裁决。2018 年 5 月，修改后的《体育运动中兴奋剂管制通则》对国家兴奋剂争议解决机构裁决纠纷的原则、范围、程序等又做了详细规定。在体育仲裁机构建立之前，先行就兴奋剂纠纷设立争议处理机构的改革方向已经十分明显。

总结国外竞技体育与职业体育兴奋剂纠纷解决制度经验，其中可供我国借鉴的主要有以下内容：

第一，兴奋剂纠纷的专业性决定了必须由专门的人员与机构裁决纠纷。在竞技体育领域，无论是英国的兴奋剂纪律委员会模式还是美国的美国国家仲裁协会模式，均由专门的人员裁决体育，尤其是兴奋剂纠纷。因为兴奋剂纠纷具有极强的专业性，普通的司法机构和一般的仲裁机构无法胜任。在职业体育领域，也是采取由专业人员进行仲裁的解决方式为主。

第二，在竞技体育领域，兴奋剂纠纷的国际规则与惯例具有重要参考作用和约束力。本来从国家主权角度出发，任何一国的竞技体育纠纷都应当在国内终审，或者说国内仲裁或处理机构的处理应当具有最终的法律效力。但是包括兴奋剂纠纷在内的体育纠纷，以欧美国家为主的规则和体系却均允许本国的兴奋剂纠纷、体育纠纷最终上诉至国际体育仲裁院，以国际体育仲裁院的仲裁裁决为最终裁决。在体育领域国际规则之所以具有世界意义，在于各个国际单项体育联合会、国际奥委会均认可国际体育仲裁院的体育仲裁，而各国国内的单项体育联合会又必须认可国际单项体育联合会的章程。体育比赛是跨国界的，体育纠纷也就具有了国际属性。因此，参照《国际体育仲裁院仲裁规则》，结合本国特色建立与国际体育仲裁院仲裁相协调的体育仲裁制度成为欧美国家的通行做法。

第三，在兴奋剂纠纷仲裁制度的设计上应当处理好与司法审查之间的关系。就国内仲裁制度的性质来看，仲裁制度从法律效力上是排除司法审查的。但体育纠纷又区别于国内仲裁制度，其仲裁性质不是来自国内法律规定，而是各个体育组织的章程。因此，兴奋剂纠纷仲裁、体育仲裁必然涉及与一国国内司法审查之间的关系。在制度设计上，应当充分考虑到兴奋剂纠纷仲裁的效力与司法审查之间的关系。

第三节　我国兴奋剂纠纷仲裁制度的构建

一、竞技体育兴奋剂纠纷仲裁制度构建

关于我国建立兴奋剂纠纷解决机制的方案，学术界比较一致的意见是应当建立体育仲裁制度。兴奋剂纠纷是体育纠纷的一种常见类型，从各国体育纠纷解决机制的惯常做法来看，基本上是通过体育行业内部的仲裁方式解决。如前所述，主要发达国家基本都建立了符合本国司法特点的体育仲裁制度，如美国仲裁协会是美国处理体育以及与体育有关的各种纠纷的机构；德国体育主管机构或体育协会在其章程、规范或条例中规定内部特有的仲裁机构对与该体育协会主管的体育运动有关的问题和争端具有管辖权；意大利则建立了由体育协会内部仲裁与法院司法救济相结合的双重救济体制等。另一个通行规则是欧美国家的体育仲裁裁决结果可以继续上诉至国际体育仲裁院复审，即国内仲裁没有终局效力，运动员或当事人一方不服，都有权将国内体育仲裁裁决上诉至国际体育仲裁院。由于仲裁制度属于《立法法》规定的法律保留事项，必须由全国人大或常委会

以法律形式规定，且体育仲裁制度的出台需要经过详细、充分的论证与调研，将来修改的《体育法》或单独出台《体育仲裁法》可以突破性地规定我国的体育仲裁制度。

从目前的可行性角度考虑，兴奋剂纠纷解决机制也可以在体育行业内部先于体育仲裁制度建立。从性质上看，兴奋剂纠纷仲裁应当设定为行业内部的争议解决机制，应当重点解决以下几个方面的问题：一是争议仲裁的主体。考虑到仲裁主体的中立性、独立性，应当设立一个专门的争议仲裁委员会作为争议解决机构，具体设立方式还有待进一步探讨。二是管辖权来源。作为行业内部争议解决机制，管辖权只能来源于协会等组织在章程中的认可和同意，或者赛事组织者与参赛者的协议。三是争议解决的效力。从立法层次来看，只有法律层面的仲裁制度能排除法院的司法管辖，因此，如果不对体育仲裁进行法律位阶的立法，则不宜规定争议仲裁的效力为终局，效力如何只能由协会章程确定。

考虑上述因素，本书在参考国际体育仲裁院实体与程序规则以及《世界反兴奋剂条例》《行政诉讼法》《仲裁法》等有关立法的基础上，初步提出竞技体育领域我国兴奋剂纠纷仲裁制度的如下内容：

（一）争议仲裁机构

应当设立独立、中立的仲裁机构。机构的成立有两种方式：第一种是在中华全国体育总会（或中国奥委会、体育仲裁方面的科研院所）下设立兴奋剂争议仲裁委员会承担与兴奋剂相关的争议仲裁；兴奋剂争议仲裁委员会负责制定兴奋剂争议仲裁的具体规则，并以独立、公正的方式解决兴奋剂争议。第二种是参考美国国家仲裁协会模式，在现行的仲裁体系中将兴奋剂纠纷仲裁纳入，同时单独编写兴奋剂争议仲裁员名册，仲裁规则参照现行的商事仲裁规则。

（二）管辖权来源

兴奋剂争议仲裁机构对与兴奋剂相关争议的管辖权来自全国性单项体育协会、赛事组织者等反兴奋剂组织在章程中规定或与参赛者在协议中约定将与兴奋剂有关的争议交由兴奋剂争议仲裁委员会裁决。

（三）争议仲裁范围

兴奋剂争议仲裁机构受理当事人对下列具体行为不服提起的争议仲裁申请：①对兴奋剂违规是否成立的决定不服的；②对兴奋剂违规的处罚决定不服的；③超过法定期限未作出兴奋剂案件的处理决定的；④对驳回治疗用药豁免决定不服的；⑤对反兴奋剂组织在反兴奋剂管理过程的其他行为或决定不服的。

（四）争议仲裁当事人范围

有权提出争议仲裁申请的当事人包括：①兴奋剂违规行为涉及的运动员、主管教练、直接责任人；②国家反兴奋剂机构、各国内单项体育联合会、赛事主办方；③与全国性单项体育协会等反兴奋剂组织的具体行为、决定有利害关系的其他当事人。争议仲裁案件中的被申请人是作出具体行为、决定的主体。

（五）仲裁裁决结果类型

争议仲裁委员会经过审理，根据不同情况，分别作出以下裁决：

（1）具体行为、决定证据确凿，适用法律、法规、规章等规定正确，符合法定程序的，裁决维持原行为、决定，驳回当事人的申请。

（2）具体行为有下列情形之一的，裁决撤销或者部分撤销，并可以裁决被申请人重新作出具体行为或决定：主要证据不足的；适用法律、法规、规章等规定错误的；违反法定程序的；超越职权的；滥用职权的。

（3）被申请人不履行或者拖延履行法定职责的，裁决其在一定期限内履行。

（4）对于显失公正或违法的兴奋剂违规处罚，可以直接裁决变更处罚。

（六）仲裁的效力

兴奋剂争议仲裁机构的仲裁效力由全国性单项体育协会、赛事组织者等反兴奋剂组织在各自章程或与参赛者的协议中规定。

二、职业体育兴奋剂纠纷仲裁制度构建

我国《体育法》、国务院《反兴奋剂条例》均作了体育仲裁/兴奋剂纠纷仲裁的原则性规定。2014 年国家体育总局出台的《体育运动中兴奋剂管制通则》，明确提出兴奋剂纠纷可以申请国家兴奋剂争议解决机构裁决。然而《体育运动中兴奋剂管制通则》整体上对反兴奋剂管理的规定仍然是围绕国际奥委会、国际单项体育协会、国家奥委会、国家单项体育协会等竞技体育组织的竞赛管理体制而设计的，对于职业体育适用性并不强。职业体育与竞技体育相比有许多自身的特点，兴奋剂违规的禁赛处罚直接关乎运动员的劳动者权益，职业体育的兴奋剂纠纷解决机制需要考虑职业体育自身的特点和因素。

我国职业体育属于"政策推导型"或"政府推导型"，[1]同美国在体育管理体制、职业体育组织形式等制度背景方面存在

---

〔1〕 胡利军、杨远波："中国职业体育发展研究"，载《体育科学》2010 年第 2 期。

差异，但是我国正在加快建立职业联盟，推行职业联赛理事会的独立法人化，职业体育联盟自治的框架是可以确定的，我国职业联盟脱离全国性单项体育协会和体育主管部门成为真正意义上完全独立的主体是必然的发展趋势。随着联盟的独立，依赖于全国性单项协会的会员制度建立的兴奋剂违规处罚和兴奋剂纠纷解决等制度也就无法再适用于职业体育。美国职业联盟与我国的职业联赛（发展还不成熟的职业联盟）内部结构具有很多相似之处，其兴奋剂纠纷仲裁正反两方面的经验教训，可以为我国职业体育的反兴奋剂制度建设提供有益启示。在职业体育兴奋剂纠纷仲裁制度构建方面，具体包括以下内容：

（一）裁决形式：在职业联盟内部常设兴奋剂纠纷审查委员会

为平衡联盟自治同保护运动员权益的需要，可以借鉴美国职业联盟的裁决形式，设置专门的审查委员会作为联盟内部的兴奋剂纠纷解决机构，由一名中立审查委员以及两名由具体案件中原被告双方各自任命的委员进行纠纷裁决。审查委员会区别于全国性单项体育协会设立的仲裁机构，如足协设立的仲裁委员会，同时又区别于《体育法》第 32 条所指的体育仲裁机构，其是职业联盟作为自治主体的内部争议解决机构。在我国，全国性单项体育协会曾经主导了职业联赛的创办，然而，随着职业体育的发展，职业体育以经营体育竞赛等体育产品、追求利润最大化的特性会越来越明显，协会作为非营利性的社会团体，并不适合直接参与职业体育。同时，随着联赛的独立、联盟的发展以及我国正在推行的协会去行政化，协会将逐渐回归到行业指导、协调的角色，对职业体育的直接管理将越来越淡化。因此，本书提出的审查委员会并非协会作为参与者或管理者而设立的争议处理机构，而是职业联盟在内部设置的兴奋剂纠纷解决机制，前者强调协会对其会员的管理和约束，后者则是处理联盟内部纠纷，更多强调联盟的自治性。

（二）裁决人员：任命中立的审查委员处理兴奋剂纠纷

美国职业联盟兴奋剂纠纷仲裁的一大特色是从外部任命中立仲裁员裁决纠纷。中立仲裁员由联盟与联盟运动员工会共同从美国国家仲裁协会或者 CPR 提供的仲裁员或律师名单中选任，双方得以相互制约。此外，仲裁员是从外部选任的主体，与联盟或运动员工会无任何隶属关系，其任期固定，收取报酬而非领取薪金，并由利益对立的双方共同给付，最大限度保证其公正性、中立性。我国职业联盟兴奋剂纠纷解决机制可以吸收该制度的合理成分，任命中立的审查委员为专门裁决主体，以其为审查委员会首席委员，并充分借鉴美国对抗式的选任机制。当然，在美国，运动员工会是与联盟对立的运动员利益的坚定维护者，这有赖于美国工会的独立性以及其薪资激励机制，但我国工会"在劳动关系中缺失独立性，存在依附性"，[1]很难与联盟形成分立的格局共同选任中立的审查委员。可通过广泛代表运动员利益的联盟运动员代表大会或其他运动员组织与联盟共同选任中立的审查委员，无法达成合意，可采用"去掉"（stirke out）机制，从备选名单中依次划去各自的排除人选，直至最后剩下一个名字即是中立审查委员最终人选。中立审查委员依自身意志裁判，报酬可由双方联合设立的基金予以支付，其任期固定。同时，吸取美国职业联盟的反面教训，联盟或运动员代表大会不得随意解除对中立审查委员的任命。

需要专门指出的是，中国足协的仲裁制度之所以受到学者

---

〔1〕 许晓军、曹荣："论工会在劳动关系中的独立性与代表性——基于企业工会干部职业化的若干思考"，载《中国劳动关系学院学报》2009 年第 6 期。

和业界的批评，其重要原因就在于足协仲裁委员会的组成人员完全由足协选任，中立性不足，其内部仲裁机制的不独立和行政干预难以保证其裁决救济的公信力。[1]在纪律处罚纠纷中，作出纪律处罚的机构就是代表足协管理反兴奋剂工作的足协内部机构，"对于组织或个体而言，控制了它的生计就等于控制了它的意志"，[2]在足协完全掌控仲裁委员会任命的情况下，就很难保证仲裁委员会不偏向代表足协利益的纪律处罚机构，其裁决的公正性广受质疑。职业体育兴奋剂纠纷中立审查委员的任命应充分借鉴美国模式的分立、对抗，其选任、任期、报酬等方面都要基于联盟与运动员组织的合意，同等体现联盟和运动员的利益，且中立审查委员从外部选任，与联盟无任何隶属关系，充分保证仲裁的公正中立。此外，美国职业联盟仲裁员都有非常高的选任要求，这一点也值得效仿。我国虽然没有如美国国家仲裁协会一样强大的民商事仲裁网络，但不乏声誉较好的仲裁机构以及在国际体育仲裁院仲裁过案件的仲裁员，中立审查委员可以从这些仲裁机构提供的优秀仲裁员名单或直接从国际体育仲裁院中国仲裁员中选任，并对其专业性提出适格要求。

（三）裁决效力：在联盟范围内具有终局性

美国职业体育联盟兴奋剂纠纷仲裁裁决不仅在联盟内部具有终局性，凭借 FAA 的授权，裁决还获得了排斥司法管辖的强制约束力。在我国，由于仲裁制度属于《立法法》规定的法律保留事项，必须由全国人大或常委会以法律形式规定。职业联

---

〔1〕　张春良："体育协会内部治理的法治度评估——以中国足协争端解决机制为样本的实证考察"，载《体育科学》2015年第7期。

〔2〕　［美］汉密尔顿等：《联邦党人文集》，程逢如等译，商务印书馆1997年版，第396页。

盟兴奋剂纠纷审查委员会只是联盟内部的争议解决机构，其裁决行为并非法律规定的仲裁，裁决效力只及于联盟内部，也不能排斥司法管辖。但是在联盟内部，裁决作为兴奋剂纠纷全面而最终的处理具有终局性效力，联盟、俱乐部、运动员以及运动员代表大会等组织均受裁决约束，必须尊重和执行裁决。借鉴美国的制度设计，可以通过协议明确裁决的效力和地位。因我国集体谈判协议等相应机制未建立或不健全，可以在运动员与联盟的协议中明确兴奋剂纠纷应当提交审查委员会处理以及裁决在联盟内具有终局效力，作为仲裁的合法性来源。

作为联盟内部的纠纷处理机构，没有法律的授权，审查委员会的裁决无法获得法院承认与执行的强制力，但是从我国的司法实践来看，兴奋剂纠纷大多因纪律处罚引起，专业性、技术性较强，又具有明显的行业特征，出于尊重体育自治，法院一般不会直接受理案件。实践中，法院甚至拒绝对体育组织的处罚进行审查，[1]因而包括兴奋剂纠纷在内的纪律处罚案件很少进入诉讼程序。可以说，由于案件本身的特性，虽然无法排斥法院的管辖，但对于职业联盟的兴奋剂纠纷裁决，法院的介入并不多。但是，为了避免出现类似于美国职业体育联盟兴奋剂纠纷仲裁对运动员救济不足的缺陷，需要以外部审查监督为运动员提供上诉渠道，未来国家立法层面构建起体育仲裁机构，并通过法律将职业联盟内部的兴奋剂纠纷纳入其仲裁范围之后，联盟兴奋剂纠纷解决机制可以以之作为上诉仲裁机构，与其衔接：在内部争议处理完结之后，当事人不服的，可以自行申请将纠纷提交体育仲裁机构，为运动员提供二次救济。这并不影

---

〔1〕 韩勇："我国体育纪律处罚机制研究"，载《首都体育学院学报》2007 年第 1 期。

响联盟内部的兴奋剂纠纷解决机制的有效运行。在国家体育仲裁机构未建立之前，还可提交国家兴奋剂争议解决机构，以其为上诉裁决。

（四）裁决范围：以兴奋剂违规处罚纠纷为主

职业联盟兴奋剂纠纷解决主要是针对兴奋剂违规处罚而引起的纠纷，这类争议专业性强，时效要求高，又直接关系运动员切身利益，应当为运动员提供公正而高效的权利救济渠道。美国职业联盟可仲裁的兴奋剂纠纷范围不限于涉及兴奋剂违规处罚发生的争议，在此基础上各联盟都根据自己的需要对兴奋剂纠纷的范围进行了扩大，体现出联盟对运动员权益的尊重与保护。因职业体育不同于竞技体育，对职业运动员的反兴奋剂规制还需要符合劳动法律法规的相关要求，扩大兴奋剂纠纷范围为运动员提供周全保护，这实质上根源于美国劳动法对劳动者的倾斜保护，与我国劳动法关注对劳动者合法权益保护的精神与原则是一致的。我国职业联盟兴奋剂纠纷解决也可适当扩大兴奋剂纠纷的范围，如纳入因联盟反兴奋剂管理产生的侵权行为，通过裁决一并解决因兴奋剂违规产生的运动员转会等问题，为运动员提供全面的权利救济。

（五）裁决程序：制定专门适用兴奋剂纠纷的程序规则

美国职业体育联盟针对兴奋剂纠纷仲裁有一套特殊的程序，突出兴奋剂纠纷处理的及时性要求和当事人合意对程序的可选择性。例如 NBA 除了规定特殊的仲裁程序要求以外，未尽的具体程序规则直接适用美国国家仲裁协会的劳动仲裁规定，限缩兴奋剂纠纷处理程序时限的同时，运用美国国家仲裁协会成熟的仲裁规则尽可能使仲裁程序接近正义。我国职业联盟的兴奋剂纠纷解决可以制定专门的程序规则，明确兴奋剂纠纷处理的特殊要求，规定兴奋剂纠纷处理的加急程序以及当事人合意可以对部分程序进行选择或者控制，其他具体规则可以借鉴或适用我国《仲裁法》或劳动仲裁、经济仲裁的相关规定。一方面通过专门的程序规则适应兴奋剂纠纷处理的特殊性，另一方面，尽可能运用成熟的仲裁规则与国家法律相协调，增强程序的正义性。

（六）裁决保密：设置信息保密条款

出于维护联盟和运动员名声形象的考虑，美国职业棒球大联盟、NBA、NHL、NFL无一例外地设置了兴奋剂违规信息的保密规定，对兴奋剂纠纷仲裁的保密则更加严格，即使是当事运动员也不得泄漏仲裁裁决的内容，违反保密规定还要面临处罚。我国可以合理借鉴美国职业联盟的相关做法，兴奋剂纠纷未作出最终裁决前，运动员是否构成兴奋剂违规还并不确定；同时，鉴于兴奋剂纠纷信息一旦公开运动员的声誉将遭受毁灭性打击，即使证明运动员清白也很可能无法挽回损失，兴奋剂纠纷审理应当不公开进行，兴奋剂纠纷裁决也应当予以保密，除非当事人合意选择公开。但是，兴奋剂纠纷裁决需要接受外部监督，仲裁信息不能过于封闭。在兴奋剂纠纷获终局性解决之后，联盟对运动员兴奋剂违规相关信息的披露应当合理且谨慎，注意公众监督与运动员权益保护二者间的平衡，合理确定应当保密的内容与对外公开的信息。

英国反兴奋剂小组规则（2015）

1 简介

1.1 政府机构或其他相关机构（NGB）可以授予国家反兴奋剂小组管辖权，听证和决定根据 NGB 的反兴奋剂规则和法规所引起以下部分或全部事项（反兴奋剂规则）：

1.1.1 任何由英国反兴奋剂组织提起的控诉（NADO），NGB 或其工作人员（反兴奋剂组织）认为运动员或受反兴奋剂规则约束的其他当事人（被申请人）违反兴奋剂条例，以下称为兴奋剂违规行为（ADRV），依照本规则；

1.1.2 被上诉人的临时停赛未决案件；或者

1.1.3 反对根据反兴奋剂条例产生的任何事项所做出的决定（无论是通过国家反兴奋剂小组仲裁庭还是由 NGB 指定的其他仲裁庭）提出上诉的。

1.2 反兴奋剂规则或任何其他规则、条例、协议、提交或参考授予国家反兴奋剂小组的某一事项的管辖权，应视为当事人已同意根据此规则审理和解决此类事项，并适时修订国家反兴奋剂小组规则。

1.3 国家反兴奋剂小组规则构成仲裁协议，根据国家反兴奋剂小组规则，仲裁程序进行地点应在英国伦敦，旨在引起 1996 年仲裁法的适用。

1.4 国家反兴奋剂小组规则可由主席适时修订，以反映对

《世界反兴奋剂条例》所做出的任何修改以及其他要求，旨在确保它们符合目的。任何修正案应由国家反兴奋剂小组秘书处公布，并确认修正案的生效日期以及任何过渡安排。

2 定义和解释

2.1 除另有说明，在适用国家反兴奋剂小组规则过程中，以下术语应使用下面给出的含义：

阳性检测结果	具有"规则"中该术语的含义。
ADRV	具有第 1.1.1 条中该术语的含义。
反兴奋剂组织	具有第 1.1.1 条中该术语的含义。
上诉仲裁庭（appeal tribunal）	指根据第 5.3 条任命审理和裁定上诉的 3 名仲裁员的仲裁庭。
上诉人	具有第 13.1 条中该术语的含义。
仲裁庭	指按照第 5.1 条任命的 3 名仲裁员的独任仲裁员或仲裁庭，以听证和决定指控和/或临时停赛问题。
CAS	国际体育仲裁院。
条例	《世界反兴奋剂条例》，其副本可在 WADA 网站 www.wada-ama.org 上找到。
后果	具有"规则"中该术语的含义。
污染产品	具有"规则"中该术语的含义。
国际赛事	具有"规则"中该术语的含义。
国际级运动员	具有"规则"中该术语的含义。

国际标准	是指世界反兴奋剂机构根据"规则"发布的标准之一。
实验室国际标准	指 WADA 发布的该名称的国际标准，其副本可在 WADA 网站 www.wada-ama.org 上找到。
未成年人	具有"规则"中该术语的含义。
NADO	具有第 1.1.1 条中该术语的含义。
NADP	是指国家反兴奋剂小组，从中召集仲裁庭和上诉仲裁庭审理和决定国家反兴奋剂小组具有管辖权的事项。
NADP 规则	指文中规则。
NADP 秘书处	指该名称的主体，可联系 c/o 体育委员会（英国），伦敦，1 Salisbury 广场，EC4Y 8AE。电话：020m 7036 1966
NGB	具有第 1.1 条中该术语的含义。
上诉通知	具有第 13.5 条中该术语的含义。
主席	指国家反兴奋剂小组主席，履行国家反兴奋剂小组规则中赋予的职能。
临时停赛	具有"规则"中该术语的含义。
请求仲裁	具有第 4.1.1 条中该术语的含义。
被上诉人	具有第 1.1.1 条中该术语的含义。
仲裁庭/法庭	指根据情况所需的仲裁庭和/或上诉仲裁庭/法庭。
副主席	指国家反兴奋剂小组副主席，履行国家反兴奋剂小组规则中赋予的职能。
WADA	指世界反兴奋剂机构。
工作日	指在伦敦银行营业的日期（星期六或星期日除外）。

2.2 提及男性应视为包括女性。对国家反兴奋剂小组的主席和副主席、秘书处、专家、任何仲裁员、证人当事人和法律代表的提及应视为包括两种性别。

2.3 适用的条款指国家反兴奋剂小组规则中的条款，另有说明除外。

3 通知和期间

3.1 根据国家反兴奋剂小组规则要求当事人提供的通知或其他通信必须以书面形式，并且必须通过一级邮件发送或通过传真或电子邮件发送。如果通过一级邮件发送，应被视为在发送之日后的工作日发出。如果在工作日下午5点（伦敦时间）之前通过传真或电子邮件发送，应被视为在该工作日发出。如果在非工作日，在工作日下午5点（伦敦时间）或之后发送，应视为在下一个工作日发出。

3.2 除非通知所有各方当事人和国家反兴奋剂小组秘书处更改地址，否则缔约方最后告知的居住地或营业地应是任何通知或其他通信的有效地址。

3.3 对国家反兴奋剂小组规则规定期间的计算，应在通知或其他通信发出的第二日开始计算，包括此期间内的非工作日，若期间在非工作日结束，则应视为在下一个工作日结束。

4 国家反兴奋剂小组管辖权的适用

4.1 在下列情况下，应适用国家反兴奋剂小组对事项的管辖权：

4.1.1 如果反兴奋剂组织向国家反兴奋剂小组秘书处提交书面请求，以确定反兴奋剂组织根据反兴奋剂规则对被上诉人提出的一项或多项控诉，则该请求（仲裁请求）必须包含或附加：

4.1.1.1　反兴奋剂组织和被上诉人的联系方式；

4.1.1.2　规则、条款、协议、提交或参考给予国家反兴奋剂小组听证和裁定上诉的管辖权的副本；

4.1.1.3　寄送给被上诉人的通知书副本以及被上诉人提交的所有书面回复；

4.1.1.4　关于仲裁行为或地点或仲裁员人数的建议，任何临时救济请求以及关于仲裁程序的任何特殊情况的说明（包括但不限于参与仲裁程序的未成年人的出生日期）和/或是否需要加快诉讼；和

4.1.1.5　确认依照规则和/或反兴奋剂条例，被上诉人和任何其他有权收到通知的一方或多方有权同时送达仲裁请求副本和所有附文。

4.1.2　根据第 6 条，反兴奋剂组织或被上诉人向国家反兴奋剂小组申请，给予被上诉人临时停赛；和/或

4.1.3　根据第 13.5 条，上诉人向国家反兴奋剂小组秘书处提起上诉。

4.2　根据第 4.1 条如果引起国家反兴奋剂小组对某一事项的管辖权，则国家反兴奋剂小组秘书处、主席、副主席和国家反兴奋剂小组成员应依照国家反兴奋剂小组规则的分工处理事项。

4.3　如果当事人要求就某事项与主席、副主席和/或国家反兴奋剂小组成员取得联系，应通过国家反兴奋剂小组秘书处，并告知所有其他当事人。

5　仲裁庭的构成

5.1　如果收到仲裁请求，主席应任命 3 名国家反兴奋剂小组仲裁员组成仲裁庭，一名担任主席，根据国家反兴奋剂小组规则对指控进行听证和做出决定，除非主席认为该请求适合由独任仲裁员

裁定。根据本条规则，主席的任命者应称为"仲裁庭"（arbitral tribunal）。

5.2　如果在仲裁庭召开之前已经临时停赛或任何其他紧急事项需要做出决定，则主席本人应对该事项做出决定或将该事项转交副主席决定。

5.3　如果收到上诉通知，主席应任命3名仲裁员组成仲裁庭，一名担任审判长，根据第13条（上诉仲裁庭）对上诉听证和决定。

5.4　根据此规则任命的所有国家反兴奋剂小组仲裁员都必须始终保持公正和独立，并且必须事先没有参与此项争议。在被任命为仲裁庭之前，每名仲裁员必须签署一项声明，除声明中公开的情况外，还应声明没有任何可能被当事人质疑其公正性或独立性的事实或情况。每名仲裁员任命后有责任继续向主席披露出现的任何此类情况。主席应根据披露，决定是否任命（或应继续担任）此仲裁员为仲裁庭成员。

5.5　国家反兴奋剂小组秘书处应将组成仲裁庭的指定仲裁员的身份通知各方当事人，并应提供每名成员的书面独立声明的副本。指定仲裁员将听证并决定该事项。有正当异议的任何一方必须在收到此类声明后14日内通过秘书处将其反对意见通知至主席。主席应对此类反对意见的合法性做出决定，其决定为最终决定。

5.6　任何一方当事人均可对仲裁员提出质疑，如果仲裁庭成立后，出现对其公正性或独立性提出合理质疑的情况。质疑意见必须在该方意识到此种情况后14日内做出。除非受质疑的仲裁员撤回或所有各方当事人同意该质疑，否则主席应对该质疑做出决定，主席的决定为最终决定。

5.7　如果仲裁员请求辞去仲裁庭职位，或由于其他理由不愿意、不能或不适合从事此工作，主席应撤销对该成员的任命，并可酌情任命另一名国家反兴奋剂小组仲裁员或经其余仲裁员同意并考虑案件的情况和诉讼阶段，授权其余的仲裁员继续单独听证和决定该事项。

6　临时停赛相关事宜的申请

6.1　反兴奋剂规则可允许反兴奋剂组织在特定情况下向国家反兴奋剂小组申请对被上诉人实施临时停赛。

6.2　此外，反兴奋剂规则可以允许被上诉人向国家反兴奋剂小组提出申请，包括不应给予临时停赛，或应当给予临时停赛。

6.3　反兴奋剂组织根据第 6.1 条提出的或者被上诉人根据第 6.2 条提出的申请，应由仲裁庭根据第 5.1 条做出决定，或者

（如果是紧急申请且尚未组成仲裁庭）由主席或副主席根据条款 5.2 做出决定，适用以下条款：

6.3.1　双方当事人的任何陈述应以书面形式提出，或者在仲裁庭或主席在电话会议适用的情形下口头做出。除非获得仲裁庭/主席/副主席允许，否则任何个人无权出席庭审；

6.3.2　仲裁庭、主席、副主席应在做出此类决定之前给予反兴奋剂组织对被上诉人意见做出评论的机会；和

6.3.3　在符合上述规定的情况下，应尽快对申请做出决定。

6.4　国家反兴奋剂小组反对根据第 6.1 条或第 6.2 条所做出的决定，被申请人有权根据第 13.5 条对该决定提起上诉（除非违规行为可能事出污染产品，强制性临时停赛没有取消，则该决定不可上诉）。应根据第 5.3 条和第 13 条提起此类上诉（若主席做出上诉决定，则上诉仲裁庭成员须由副主席选出）。

6.5　受临时停赛处罚的被上诉人有权根据案件利弊立即召开听证会，在任何情况下（除非不切实可行）应在实施临时停赛之日起 14 天内召开，除非被上诉人另行同意。

7 诉讼程序

7.1 （根据第1.3条）所有诉讼程序的地点（无论是一审或上诉）应在英国伦敦，但为了方便起见，仲裁庭可酌情决定举行会议、听证或审议的地点。

7.2 仲裁庭应根据反兴奋剂规则、国家反兴奋剂小组规则和反兴奋剂规则中规定的实体法，或根据反兴奋剂组织所在的国家制定的法律（在此类规则中没有明确规定适用法律的情况下）决定争议。

7.3 如果反兴奋剂规则和国家反兴奋剂小组规则存在任何冲突，应以反兴奋剂规则为准。

7.4 根据国家反兴奋剂小组规则，在所有诉讼过程中由当事人自费聘请辩护人或其他代表。

7.5 根据国家反兴奋剂小组规则，仲裁庭有履行其职责所需的一切权力，包括（但不限于）应一方当事人请求或主动适用：

7.5.1 任命一名专家协助或就一个或多个具体问题向仲裁庭提供咨询意见，专家应对各方当事人保持公正和独立，并由签约方按照仲裁庭规定的方式支付费用；

7.5.2 为公平起见，自行决定加速或中止、推迟或暂缓诉讼；

7.5.3 根据国家反兴奋剂小组规则、反兴奋剂规则或仲裁庭自己的安排，延长或缩减任何时限；

7.5.4 为查明事实而进行所需或适当的调查询问；

7.5.5 命令任何一方将其所有或控制的任何财产、文件或其他物品上交仲裁庭及任何其他方接受检查；

7.5.6 在原当事人同意的情况下，允许一个或多个第三方干涉或介入诉讼程序，就此类干涉或介入做出所有适当的程序指示，并对所有当事人做出单一最终决定或单独决定；

7.5.7 确认某些初步 (和/或潜在的决定性) 问题, 例如关于管辖权或是否满足兴奋剂违规行为的先决条件 (例如, 违反条例第 2.10 条), 在事项中的任何其他问题之前进行听证和决定;

7.5.8 对临时救济或其他保护措施的暂定和最终决定;

7.5.9 根据第 6.3 条实施或/和取消临时停赛;

7.5.10 在最终裁决中 (受任何上诉权限制), 对自己的管辖权作出裁决。

7.6 在 3 人组成的仲裁庭所受理的所有案件中, 主席可自行作出程序性裁决。

7.7 主席应有以下权力, 无论是应一方当事人请求或主动适用:

7.7.1 经各方当事人同意, 将诉讼程序与其他实质上类似或相关的国家反兴奋剂小组程序合并, 和/或命令就此类程序同时举行听证会;

7.7.2 在仲裁庭开庭前暂定临时救济或/和命令采取其他保护措施;

7.7.3 根据第 6.3 条规定或在仲裁庭召开之前实施或取消临时停赛。

7.8 在仲裁庭成立后, 审判长应尽快告知当事人相关法律程序和在诉讼中应遵循的时间。如果认为适当, 应在发出该指令前召开听证会。特别是, 指令应:

7.8.1 确定听证会的日期、时间和地点。根据第 6.5 条, 听证会应在国家反兴奋剂小组秘书处收到仲裁请求书起 40 天内进行, 但为公平起见或当事人另有约定除外;

7.8.2 在听证会之前做好交换书面陈述和证据的时间安排, 包括反兴奋剂组织认定初步证据, 确认被上诉人的辩护和/或减轻的详细情况, 以及反兴奋剂组织回应被上诉人的辩护和/或减轻的规定；

7.8.3 就任何证人或专家证据的产生方式和形式，做出认为适当的命令，条件是：

7.8.3.1 提交证人或专家意见作为证据的一方，应在主席指定听证之前，送达一份载有该证人或专家的证据的陈述书或/和报告书；和

7.8.3.2 仲裁庭有权允许、拒绝或限制证据出示或任何证人或/和专家出庭；

7.8.4 就任何一方所有或持有的有关文件和/或其他材料的披露，做出他认为适当的命令；条件是除了出示正当理由外，不得对与实验室分析有关的任何文件和/或其他材料进行公开，实验室分析导致超出实验室国际标准之外的阳性检测结果应当记载在实验室报告中。

7.9 如果仲裁庭自行决定或应当事人要求决定召开听证会，听证会可现场举行或通过电话或视频会议进行。任何一方或其代表缺席听证会，在收到听证会通知后，不论该方或其代表是否提出任何书面陈述，不得阻碍审判长在该方缺席时召开会议。

8 听证会

8.1 除非任何一方出示正当理由，所有听证会应在私下和保密的基础上进行，只能由诉讼各方参加（例如，在一审诉讼案件中，反兴奋剂组织和被上诉人；上诉案件，上诉人和上诉的任何他方当事人）及其代表和证人，以及根据条例或反兴奋剂规则准许参加的任何第三方的代表参加和/或观察诉讼。

8.2 根据反兴奋剂规则提出上诉的各当事人，如果不是仲裁庭诉讼的当事方，并且不愿参加听证会的，反兴奋剂组织应告知诉讼程序的情况。

8.3 听证会应以英语进行。被上诉人有权使用自己聘请的翻译人员。任何请求用英语以外的语言编写文件的当事人,应自费翻译官方英语文件。

8.4 听证会中需遵循的程序,应由仲裁庭主席酌情决定,听证会始终以公平的方式进行,给予各方提供证据的机会(包括传唤和提问证人的权利),说明仲裁庭和涉案双方的责任和处罚后果。仲裁庭应自行决定是否当面、通过电话、视频会议或书面形式接收证人的证据,并有权提问证人和控制当事人对证人的询问。

8.5 除非仲裁庭命令当事人只可做书面陈词,否则所有各方当事人应与任何代表一起亲自出席听证会。任何一方或其代表缺席听证会,在收到听证会通知后,不论该方或其代表是否提出任何书面陈述,不得阻碍仲裁庭在该方缺席时进行会议。

8.6 一旦双方完成提交,仲裁庭应休庭以确定被上诉人已承认的违规行为与被指控的行为是否满足要求。仲裁庭应做出一致决定或多数决定。仲裁庭法官不得投弃权票。

9 举证责任与证明标准

9.1 仲裁庭应适用反兴奋剂规则规定的举证责任与证明标准,以及反兴奋剂规则中规定的任何进一步证据的规则和/或程序。

9.2 根据第9.1条,仲裁庭有权决定任何证据(包括任何事实或专家证人的证词)的能否受理性、相关性和重要性,并不受与这类事项有关的任何司法或证据规则的约束。任何可靠的方法均可以证明与兴奋剂违规相关的事实,包括承认。

10 违规后果

如果仲裁庭认定被上诉人已经实施了被指控的兴奋剂违规行为,将根据反兴奋剂规则给予处罚。

11 仲裁庭裁决

11.1 除非获得主席批准（书面通知当事人），仲裁庭应书面通知当事人裁决结果，审判长应在听证会结束后之日起 15 个工作日内签署对各方当事人的书面决定。书面决定应当阐明和解释：

11.1.1 仲裁庭关于被上诉人的兴奋剂违规行为（如果有）的调查结果；

11.1.2 根据调查结果应给予的处罚及理由。在仲裁庭根据反兴奋剂条例行使其自由裁量权的情况下，该决定应详细解释仲裁庭行使自由裁量权及行使方式的依据；

11.1.3 就该项决定提出上诉的权利。

11.2 仲裁庭认为某一方提出的论据是轻率的或完全没有法律依据，可判处其认为适当的诉讼费予该方。但除此之外，各方应支付其法律、专家或其他方面的费用，仲裁庭无权命令任何其他当事人支付这些费用或召开仲裁庭的费用。

11.3 国家反兴奋剂小组秘书处将裁定的副本发送给当事人和对裁定有权提起上诉的任何其他当事人。

11.4 根据国家反兴奋剂小组规则的程序是保密的，仲裁员、当事人、第三方观察者或证人无权披露与诉讼有关的任何事实或其他相关信息；但条件是：

11.4.1 如果仲裁庭认定被上诉人已经实施了兴奋剂违规行为，一旦被上诉人对决定提起上诉，则国家反兴奋剂小组秘书处应公开该决定，除非被上诉人反对决定提出上诉，在这种情况下，国家反兴奋剂小组秘书处在被上诉人决定上诉之前不得公开该决定（除非被申请人是未成年人，并且在涉及未成年人的案件中的任何公开披露应与案件的事实和情况相称）。

11.4.2 如果仲裁庭已认定兴奋剂违规行为未发生，则国家反兴奋剂小组秘书处不得公开该决定，除非经被上诉人同意。如未经被上诉人同意，国家反兴奋剂小组秘书处可以公布决定的摘要，公开内容不能使公众识别被上诉人。

12　上诉的初步审理或程序规则

仲裁庭的初步审理或程序规则不得上诉，除非（1）该决定具有决定性（该决定相当于最终决定）或（2）虽不具有决定性，但随后并入最终决定。如果（1）或（2）适用，可根据第 13 条或第 14 条（如适用）提出上诉。为免生质疑，可根据第 6.4 条对与临时停赛有关的决定提出上诉。

13　对仲裁庭决定的上诉

13.1　根据第 12 条，仲裁庭根据国家反兴奋剂小组规则公布的决定是最终决定，对各方当事人均具有法律效力。任何一方可按照反兴奋剂规则，由有上诉权的任何人（上诉人）向上诉仲裁庭提起上诉。在上诉决定中，除非上诉仲裁庭另有命令，否则上诉决定仍具有法律效力。

13.2　所有各方放弃任何权利不可撤销，对于在任何法院或司法机关或任何其他形式的上诉、审查或索赔，只要做出有效放弃声明即可。为免生质疑，该放弃声明适用于根据 1996 年仲裁法第 45 条或第 69 条产生的任何权利。

13.3　上诉人若非对决定提起上诉的一方，应有权收到导致决定的诉讼记录的副本，包括任何笔录供词的副本。如果上诉人提出要求，秘书处应在合理可行的情况下尽快向该方提供记录和/或笔录。

13.4　审查标准：

13.4.1　为了公平起见（例如在仲裁庭程序中纠正程序错误）

根据第 13 条向上诉仲裁庭提起的上诉应采取重新审理的形式，例如，上诉仲裁庭应从头开始再次举行听证会，不受上诉决定的任何限制。

13.4.2　在所有其他情况下，向上诉仲裁庭提起的上诉不得采取听证会复审的形式，仅限于审查被上诉决定是否有错误。

13.5　有意向上诉仲裁庭提出上诉的任何一方必须在收到上诉决定后 21 天内向秘书处提交文件（上诉通知书），其中包含或附有以下内容：

13.5.1　上诉人和任何其他一方/上诉当事人的联系方式；

13.5.2　被上诉决定的副本；

13.5.3　规则、条款、协议、提交或参考给予国家反兴奋剂小组听证和裁定上诉的管辖权的副本；

13.5.4　上诉理由的陈述；

13.5.5　关于上诉行为或地点的任何建议，以及关于上诉任何特殊情况的说明，包括但不限于介入上诉的任何未成年人的出生日期，是否寻求任何临时救济，和/或是否需要加快诉讼程序；和

13.5.6　确认根据反兴奋剂条例和/或反兴奋剂规则，有权向其通知的一方或多方同时提供上诉通知书副本。

13.6　上诉程序：

13.6.1　按照第 13.5 条向秘书处提交上诉通知，主席应根据第 5.3 条任命上诉仲裁庭。

13.6.2　第 5、7、8、9、10 条及第 11 条适用于上诉仲裁庭的法律程序（例如任何修改应视为是根据不同情况做出的）。

13.6.3　上诉应当迅速进行。除非所有各方同意或为公平起见，否则秘书处应在收到上诉通知后 40 天内举办上诉听证会。

13.7　国际联合会，国际反兴奋剂组织，国家理事机构或其他相关组织和世界反兴奋剂机构的相关各方如果不是上诉的缔约方，

有权由反兴奋剂组织告知上诉情况以及作为观察员出席上诉听证会。

13.8　为免生质疑，上诉仲裁庭有权根据反兴奋剂规则加重、减轻或免除仲裁庭所给予的任何处罚后果。

14　对上诉仲裁庭决定的上诉

14.1　根据第 12 条，上诉仲裁庭的决定为最终决定，具有法律效力，只能严格按照反兴奋剂规则的规定提起上诉。

14.2　所有各方放弃任何权利不可撤销，对于在任何法院或司法机关或任何其他形式的上诉、审查或索赔，只要做出有效放弃声明即可。为免生质疑，该放弃声明适用于根据 1996 年仲裁法第 45 条或第 69 条产生的任何权利。

15　其他

15.1　出现国家反兴奋剂组织规则另有规定的事项，主席（或副主席应主席要求）应以其认为合适的方式解决。

15.2　任何国家反兴奋剂组织、主席、副主席、国家反兴奋剂组织秘书处、任何国家反兴奋剂组织仲裁员或被任命协助仲裁庭的任何专家都不应对任何一方当事人与任何诉讼（一审或上诉）有关的作为或不作为负责，根据国家反兴奋剂组织规则进行，除非出于恶意或故意。

美国职业棒球大联盟药物禁止及治疗
联合规划（2016. 12. 1—2021. 12. 1）

　　职棒大联盟药物禁止及治疗联合规划（简称"规划"）乃大联盟执行总裁理事处与棒球大联盟球员协会（前者简称"执总理事处"，后者简称"球员协会"）双方协议为（i）教育球员使用禁用物质的风险（关于禁用物质的定义见下文第2部分）；（ii）阻止并最终得以结束球员对兴奋剂的使用；（iii）为解决因规划的解释以及适用而引起的争议以实现规划的总体目标而提供一个协调有序的系统化解决方法。除本规划有例外规定，所有因本规划而引起的争议皆适用基本协议*规定的申诉程序。

　　规划效力及于：（i）大联盟俱乐部40人名册上的所有球员；（ii）根据基本协议第19条及第20条而成为"自由人"的球员；以及（iii）被划出大联盟名册上的所有球员除非该球员自愿退休或者签约小联盟抑或签约不属于联盟的俱乐部。（iv）附件3和附件4关于"球员"的条款中规定的外国专家和特定"自由人"。

---

　　* 基本协议（Basic Agreement），是指联盟俱乐部与联盟工会集体谈判达成的基本协议。——作者注

1. 监督和管理

A. 独立的规划执行官

（1）选举和任期：

（a）执总理事处与球员协会（以下简称"双方"）将共同选举一个独立的规划执行官（the Independent Program Administrator, 简称 IPA）。IPA 不隶属于执总理事处、所有的大联盟俱乐部以及球员协会。

（b）IPA 的任命始于规划生效之日，并于 2021 年 12 月 31 日结束（初始任期）。如果双方都没有以书面形式通知撤换 IPA，则其可继续任职 5 年（后续任期）。于此，IPA 将续任 5 年任期，除非于 IPA 任期终止日至少 60 日前一方书面通知另一方撤换该专员。如果 IPA 辞职或者依据下文第 1 部分第 A 条第 1 款第 c 项，第 1 款第 d 项，第 e 项以及第 f 项规定的程序于初始任期或者后续任期届满之前被解除职务，则新的 IPA 将接任其剩余任期。

（c）在初始任期及任何后续任期之内，IPA 因行为不符合规划的规定以及错误决策而不能胜任都可能被解除职务。若一方认为存在解除 IPA 职务的理由可立即通知另一方（以及仲裁组主席）。双方将共同向 IPA 发出解除其职务意向的书面通知，在通知发出后的 7 日内，双方将推出一个临时 IPA 以处理相应事务直到 IPA 被复职或者新的 IPA 开始任职。临时 IPA 将独立于执总理事处、所有的大联盟俱乐部以及球员协会。7 日之内双方就临时 IPA 不能达成统一意见的，则由双方列出候选人名单提交给仲裁组主席，由其根据基本协议的第 11 条第 A 款第 9 项并与双方协商后，从 7 日后的第一个工作日开始的 5 日内选出临时 IPA。

（d）IPA 在收到解职书面通知的 7 日内，根据基本协议第 11 条第 A 款第 9 项，仲裁组将开始审理决定对 IPA 的解职是否存在正当的理由。执总理事处和球员协会双方以及 IPA 都有权向仲裁组提交证据，仲裁组将在听证结束的 10 日内做出决定。

（e）如果仲裁组最终决定解除 IPA 的职务，执总理事处及球员协会双方须在 30 日内选出继任者。如果双方不能在 30 日内选出继任者，则由双方列出候选者名单提交给仲裁组主席，由其于 30 日后的第一个工作日开始的 10 日内与双方协商后选出新的 IPA。

（f）如果 IPA 的任期并没有延伸至下一个 3 年，或者 IPA 于其任期内辞职，双方将任命一个临时 IPA 以处理相应事务直到选出新的常任 IPA。在 IPA 不能续任的情况下，双方须于 12 月 1 日之前推出一个临时 IPA 在双方没有于 12 月 1 日之前选出常任 IPA 的情况下处理相应事务。于 IPA 辞职之情形，双方将于 IPA 发出其辞职决定通知的 7 日内推出一个临时 IPA。于 12 月 1 日之前双方不能就临时 IPA 达成统一意见的（在 IPA 不能续任的情况下），或者在 7 日内（IPA 辞职的情况下），则由双方列出候选人名单提交给仲裁组主席，由其于相应期间结束后从第一个工作日开始的 5 日内与双方协商后选出临时 IPA。

（2）IPA 的职责：

（a）管理本规划规定的检测事宜，从尿样、血样的收集（规定于下文第 3 部分）到向执总理事处及球员协会报告测试结果；

（b）控制、维持及监督本规划规定的采集程序以及检测协议下的样本采集、实验室分析以及检测；

（c）审计本规划的检测结果并且审查本规划运作的各个方面，包括综合性药物检测公司（Comprehensive Drug Testing Inc.，简称 CDT）以及蒙特利尔实验室（规定于下文第 1 部分第 D 条）；

（d）在采集、运送以及分析尿样、血样方面与 CDT 以及蒙特利尔实验室交流、协商；

（e）依据本规划第 3 部分第 I 条管理用药治疗豁免的实施；

（f）于每年的 12 月 1 日提出以及公开发布关于实施检查的数量，蒙特利尔实验室报告的球员违反规定而导致的阳性检测结果的数量，阳性检测结果所涉及的物质，违反规定的非典型性阳性检测结果的数量，不符合用药治疗豁免的禁用物质违规数量。2020 年 12 月 1 日的公开报告中 IPA 须统计过去 5 年中赛季内以及赛季外实施检查的总数量；

（g）IPA 须对为确保本规划的合理管理以及本规划内数据记录的保密而采取的所有必要措施负责。

（3）IPA 无权对违反本规划的球员进行处罚。此类处罚由执总理事处全权负责。在第 3 部分第 F 条第 2 款，第 3 部分第 F 条第 3 款以及第 3 部分第 I 条的情形下，IPA 有权做出决定，除此之外，其无权进行调查或就可能违反本规划的事件作出裁决。

（4）由 IPA 负责安排执总理事处及球员协会的机构联合会议，以提供本规划运行的相关信息，包括对采集程序以及检测协议的审查以及修改其内容的提议。IPA 可邀请 CDT 或者药物检查官参加会议。

（5）除本规划（另有规定外/另有授权），IPA 对规划及其运行事项只能与执总理事处及球员协会的代表商议。

B. 治疗委员会

（1）由治疗委员会负责监督对使用以及被怀疑使用毒品性物质的球员的治疗。毒品性物质界定于下文第 2 部分第 A 条。治疗委员会将负责对使用以及被怀疑使用滥用性的球员进行评估和治疗，包括对球员本身进行评估；在适当的时候开展或参与针对球员个人的计划（即治疗计划）；以及控制、监督球员治疗计划的进程使之与治疗计划的规定相符合。

（2）治疗委员会由双方各自的一个医药代表（即医药代表）（该代表必须是执业医师且是化学药品诊断和治疗方面的专家）以

及双方各自的一个医药事务之外的代表（Party representative，协议方代表，意思是执总理事处和球员协会的代表，该代表必须是执业律师）组成。由执总理事处或者球员协会对各自的代表进行任命或解职，并没有任期限制。

（3）治疗委员会在处理其职责范围内的事务时，须达成一致决定。不能达成一致决定，则根据多数意见决定。不能形成多数意见则遵循以下程序：

（a）由两个协议方代表选出作为治疗委员会第五成员（the fifth member，简称"第五成员"）的两个候选人。第五成员必须是隶属于美国仲裁协会或者国家仲裁员协会的劳动仲裁员。这两个候选人作为潜在的第五成员，任期1年，从1月1日起至12月31日止。除非在每年的10月31日前一方以书面通知另一方其打算撤换第五成员，第五成员的任期将自动延续1年。

（b）不论任何问题，治疗委员会对其不能形成多数决，则任何一方皆有权以书面形式通知另一方以任命一位第五成员以解决争议。第五成员将在要求任命的一方发出书面形式通知的24小时内被任命。除本规划规定了特殊期间，第五成员应于其被任命后尽快与治疗委员会的其他成员召开电话会议，在双方协议或者第五成员决定的时间范围内由治疗委员会（包括第五成员）进行投票。

（c）双方可对两位第五成员候选人进行轮流任命。但是，如果其中一位因其他事务无法在上文第3款b项规定的时间范围解决争议，而另一位候选人可以，该候选人将被任命除非双方有相反意见。

C. 采集服务

为实现本规划的规定，CDT将负责采集所有的尿液及血液样本并负责样本的运送。

D. 实验室分析

为实现本规划的规定，将由获得世界反兴奋剂机构认证的实验室进行实验室分析，本规划即由加拿大魁北克省蒙特利尔市的兴奋剂控制实验室（阿尔芒-弗拉皮耶研究所，英文简称 IRNS）进行实验室分析。

E. 药物检查官

（1）蒙特利尔实验室主任将担任药物检查官并且负责实施本规划第 3、4 部分规定的所有球员样本的采集。

（2）药物检查官将对本规划第 3 部分第 H 条所规定的问题做出决定并通知 IPA，将对其他依据规划而进行的检查所涉及的科学问题提供建议。除依双方共同要求，药物检查官只能依本规划第 3、4 部分的规定检查球员的尿液及血液样本，而不得检查其他样本或者物质。

F. ADD/ADHD 专家组

执总理事处及球员协会双方将任命拥有成人注意力缺陷障碍专门知识的 3 名精神科医生作为注意力缺陷障碍专家组（简称"专家组"）。专家组成员任期 1 年，从 1 月 1 日起至 12 月 31 日止。双方将从专家组成员中选出一人为首席。除非在每年的 10 月 31 日前一方书面通知另一方其打算撤换某一专家组成员，专家组成员的任期将自动延续 1 年。

G. 医疗咨询组

双方将任命两位由医学会认证的内分泌医生、一位精于综合内科的医学会认证医生以及两位精于运动医学的医学会认证医生组成医疗咨询组。医疗咨询组成员任期 1 年，从 1 月 1 日期至 12 月 31 日止。除非在每年的 10 月 31 日前一方书面通知另一方其打算撤换某一医疗咨询组成员，医疗咨询组成员的任期将自动延续 1 年。医疗咨询组负责实施第 3 部分第 I 条的相应规定。

H. 规划的年度审查

在世界级赛事系列结束的 30 日内，双方将与 IPA，药物检查官，CDT 的代表以及专家组首席讨论基于过去 1 年的发展本规划可能要进行的改变。双方对 IPA，药物检查官，CDT 代表或者专家组首席或者任何一方提供的推荐及建议有义务进行商讨采纳，并尽力在实施这些推荐及建议上达成协议。

2. 禁用物质

除了在第 3.1 条（治疗用药豁免）规定的情形外，所有球员都禁止使用、持有、销售、帮助销售、分发、帮助分发毒品性物质，增进体能性物质或者刺激剂（统称为禁用物质）。

A. 毒品性物质

联邦规制条例中药物控制计划的计划 I、计划 II 部分（简称"计划 I"或者"计划 II"）列明的所有药物及物质，皆构成本规划规定的毒品性物质，并随计划的修改而变动。但本规划第 2 部分第 C 条定义的物质将作为刺激剂而不是本规划已指明的毒品性物质。本规划所指的毒品性物质包括以下列明的物质及其类似物，按照药物控制计划分类如下：

（1）天然大麻素（如四氢大麻酚、哈希什、玛利华纳）

（2）合成四氢大麻酚以及类大麻物的合成物（如 K2 以及香草）

（3）可卡因

（4）迷幻剂

（5）麻醉剂（如羟考酮、海洛因、可待因以及吗啡）

（6）亚甲二氧亚甲基苯丙胺（MDA）

（7）亚甲二氧基甲基苯丙胺（MDMA，即摇头丸）

（8）浴盐（卡西诺酮或合成卡西诺酮）

（9）羟基丁丙脂（气体毒品，GHB）

（10）苯环定（PCP）

B. 增进体能性物质

联邦规制条例中药物控制计划的计划 III 部分列明的所有合成代谢雄性激素类固醇，以及规定于 Nos. 68-73 以下的不同种类的荷尔蒙以及抗雌激素制剂，皆构成本规划规定的增进体能性物质。且规划所列合成代谢雄性激素类固醇随计划的修改而变动。在美国，合成代谢雄性激素类固醇以及抗雌激素制剂（包括荷尔蒙）的获取及使用都不是合法的（其中包括，如变相类固醇），这些物质皆构成本规划规定的增进体能性物质不论其是否包含于计划 III。本规划规定的增进体能性物质包括但不限于以下物质：

（1）雄烯二酮

（2）雄甾二醇

（3）雄甾二酮

（4）雄甾三烯二酮（ATD）

（5）雄烯二醇

（6）雄烯二酮

（7）雄甾二烯十七酮

（8）雄烯三酮（6-OXO）

（9）勃雄二醇

（10）勃拉睾酮

（11）勃地酮

（12）1，4-雄烯二酮

（13）卡普睾酮

（14）克仑特罗

（15）氯司替勃

（16）达那唑

（17）脱氢氯甲基睾酮

（18）脱氧-甲睾酮

（19）1-双氢睾酮

（20）4-双氢睾酮

（21）屈他雄酮

（22）表双氢睾酮

（23）表睾酮

（24）乙雌烯醇

（25）氟甲睾酮

（26）甲酰勃龙

（27）夫拉扎勃

（28）13α-乙基-17a-hydroxygon-4-烯-3-酮

（29）孕三烯酮

（30）4-羟基睾酮

（31）4-羟基诺龙

（32）美雄诺龙

（33）美睾酮

（34）美雄酮

（35）甲醇

（36）甲醇（超级醇）

（37）美替诺龙

（38）甲基二烯丙醇

（39）甲诺酮

（40）甲基烯博龙

（41）甲基睾丸素

（42）甲雌三烯醇酮（美曲勃龙）

（43）米博列龙

（44）米洛膦酸盐

（45）17α-甲基-Δ1-双氢睾酮

（46）南德龙

（47）去雄烯二醇

（48）去雄烯二酮

（49）诺勃酮

（50）诺司替勃

（51）去甲孕酮

（52）羟勃龙

（53）羟雄酮

（54）羟甲睾酮

（55）羟甲基酮

（56）前列唑

（57）喹勃龙

（58）选择性雄激素受体调节剂（SARMs）

（59）司腾勃龙

（60）睾酮

（61）四氢孕酮

（62）甲氢乙三酮

（63）替勃龙

（64）特伦勃龙

（65）折仑诺

（66）齐帕特罗（瘦肉精）

（67）以上所列物质的任何盐、酯或醚

（68）（hGH）人体生长激素、促分泌剂和肽、生长激素释放素、生长激素释放肽

（69）类胰岛素生长因子，包括所有异构体（生长因子素）

（70）促性腺激素（包括促黄体生成激素和人绒毛膜促性腺激素）

（71）芳香化酶抑制剂，包括阿那曲唑、来曲唑、氨鲁米特、依西美坦、福美坦、睾内酯

（72）选择性雌激素受体调节剂，包括雷洛昔芬、他莫昔芬、托瑞米芬

（73）其他抗雌激素，克罗米芬、环芬尼、氟维司群

（74）代谢调节剂

（75）促红细胞生成剂，包括促红细胞生成素（EPO）

（76）HIF 稳定剂

C. 刺激剂

本规划规定的刺激剂包括下列物质：

（1）阿屈非尼

（2）安非拉酮

（3）阿米苯唑

（4）苯丙胺（安非他命）

（5）安非他尼

（6）甲状腺素

（7）苯氟雷司

（8）苄非他明

（9）苄基哌嗪

（10）布罗曼坦

（11）卡非多

（12）麻黄碱（去甲伪麻黄碱）

（13）氯苄雷司

（14）氯丙酰胺

（15）克罗特酰胺

（16）二甲基苯丙胺

（17）二甲基丁胺

（18）麻黄碱

（19）乙胺

（20）乙基苯丙胺

（21）乙基肾上腺素

（22）泛丙唑酮

（23）芬布曲唑

（24）芬坎法明

（25）芬乙茶碱

（26）芬氟拉明

（27）芬普雷司

（28）呋芬雷司

（29）辛胺醇

（30）异美汀

（31）甲氯芬酯

（32）美芬雷司

（33）美芬特明

（34）美芬丁胺

（35）甲基苯丙胺（甲基安非他明）

（36）甲基麻黄碱

（37）甲基己胺

（38）哌醋甲酯

（39）莫达非尼

（40）二乙基苯乙胺

（41）N 乙基一苯基二丁胺

（42）尼可刹米

（43）去甲肾上腺素

（44）诺芬氟拉明

（45）奥克巴胺

（46）奥昔洛芬

（47）佩莫林

（48）戊四唑

（49）芬特明

（50）苯丙甲胺

（51）普尼拉明

（52）普罗林坦

（53）苯甲曲秦（芬美曲秦）

（54）正己胺

（55）西布曲明

（56）氨庚烷

D. 脱氢异雄酮（DHEA）

DHEA 是禁药计划涵盖的禁用特质

E. 利尿剂和掩蔽剂

利尿剂和掩蔽剂清单（略）

F. 禁用物质的添加

规划实施期间，经双方协商可增加第 2 部分的禁用物质。除此之外，联邦药物控制计划的计划 I、计划 II、计划 III 部分增加的物质将作为毒品性物质，增进体能性物质或者刺激剂自动增添到本规划第 2 部分。

3. 检查

A. 增进体能性物质、刺激剂、DHEA、利尿剂和掩蔽剂

（1）赛季内检查：

在本规划规定的冠军赛赛季（仅为实现本规划第 3 部分之目

的，冠军赛赛季指从第 1 个春季训练的自愿申报日起至赛后季的最后 1 天），将对所有球员进行增进体能性物质、刺激剂、DHEA、利尿剂和掩蔽剂的检查：

（a）所有的球员将根据春季训练的申报而被检查。考虑到俱乐部春季体检的设备使用情况并加大 CDT 检查的可行性，第 3 部分第 A 条第 1 款第 a 项规定的尿样采集将同俱乐部的春季体检相结合。如果球员没有参加春季训练，或者在春季体验开始后未向其所在俱乐部报告，则对该球员可以任何时间进行事先未通知的尿样采集。

（b）所有的球员都将于随机选择的日期内进行事先未通知的尿样采集。

（c）在非赛季（不包括冠军赛赛季），所有的球员都将在随机选择的日期进行事先未通知的尿样采集；但非赛季尿样采集仅用于测试增进体能性物质、DHEA、利尿剂和掩蔽剂。

（2）附加的随机检查：

除了上文第 3 部分第 A 条第 1 款规定的检查措施，IPA 还应当采取以下检查措施：

（a）另增加 4800 例随机挑选球员（且其中至少 200 例是春季训练样本）且事先未通知的对增进体能性物质、刺激剂、DHEA、利尿剂和掩蔽剂的检查。

（b）另增加 350 例随机挑选球员作为非赛季样本进行检测，但非赛季仅测试增进体能性物质、DHEA、利尿剂和掩蔽剂。

每一位运动员都必须遵守本规划第 3 部分第 A 条第 2 款规定的随机检查，不论其任意一年内已经进行的检查数量。

（3）为检测 hGH 的血液采集。自 2017 年春季开始，为检测 hGH 进行生物标志物血液检测将适用于亚型血液检测。

（a）在春训期间，每位运动员都必须遵守事先无通知的血样采集。血液样本仅用于检测 hGH。

（b）在本规划第 3 部分第 A 条第 3 款第（a）目规定的检测之外，IPA 可以在冠军赛赛季进行 500 名球员的血检，每位运动员都必须遵守事先无通知的血样采集。血液样本仅用于检测 HGH。

（c）在本规划第 3 部分第 A 条第 3 款第（a）目和第（b）目规定的检测之外，IPA 可以在非赛季组织 400 例事先无通知的 HGH 随机检测。赛季外的血液样本采集将与尿样采集一起实施，而且仅用于检测 HGH。

每一位运动员都必须遵守本规划第 3 部分第 A 条第 3 款规定的随机检查，不论其任意一年内已经进行的检查数量。

（4）纵向比较方案。纵向比较方案将根据本规划第 3 部分第 A 条第 4 款为每个球员建立，该方案的唯一目的是协助蒙特利尔实验室确定哪些尿液标本应接受碳同位素比质谱（"IRMS"）分析。

（a）CDT 将为每位球员分配一个唯一的个人识别号码。球员的个人识别号码将在该球员处于方案内的时间里保持不变，且该号码仅用于本条规定的目的。CDT 不会向 IPA 以外的任何个人披露与球员姓名相对应的个人识别号码。

（b）蒙特利尔实验室将为建立一个安全、单独的数据库，用于记录每个球员的个人识别号所对应的基线睾酮/表位酮（"T/E"）比率和标准差（统称为"基线值"）。此数据库将不包含球员的任何识别信息。基线值将通过球员平均的 T/E 比值和标准化浓度的睾酮、DHEA、5a-雄二醇和 5b-雄二醇等值中获得。由于乙醇或其他物质而改变的值将不包括在球员的基线值的计算中。在确定球员的基线值之后，这些值将在滚动的基础上由医学测试官员酌情更新。

（c）蒙特利尔实验室在确定是否对尿液样本进行 IRMS 分析时，将考虑基线值与用球员个人识别号确定的测试相比较来进行决定。至于是否因任何其他原因对尿液样本进行 IRMS 分析，以及进行此类分析的原因，将由医疗检查官酌情决定。蒙特利尔实验室将被允许保存从球员职业生涯中收集的所有尿液样本的数据，以排除可能的尿液替代或操纵。

（5）IRMS 测试：

除了蒙特利尔实验室作为其标准操作实践和本规划第 3 部分第 A 条第 4 款规定的纵向比较方案进行的任何 IRMS 测试，蒙特利尔实验室或 IPA 可以随机抽取尿液样本，以确保在该方案所涵盖的每个冠军赛季，对每个球员的至少一个尿液样本进行 IRMS 分析测试。

（6）测试只能根据经科学验证有效的测试方法进行。如果一种经科学验证有效的试验方法目前还未适用于某种违禁物质，但在本规划的实施过程中被证明有效，则可以对该违禁物质使用该方法进行测试。

（7）根据本规划的规定，尿液和血样采集的时间表和时间应在 IPA 的指导下进行。

B. 毒品性物质

除依据第 3 部分第 C 条第 2 款以及第 4 部分第 A 条、第 B 条之规定，球员并不需遵循任何毒品性物质的检查。下文第 3 部分第 C 条所规定的由治疗委员会指令的检查或者根据下文第 4 部分第 B 条之规定作为治疗计划一部分的检查，可依据治疗委员会的决定作为实施检查的基础。

C. 合理原因检查

（1）增进体能性物质、刺激剂、DHEA、利尿剂和掩蔽剂：

（a）如果一方掌握相关信息使之具有合理的理由相信某位球员在过去的 12 个月内有使用、持有、销售以及分发增进体能性物质（包括人类生长激素）、刺激剂、DHEA、利尿剂和掩蔽剂，的行为，该方须以口头或书面方式提供其掌握的相关信息的说明（合理理由的通知），该球员必须服从即时的尿样或血样采集，或者由 IPA 决定的检查计划，样本采集或者检测计划应于合理理由的通知发出后的 48 小时之内尽快实施。

（b）尽管有前述规定，如果接收合理理由通知的一方对存在合理理由表示异议，该方有权在收到通知后的 48 小时内向仲裁组主席提起相关程序。仲裁组主席将决定是否存在合理理由以对该球员进行检查。直到向该仲裁组首席提起的相关程序完结之前，不会对该球员进行"具有合理理由的检查"。据任意一方的请求，该程序可以电话会议的形式召开，且须在仲裁组主席被通知存在争议后的 48 小时内完结。仲裁组主席将在程序完结的 24 小时内发布其决定。如果仲裁组主席发现存在合理的理由，检查或者检查计划将在其决定发布后的 48 小时内开始实施。

（2）毒品性物质：

（a）如果一方掌握相关信息使之具有合理的理由相信某位球员在过去的 12 个月内有使用、持有、销售以及分发毒品性物质的行为，该方须向治疗委员会发出合理理由的通知，该球员必须服从即时的检查或者由治疗委员会决定的检查计划，检查或者检查计划应于合理理由通知发出后的 48 小时之内尽快实施。

（b）尽管有前述规定，如果治疗委员会对存在合理理由的投票表决不能形成多数，第五成员将对是否存在合理理由以对该球员进行检测投出决定性的一票。直到第五成员投票之前，不会对该球员进行"具有合理理由的检测"。治疗委员会将于第五成员任命后的 48 小时内召开电话会议。第五成员将在电话会议结束的 24 小时内发布其决定。如果第五成员发现存在合理的理由，检查或者检查计划将在其决定发布后的 24 小时内开始实施。

D. 后续检查

依本规划第 7 部分第 A 条、第 B 条、第 E 条、第 F 条或第 G 条被处罚，或者因使用、持有增进体能性物质或者刺激剂而违反本规划，则必须服从由 IPA 管控的下列强制性后续检查：

（1）增进体能性物质：在导致后续检查的违规事件发生后的 12 个月内须进行 6 次事先未通知的尿检，3 次事先未通知的血检；并且在该球员之后在俱乐部 40 人名单内的每一年度，都应当进行 6 次事先未通知的尿检，3 次事先未通知的血检。但以下情形除外：仲裁小组根据第 8 部分的规定认为非基于球员的故意或重大过失而缩减了球员禁赛期。

（2）刺激剂和 DHEA：在导致后续检测的违规事件发生后的 12 个月内须进行 6 次事先未通知的检测。

后续检查系依据本规划上文第 3 部分以及下文第 4 部分的规定而实施的检查之外的检测。后续检查中的阳性检测结果将与依据本规划上文第 3 部分而实施检查中的阳性检测结果作同样处理，包括处罚方面的处理。当球员在残疾名单、限制名单或暂停名单上时，应根据本节接受后续检查。当球员因违反本规划而被列入限制名单时，IPA 应安排至少一次后续尿液和血样采集。

任何后续检查中发现的阳性结果均应视为可以用于禁赛处罚的阳性检测结果。后续检查只针对增进体能性物质刺激剂、DHEA、利尿剂和掩蔽剂，而不针对毒品性物质。

E. 采集程序及检测协议

依本规划所实施的所有检查须符合本规划采集程序和检测协议以及蒙特利尔实验室协议的规定。

F. 阳性检测结果

任何依据本规划所实施的检测于下列情形将被认为是"阳性"：

（1）除下文第 3 部分第 H 条、第 I 条以及第 8 部分第 B 条规定之情形，检测出达到采集程序及检测协议之规定标准的任意禁用物质。

（2）球员拒绝或者没有正当理由而未参加依本规划第 3 部分第

A 条、第 C 条或者第 D 条之规定而进行的检查，或者阻碍为本规划之检测而实施的样本采集。

（3）球员企图对样本进行替换、稀释、作假、掺杂或者以其他任何方式改变检测结果。

符合第 3 部分第 F 条第 2 款以及第 F 条第 3 款的情形将由 IPA 决定检测是否为"阳性"。若球员的样本中发现利尿剂或者掩蔽剂，则该球员将被再次进行检查。如果 IPA 判定该球员意图逃避对其使用禁用物质的检查，则该球员样本中发现利尿剂或者掩蔽剂的情况将作为阳性检测结果。

G. 通知

IPA 收到阳性检测结果须通知执总理事处及球员协会双方。球员协会须将阳性检测结果及时通知该球员，在任何情况下，不迟于 IPA 对双方的阳性检测结果通知的 72 小时，或者，在非典型阳性检测结果的情况下，不迟于执总理事处对球员协会通知的 72 小时。

H. 同一次使用的多次处罚

球员不需接受对同一次使用禁用物质的多次处罚。不论球员何时宣称其本规划下的阳性检测结果与其先前导致阳性检测结果（依据本规划或者棒球大联盟的小联盟药物禁止及治疗规划）因同一次使用禁用物质，IPA 须将该问题提交给药物检查官，根据其意见决定后续阳性检测结果是否源于同一次使用。药物检查官仅于其能合理确定并非源于造成初次阳性检测结果的同一次使用时，方可将后续的阳性检测结果作为对禁用物质的另一次使用。

I. 用药治疗豁免

（1）经具有正式执照的医师提供有效且医学上合理的处方，球员有权服用禁用物质并获得用药治疗豁免。球员必须提供符合为美国或加拿大所承认的药方配药剂量标准的书面医疗证明，但使用睾酮、绒毛膜促性腺激素（HCG）和氯米芬的 TUE 申请将按照作为附件 1 附于本文件的"雄激素缺乏症 / 幽门螺杆菌治疗使用豁免申请指南"的规定办理。如果该样本由对该种物质具备有效的用药治疗豁免的球员提供，在样本中发现禁用物质将不作为阳性检测结果。拥有对禁用物质用药治疗豁免的球员持有或使用该种物质不构成对本规划的违反。

（2）球员要诉诸用药治疗豁免必须通知或者使开具药方的医师通知 IPA 药方的存在。不论 IPA 何时要求，该球员都必须提供或者使开具药方的医师提供开具药方的书面证明文件。如果开具药方的医师并不具备为美国或者加拿大承认的正式执照，则 IPA 将要求该球员提供书面证明文件。对于该证明文件的任何要求，IPA 都将通知该球员以及球员协会。

（3）IPA 对新的刺激剂用药治疗豁免的申请将依据以下程序做出决定：

（a）申请用药治疗豁免的球员：（i）被具有大联盟资格认证的临床医生通过使用美国精神障碍诊断与统计手册规定的康纳斯成人注意力缺陷多动障碍诊断会谈量表（Conners' Adult ADHD Diagnostic Interview for DSM-IV，简称 CAADID），诊断出患有注意力缺陷障碍，或者被具有大联盟资格认证的临床医生诊断出因其他的神经性行为或者心理状况而需要刺激剂的治疗；（ii）为申请用药治疗豁免提交了所有相关文件。IPA 可能并不会将申请提交给专家组咨询而批准申请。IPA 可能会与该医生进行谈话，并要求提供补充信息以决定是否批准申请。如果 IPA 不准备批准该申请，则其须将该申请提交给专家组，并遵循下文第 3 部分第 I 条第 3 款第 b 项规定的程序；

（b）申请用药治疗豁免的球员并未被具有大联盟资格认证的临床医生确诊，或者依本规划上文第 3 部分第 I 条第 3 款第 a 项，IPA 不准备批准该申请，则 IPA 将于该球员提交所有相关文件之后将申请提交给专家组首席。由专家组首席将该申请分配给 1 位专家组成员。为评估申请，该专家组成员有权：（i）要求该球员或其医师提供补充信息；（ii）要求该球员的医师再进行诊断检查；（iii）要求与该球员或者其家庭成员进行谈话；或者（iv）要求由具有大联盟资格认证的临床医生对其进行评估。由专家组首席将该专家组成员关于应当批准或驳回该申请的建议报告给 IPA。如果该专家组成员建议应当驳回该申请，则该专家组成员须提供一份其相关理由的书面简要总结，包括提交给专家组的信息是否充分而得以支持诊断结果或处方药物的使用。之后，IPA 将依据下文第 3 部分第 I 条第 6 款之规定发出驳回的决定。依本规划第 9 部分第 C 条之规定该球员保留其申诉的权利。如果该专家组成员建议应当批准该用药治疗豁免，则 IPA 须批准该申请。

（4）IPA 对新的非刺激剂用药治疗豁免的申请将依据以下程序做出决定：

（a）IPA 须将新的用药治疗豁免申请提交给具备相应专业知识的医疗咨询组成员。如果医疗咨询组没有成员具备相应专业知识以评估申请，则由 IPA 将相关问题交由其选择的外界专家处理。

（b）负责该申请的医疗咨询组成员将有权：（i）要求该球员或者其医师提供补充信息；（ii）要求该球员的医师再进行诊断检查；（iii）要求与该球员进行谈话；或者（iv）要求由一位药物特殊领域的专家评估该球员。

（c）审查该申请的医疗咨询组成员将对 IPA 提出应当批准或驳回该用药治疗豁免的建议。如果该医疗咨询组成员建议应当驳回该申请，则该成员须提供一份其相关理由的书面简要总结，包括提交给该成员的信息是否充分而得以支持该球员状态的诊断或处方药物的使用。IPA 可以不采纳该医疗咨询组成员的建议，但当其作出与咨询组成员的建议相反的用药治疗豁免决定时，其必须告知执总理事处及球员协会双方并提供其不采纳该建议理由的书面简要总结。依本规划第 8 部分第 C 条之规定该球员保留其申诉的权利。

（5）IPA 有权不经/提交申请于专家组或医疗咨询组而决定是否批准现有用药治疗豁免的继续，或决定现有用药治疗豁免的终止。依本规划第 8 部分第 C 条之规定，该球员保留其申诉的权利。

（6）在驳回申请的情况下，IPA 须将其对用药治疗豁免申请的决定告知该球员以及执总理事处和球员协会双方，并向双方提交其接收的文件以及作出该决定所审查的全部实质性资料（见下文第 8 部分第 C 条第 1 款第 c 项）。球员可依本规划第 8 部分第 C 条之规定提出申诉。

（7）用药治疗豁免将从球员被通知之日，或者于开具药方的医师通知球员之日生效，在此之前，即使该药方存在，任何持有或使用禁用物质的行为都不得被豁免。被认为不符合豁免条件的球员，其认为自己符合或者曾经符合用药治疗豁免条件，因此以"没有疏忽或过失"辩护，可能不能改变其兴奋剂违规的决定；但并不排除球员为改变此种决定而提出医疗治疗证据的权利。

4. 对毒品性物质的评估和治疗

因使用或者被怀疑使用毒品性物质，球员将由治疗委员会评估治疗。在球员第一次被检测出毒品性物质阳性后，或者被发现使用或持有毒品性物质而其后又检测出毒品性物质阳性，或者有其他证据证明其使用或持有毒品性物质，则将由治疗委员会决定该球员是否违反了其治疗计划以及是否授权一个新的或修正后的治疗计划。

A. 初步评估

经阳性检测结果或者其他方式证实某球员使用或持有毒品性物质，或者被怀疑使用或持有毒品性物质，则该球员将由治疗委员会进行初步评估（初步评估）。在 40 人名单外的球员，如果毒品检测结果呈阳性，在进入 40 人名单之前应当被接受治疗委员会对其的评估。初步评估的目的是探明该球员是否需要接受治疗计划并且，如果确实需要，则根据治疗委员会的意见决定对于该球员何种类型的治疗计划是最有效的。初步评估中，至少包含一次该球员与一位或两位医药代表的会面。第一次会面之后，医疗代表可能会判定为完成初步评估有必要再进行会面或者实施医疗检查包括药物检查。

B. 治疗计划

（1）在总结初步评估，并咨询治疗小组其他成员之后，医疗代表将决定该球员是否需要接受治疗计划，并且，如果确实需要，则根据治疗委员会的意见决定何种类型的治疗计划是最有效的。为确定治疗计划，医疗代表可能会征询其他治疗医师或该领域的专家的意见，除非治疗委员会同意，否则，不得泄露该球员的姓名。治疗计划可能包含咨询、住院治疗、医院外治疗以及后续检查。

（2）治疗计划必须以书面形式由该球员签署。医疗代表必须通知该球员治疗计划的内容以及最初期限。在实施该球员治疗计划的过程中，依据该球员的进度，医疗代表可能会改变治疗计划的期限（可能延长或缩短）以及内容。治疗计划由医疗代表决定，但由医疗代表之外的人负责管理实施（包括俱乐部员工帮助计划的相关人员或者医师），但医疗代表将保持对治疗计划的整体监督。在由健康护理专业人士治疗该运动员的情形，其必须依治疗计划规定的频率，以对该球员状态的定期书面报告的标准形式详述该球员的进度并使之与治疗计划保持一致。

C. 违反治疗计划

（1）治疗委员会将对球员是否配合初步评估或者其是否遵守其治疗计划做出决定。

（2）如果治疗委员会为上述决定所做的投票不能形成多数，第五成员将投出决定性的一票。第五成员将依下文第 4 部分第 C 条第

3 款的标准做出决定。

（3）治疗委员会（包括第五成员在内），在必要的时候将依据下列标准对球员是否配合初步评估或者是否遵守其治疗计划做出决定。

（a）拒绝进行初步评估，或拒绝医疗代表要求的任何后续会议或检查，都将视作是对本规划第 4 部分第 A 条的违反。

（b）在由健康护理专业人士对其进行治疗的情况下，一直未能参加其必须应当参加的阶段，将被视作是对其治疗计划的违反。

（c）相关健康护理专业人士以状态报告的形式通知治疗委员会该球员未能遵守治疗计划，而该球员无充分的正当理由，则该球员将被推定为违反其治疗计划。

（d）如果某球员在治疗委员会对其进行评估，并且签署治疗计划后检测出毒品性物质阳性（不包括同一次使用禁用物质再次检测阳性的情况），则其有义务向治疗委员会（包括第五成员）证明，该检测结果并非由于其未能遵守其治疗计划。为决定该球员是否履行了该项义务，治疗委员会将考虑以下事项：（a）该球员阳性检测结果的历史记录；（b）对该球员进行治疗专业人士的评价；以及（c）该球员对其他治疗方式的意愿，比如住院治疗。

（4）未能配合初步评估或者未能遵守治疗计划的球员将依据本规划第 7 部分第 C 条的规定立即对其进行处罚。

D. 工资保留

球员对于其依据治疗计划而需住院治疗或者在医院外治疗而不得不出缺于俱乐部的刚开始的 30 天，有权被保留全部工资。球员对于依据治疗计划而需住院治疗或者在医院外治疗而不得不出缺于俱乐部的第 31 天到 60 天，有权被保留一半的工资。球员对于其依据治疗计划而需入院治疗或者在医院外治疗而不得不出缺于俱乐部超过 60 天的情况下，对于任何超过的部分，无权被保留工资。

5. 保密规定

球员信息的保密对于本规划的成功实施必不可少。为确保本规划运转各个方面的机密都得到保护，双方协商达成以下保密条款：

A. 定义

"保密信息"应包括以下各类信息：

（i）根据本规划第3部分对球员进行测试的所有文件或信息；

（ii）根据第3部分有关治疗用药豁免的所有文件或信息；

（iii）根据本规划第4部分球员参与治疗委员会有关的所有文件或资料；

（iv）与球员所受纪律有关的所有文件或资料；

（v）仲裁小组的决定和小组的诉讼记录（包括笔录、证物、证词和论据）；

（vi）各方从医学检测官、IPA、治疗委员会、CDT，或与规划行政当局共同协商的任何其他第三方收到的所有文件或资料；

（vii）在调查球员违反该计划的指控时发现的所有文件或资料，以及执行总裁理事处正在进行或已进行调查的事实。

"机密资料"不应包括已公开或由执行总裁理事处以外的来源（或其各自的雇员、代理人或顾问）公开的资料。

B. 禁止披露的信息

（1）除非依据下文第5部分之规定，执总理事处、球员协会、治疗委员会、IPA、药物检查官、俱乐部人事部门以及这些主体的所有成员、附属机构、调查人员、顾问以及雇员，均不得披露球员保密信息。

（2）如果基于举报球员违纪或与违纪相关，球员协会、执总理事处和球员可以向他们各自的律师（或指定代理人）、专家或潜在的证人披露机密信息。根据第5部分第B条第2款，任何一方都有负有保密的责任，任何一方泄露信息将被视为对其提供机密信息的人未经授权的披露。

（3）如果有关球员涉嫌违反除阳性检测结果以外的违规指控被除了执总理事会或俱乐部以外的消息来源而让公众知晓，执总理事会应当发表公开声明，表明正在对这一指控进行调查；球员协会也应当允许发表公开声明，表明对这一调查进行监督。除了本规划第 5 部分的规定，任何一方不得披露任何保密信息。

（4）IPA 应当根据第 5 部分第 A 条第 2 款第 f 项的规定发布相关报告，球员协会应当发布有关测试和听证情况，作为公开年报的一部分，但在年报中不得透露具体球员的姓名和特征。

C. 球员禁赛的公开披露

（1）执总理事处应当根据本规划第 7 部分公布球员的禁赛期长度、特定物质和违禁物质类别（如增进体能物质或毒品，或 DHEA），以及球员的违规行为表现，如使用、持有、销售或传播等。

（2）根据本规划第 5 部分，执总理事处不得公布根据本规划第 8 部分第 C 条第 3 款或第 D 条第 1 款进行禁赛处理的球员。但不包括以下情况：执总理事处可公开根据第 7 部分第 G 条第 2 款受纪律处分的球员的信息（这些信息已通过非执总理事处或俱乐部以外的其他信息来源公开）。

（3）执总理事处应当建立球员禁赛信息库，记录球员的禁赛日期和种类。但依据本规划第 8 部分第 C 条第 3 款或第 D 条第 1 款给予纪律处分的不计入禁赛信息库。

（4）如果据本规划第 8 部分第 C 条第 3 款或第 D 条第 1 款对球员进行指控，而仲裁小组最终没有给予纪律处分，本规划第 5 部分规定的保密信息也应当包括仲裁小组听证时的全部信息。

（5）球员俱乐部应当根据第 5 部分第 C 条规定公布球员的禁赛

期，在公布前的至少 60 分钟应当将公布文稿提交球员协会。

（6）球员有权对俱乐部的禁赛公开发布回应，但在公开发布回应前的至少 60 分钟应当把公布文稿提交俱乐部。

D. 向俱乐部的信息披露

（1）当球员被纳入治疗计划时，执总理事处应当通知球员所属俱乐部总经理。处于治疗计划中的球员的俱乐部禁止披露与球员治疗计划有关的任何信息。但如果其他俱乐部与球员所属俱乐部联系，目的是有意向签下该球员且俱乐部获得了该球员的书面同意，则可以向该俱乐部披露。

（2）治疗委员会应当向俱乐部提示，包括俱乐部的医生或训练师等，在球员治疗期间需要如何配合。

E. 对诋毁本规划相关声誉的公开回应

（1）如果球员协会、球员或球员代表发布的公开声明包含如下内容：（i）诋毁本规划的正当性与可靠性；（ii）贬低 IPA、CDT 代表、蒙特利尔实验室；（iii）执总理事处尚未公布的正在讨论的证据、仲裁中的可能抗辩、潜在证人的可信度；则执总理事会对此有权公布该球员实际的涉嫌违规行为的真实情况。但执总理事会必须基于公开上述信息将有利且必要于解决和应对以上违规言论。

（2）执总理事会的声明不得因以下原因而触发：对球员违规的笼统性指控，打算通过申诉或仲裁程序挑战纪律处分，由执总理事会发起并通过的禁用物质。除非球员协会打算根据第 5 部分第 E 条进行公开回应，否则执总理事会不得就相关内容公开发表声明。如果球员协会认为执总理事会的公开声明违反了第 5 部分第 E 条规定，球员协会可以通过如下程序请求仲裁组主席颁发禁止执总理事会公开声明的决定：

（a）球员协会应当在收到执总理事处公开声明摘要后的 60 分钟内联系仲裁组主席。仲裁组主席应在球员协会联系后两小时内安排一次电话听证会尽快解决这一问题。如果球员协会无法在收到执总理事处公开声明摘要后的 60 分钟内联系到仲裁组主席，或者仲裁组主席无法在球员协会联系后两小时内安排一次电话听证会尽快解决这一问题，双方应与候补主席联系，以确定他或她是否可以在接到此事通知后两小时内安排电话听证。

（b）仲裁组主席或候补主席应努力在电话听证会结束后立即就球员协会的申请作出裁决。一般情况下，应在电话听证会结束后一小时内作出裁决，除非特殊情况需要较长的时间（例如，需要审查大量文件等）。

（c）在仲裁组主席解决了球员协会的申请之前，执总理事处不得进行任何公开发布或回应。然而，本规划第 5 部分第 E 条的规定不能视为对执总理事处在球员协会的申请解决之后发布或公开信息的限制，但这种公开回应不得披露本条所界定的任何保密信息。

（d）如果仲裁组主席和候补主席都无法在本条规定所要求的时间范围内就球员协会的申请进行电话听证，执总理事处应发表声明解释，说明在电话听证结束之前执总理事处无法充分回应公开声明。

（3）如果执总理事处、俱乐部（或其相关雇员、代理人或顾问）发布的公开声明包含如下内容：（i）诋毁本规划的正当性与可靠性；（ii）贬低 IPA、CDT 代表、蒙特利尔实验室；（iii）执总理事处尚未公布的正在讨论的证据、仲裁中的可能抗辩、潜在证人的可信度；则球员协会对此有权公布该球员实际的涉嫌违规行为的真实情况。但球员协会必须基于公开上述信息将有利且必要于解决和应对以上违规言论。

（4）球员协会的声明不得因以下原因而触发：执总理事处作出正在对违规行为进行调查的笼统性声明或承认，基于规划正在进行的笼统性调查，由球员协会发起并通过的禁用物质。除非执总理事会打算根据第 5 部分第 E 条进行公开回应，否则球员协会不得就相关内容公开发表声明。如果执总理事会认为球员协会的公开声明违反了第 5 部分第 E 条的规定，执总理事会可以通过上条程序请求仲裁组主席颁发禁止球员协会公开声明。

F. 实施

（1）执总理事会或球员协会任何一方违反本规划第 5 部分，另一方均可根据双方签订的基本协定第 11 条提出申诉。

（2）在申诉中，申请方承担举证责任。仅仅举出媒体公开了某些机密信息但不能提供媒体获得这些信息的来源，不足以完成举证责任。

G. 保存测试记录

测试记录应按照相应程序进行收集，测试协议的文件应当按照相应规定进行保存。同时，要求所有可能接触到这些信息的主体也按照上述程序和要求进行保存。

6. 与保密信息有关诉讼的应对

（1）基于本条的目的，调查是指发出的任何传票、取得的授权令，或任何政府机构为获取与特定球员的药物测试结果有关的信息而进行的其他调查努力（而不是第 5 部分第 B 条第 4 款中引用的摘要信息）。尽管有上述规定，任何下列传票、逮捕证等行为均不视为调查：（i）由某个球员或个人发起的调查；（ii）支持上述行为的证据不足以启动相应正式程序；（iii）针对某个球员发起的调查不属于政府调查的范畴。此外，基于私主体通过民事诉讼等途径发起的诉讼也不应当视为政府调查，即使民事诉讼的传票由法院发出。

（2）任何一方在接到政府调查时都应当通知另一方。双方都应采取合法的一切必要的手段抵制政府调查，包括必要时提起诉讼。双方同意分担这些抵制所发生的费用。

（3）除非当事人同意，否则在政府调查开启后，本规划第 3 部分第 A 条第 1 款、第 2 款、第 3 款规定的检测应当中止。上述检测在政府调查撤回或双方同意之下恢复。如果一方在法庭上成功抵制了政府调查，但在上诉中被驳回，则上述检测继续中止。如果检测中止已连续 12 个月，任何一方可在此后 20 天内提出通知重新启动检测，且有效期为通知后 30 天内。

（4）当一方当事人发现有私主体试图通过民事诉讼等途径获取保密信息时，应当立即通知对方。尽管这不是政府调查，但双方都同意应当采取合法的一切必要的手段抵制这种调查，包括必要时提起诉讼。双方同意分担这些抵制所发生的费用。

（5）IPA、CDT 和蒙特利尔实验室如果发现任何企图获取球员名字、信息、基线值或与第 3 部分相关的球员个人识别信息的法律诉讼程序，应当立即向当事双方报告。上述诉讼程序一旦启动，应当立即中止本规划规定的纵向比较方案，直到诉讼撤回或终结，除非上述诉讼不会导致政府调查或双方均同意恢复纵向比较方案。如果上述诉讼企图获取其他信息，本条的规定也适用。

7. 处罚

A. 增进体能性物质违规

因增进体能性物质检测阳性，或者因使用或持有增进体能性物质而违反本规划，将按照以下规定进行处罚：

（1）第一次违规，禁赛 80 场。

（2）第二次违规，禁赛 162 场或 183 天有薪日禁赛。

（3）第三次违规，在大联盟及小联盟中终身禁赛，但是，被终身禁赛的球员在实施禁赛不少于 1 年后，可以向执行总裁提出在实际实施禁赛至少 2 年后酌情复赛。执行总裁须在提交申请后的 30 日内听取球员对复赛申请的陈述，并须于复赛申请陈述结束后的 30

日内发布其决定。球员可能会依据基本协议的第 11 条规定的申诉程序对执行总裁的复赛申请决定提出申诉。球员的申诉可能包括宣称禁赛超过 2 年是不公正的，但是，仲裁组无权将本部分第 A 条第 3 款规定的禁赛期缩减至少于 2 年的时间。

B. 刺激剂违规

因刺激剂检测阳性，或者因使用或持有刺激剂而违反本规划，将按以下规定进行处罚：

（1）第一次违规，依上文第 3 部分第 D 条第 2 款之规定进行后续检测；

（2）第二次违规，禁赛 50 场；

（3）第三次违规，禁赛 100 场；且

（4）第四次以及其后续违规，由执行总裁以正当理由在大联盟、小联盟中终身禁赛。运动员可以就该处罚向仲裁组申请裁决。按照第 7 部分第 B 条第 4 款给予终身禁赛的球员，和按照前述第 7 部分第 A 条第 3 款给予终身禁赛的球员一样，均有权寻求各种救济，要求恢复比赛资格。但按照第 7 部分第 B 条第 4 款给予终身禁赛的球员在禁赛期内不得参加春训，也不得使用俱乐部的设施。

C. DHEA 违规

因 DHEA 违规将按以下规定进行处罚：

（1）第一次违规，按照第 3 部分第 D 条第 2 款进行后续检查；

（2）第二次违规，禁赛 25 场；

（3）第三次违规，禁赛 80 场；

（4）第四次以及其后续违规，由执行总裁以正当理由在大联盟、小联盟中终身禁赛。运动员可以就该处罚向仲裁组申请裁决。无论是否有相反的或其他规定，按照第 7 部分第 C 条第 4 款给予终身禁赛的球员不得参加春训，也不得使用俱乐部的设施。

D. 违反初步评估或治疗计划

由治疗委员会决定的违反毒品性物质（不包括玛利华纳、哈希什以及合成四氢大麻酚）初步评估或者治疗计划的球员，将按本部分第 C 条的规定进行处罚。如果治疗委员会认定某球员拒绝配合其初步评估或者在由健康护理专业人士对其进行治疗的情况下，一直未能参加其必须应当参加的阶段，该球员将由执行总裁以正当理由进行处罚而不考虑下文规定的逐渐加重的处罚安排。对于所有其他违反初步评估或治疗计划的行为，亦将按以下处罚安排规定进行处罚：

（1）第一次违规，至少禁赛 15 场但不超过 25 场；

（2）第二次违规，至少禁赛 25 场但不超过 50 场；

（3）第三次违规，至少禁赛 50 场但不超过 75 场；

（4）第四次违规，至少禁赛 1 年；并且

（5）任何后续违规都将导致执行总裁对该球员实施进一步的处罚。处罚的力度将依据逐渐加重处罚的原则决定。因使用或持有玛利华纳、哈希什以及合成四氢大麻酚而处于治疗计划中的球员将不会被处以禁赛。如果治疗委员会认定因玛利华纳、哈希什以及合成四氢大麻酚而处于治疗计划的球员违反了其治疗计划将被处以逐渐加重但不超过 35 000 美元的处罚。虽有前项规定，如果治疗委员会断定某球员公然无视其治疗计划；或者其有拒绝进行初步评估、违反其治疗计划任一情形，或者治疗委员会认定该球员对玛利华纳、哈希什以及合成四氢大麻酚的使用对其他球员的安全构成威胁，该球员将由委员以正当理由进行处罚而不考虑本部分第 D 条所包含的处罚限制。另外，任何参与玛利华纳、哈希什以及合成四氢大麻酚的销售或者分发的球员将依据下文第 7 部分第 F 条的规定进行处罚。

E. 使用或持有禁用物质的罚则

球员因使用或持有禁用物质（包括阴谋或意图使用或者持有的犯罪指控）被认定或者自认有罪〔包括被告不认罪的申辩或者其他

类似申辩但不包括 ACD［Adjournment Contemplating Dismissal，是指给予被告一次机会，在判给 ACD 的当天开始数起一段时间内（通常是 6 个月到 1 年），只要被告在该段期间内不再犯规犯法，那案件就会自动撤销，不留下犯案记录］或者其他类似处理〕将按以下规定进行处罚：

（1）第一次违规，如果所涉禁用物质属于增进体能性物质，则至少禁赛 60 场但不超过 80 场；如果所涉禁用物质属于刺激剂或者毒品性物质，则至少禁赛 25 场但不超过 50 场。

（2）第二次违规，如果所涉禁用物质属于增进体能性物质，则至少禁赛 162 场或 183 个有薪日禁赛；如果所涉禁用物质属于刺激剂、DHEA 或者毒品性物质，则至少禁赛 50 场但不超过 100 场。

（3）第三次违规，如果所涉物质属于增进体能性物质，则在大联盟、小联盟中终身禁赛，但是，被终身禁赛的球员在实施禁赛不少于 1 年后，可以向执行总裁提出在实际实施禁赛至少 2 年后酌情复赛。执行总裁须在提交申请后的 30 日内听取球员对复赛申请的陈述，并须于复赛申请陈述结束后的 30 日内发布其决定。球员可能会依据基本协议第 11 条规定的申诉程序对委员的复赛申请决定提出申诉。球员的申诉可能包括宣称禁赛超过 2 年是不公正的，但是，仲裁组无权将本部分第 E 条第 3 款规定的禁赛期缩减至少于 2 年的时间；且

（4）第三次违规，如果所涉物质属于刺激剂、DHEA 或者毒品性物质，则禁赛 1 年，并且任意后续犯罪都将导致执行总裁以正当理由处以在大联盟、小联盟中终身禁赛，但该处罚可能因仲裁组的裁决而改变。

F. 参与销售或者分发禁用物质的罚则

参与销售或者分发禁用物质的球员将按照以下规定进行处罚：

（1）第一次违规，如果所涉禁用物质属于增进体能性物质，则

禁赛至少 80 场但不超过 100 场；如果所涉禁用物质属于刺激剂、DHEA 或者毒品性物质，则禁赛至少 60 场但不超过 90 场。

（2）第二次违规，如果所涉物质属于增进体能性物质，则在大联盟、小联盟中终身禁赛，但是，被终身禁赛的球员在实施禁赛不少于 1 年后，可以向执行总裁提出在实际实施禁赛至少 2 年后酌情复赛。执行总裁须在提交申请后的 30 日内听取球员对复赛申请的陈述，并须于复赛申请陈述结束后的 30 日内发布其决定。球员可能会依据基本协议的第 11 条规定的申诉程序对委员的复赛申请决定提出申诉。球员的申诉可能包括宣称禁赛超过 2 年是不公正的，但是，仲裁组无权将本部分第 E 条第 3 款规定的禁赛期缩减至少于 2 年的时间；

（3）第三次违规，如果所涉物质属于刺激剂、DHEA 或者毒品性物质，则禁赛 2 年，并且任意后续违反都将导致执行总裁以正当理由处以在大联盟、小联盟中终身禁赛，但该处罚可能因仲裁组的裁决而改变。

G. 其他违反行为

（1）为合理实施上文第 7 部分第 A 条、第 B 条规定的处罚，在 2006 年第一个春季训练自愿申报日之前报告的阳性检测结果将不作为球员在本规划中的检测阳性次数；

（2）虽然上文第 7 部分第 A 条至第 F 条并没有提及，但球员也可能因违反上文第 2 部分之规定而由执行总裁以正当理由进行处罚。

H. 禁赛

（1）为合理实施本部分之规定，禁赛所禁止球员参加的"比赛"将包括该球员原本有资格参加的冠军赛期间和赛后季的比赛，但不包括春季训练期的比赛、延长春训的比赛或者冬季附属联赛。对于合同被分配至小联盟或者已签下小联盟的球员，禁赛所禁止参加的"比赛"将包括该球员原本有资格参加的所有小联盟常规赛。球员在停赛前已经在俱乐部的正式球员名单（该术语被使用于基本协议的第 15 条第 E 款第 1 项）中，应被视为有资格参加大联盟的赛季后的比赛或平局赛。如果球员的禁赛始于赛季后（或者延伸到了赛季后），则其禁赛期将从其下一个有资格参加的"比赛"开始算起或继续计算。

（2）任何因违反本规划第 7 部分第 A 条、第 E 条、第 F 条或第 G 条第 2 款涉及增强体能性物质违规，或第 7 部分第 B 条第 3 款或第 4 款涉及刺激剂违规而被停赛的球员，应被禁止参加其禁赛期时间赛季后的比赛。如果一名球员由于违反增进体能物质计划被施以 162 场禁赛，且禁赛期第一天就是冠军赛季的第一天，也将没有资格参加任何打破僵局的比赛。禁赛所禁止参加的"比赛"将包括该球员原本有资格参加的所有小联盟常规赛，或者有机会入选 40 人名单的任何比赛。

（3）如果球员在淡季、春季训练或全明星赛之前的冠军赛季因违反该计划而被禁赛，则球员无资格入选全明星，且不能获得任何与此类选举或选拔有关的利益。

（4）除了根据第 8 部分第 B 条第 4 款减免禁赛的球员外，禁赛期的球员在禁赛期内不得参加冠军赛季的前 40 场比赛，同时也不得参加大联盟的春季训练比赛。但可以参赛没有出售门票的比赛。其在禁赛期参加的任何比赛都不能作为比赛进行积分。

（5）禁赛期的球员在禁赛期内不得参加亚利桑那州秋季联盟比赛。其在禁赛期参加的任何比赛都不能作为比赛进行积分。

（6）禁赛期的球员没有报酬。禁赛期停止支付的报酬相当于冠军赛赛季相应禁赛天数对应的报酬。在任何情况下，根据第 7 部分第 A 条、第 E 条、第 F 条或第 G 条第 2 款被禁赛 162 场的球员不得获得冠军赛赛季的任何报酬。

（7）球员股份池。（a）按照第 7 部分第 A 条（不包括仲裁小组根据下述第 8 部分第 B 条第 4 款给予减轻的禁赛期）、第 E 条、第 F 条、第 G 条第 2 款涉及提高运动物质违规而给予禁赛的球员，球员在其禁赛开始的赛季将失去以下资格：（i）自动获得根据大联盟规则 45（b）（4）规定的球员股份；（ii）根据大联盟规则 45（b）（3）对球员股份的分配进行投票；或（iii）获得球员股份的一定比例。根据大联盟第 45（b）（3）条的规定，上一句所涵盖的球员有资格获得规定美元价值的现金奖励，但现金奖励的美元价值不得超过全部股份的价值乘以分数，分数的分子是他所在的俱乐部的比赛次数减去赛季的比赛次数，分母则是冠军赛季和季后赛的总和。

（b）对于上述第 7 部分第 H 条第 5（a）款未涵盖的项目下的禁赛（包括根据第 7 部分第 A 条被仲裁小组根据下文第 8 分部第 B 条第 4 款减少的禁赛），禁赛包括其大部分季后赛比赛的球员，根据大联盟规则第 45（b）（3）条的规定，将有权获得根据《基本协议》第 10 条创建的球员股份池的全部份额，其份额应按因禁赛而错过的俱乐部常规赛比赛的比例减少。

（8）在禁赛期间，球员可根据《基本协议》第 19 条第（C）条第（1）款和第（3）款的规定，与其俱乐部的小联盟附属机构签订协议，接受相关工作任务的委派，但协议不得修改关于工资的事项，且委派任务的天数有如下限制：在 10 至 20 场比赛之间禁赛的球员，此类任务不得超过 6 天；在 21 场至 30 场之间禁赛的球员，不得超过 10 天；在 31 场至 50 场比赛之间禁赛的球员，不得超过 12 天；禁赛 51 场以上的，15 天。

I. 列入或划出限制名单

球员在依本部分而被实施禁赛的期间将被列入限制名单。依本部分之规定而被实施禁赛的球员因其违反本规划而被列入限制名单，对其相应的大联盟服务也将暂停。与大联盟规则（Major

League Rule）的第 16（a）条的规定相同，当具体的禁赛期间届满，依本部分之规定而被实施禁赛的球员将立即从限制名单上划出。

J. 小联盟处罚规则的完善

对于依据棒球大联盟的小联盟药物禁止及治疗规划（小联盟规划）而被禁赛，同时又在禁赛期结束之前被选择或列入 40 人名单的球员，将依大联盟的禁赛规则而禁赛但减少依小联盟规划而实施禁赛的剩余期限或者，根据该球员已经服务的小联盟级别的比赛数量而减轻其可能被施加的最重处罚。依小联盟规划而检测阳性的球员，或者违反小联盟规划的球员，以及在被列入为 40 人名单后被通知检测结果阳性或者违反小联盟规划的球员都将视为本规划下的检测阳性或者对本规划的违反。虽有前项规定，除处罚规则以及球员申诉权利，由本规划第 5、6、7 部分以及第 8 部分调整外，对任何发生在小联盟规划下的阳性检测结果或者违反小联盟规划的质疑将由小联盟规划的条款（包括但不限于其采集程序以及检测协议）进行调整。除本部分第 J 条之规定，出于任何目的对小联盟规划的违反将不被视作对本规划的违反。

K. 检测出多种禁用物质

（1）如果一个样本被检测出多种类别的禁用物质（增进体能性物质、刺激剂、DHEA 或者毒品性物质）阳性，该球员将适用其中规定较长禁赛的处罚，同时执总理事处将依据上文规定而公开导致其较长禁赛的具体物质和其在禁用物质的分类中所属类别。但是，如果将来出现阳性以及非典型性阳性检测结果，为对其作出适当程度的处罚，多种禁用物质检测阳性将被视作该球员因各不同种类的禁用物质阳性检测结果而被分开处罚。

（2）违反第 3 部分第 F 条第 2 款规定的球员将根据其检测历史被视作相应类别的禁用物质检测阳性并被处以禁赛幅度范围内最长

的禁赛。如果该球员后来出现该种类别的禁用物质检测阳性，或者被认为使用或持有该种类别的禁用物质，对第 3 部分第 F 条第 2 款的违反将被作为先前的违反记录。

（3）违反第 3 部分第 F 条第 3 款规定的球员将根据其检测历史被视作相应类别的禁用物质检测阳性并被处以禁赛幅度范围内最长的禁赛。如果该球员后来出现该种类别的禁用物质检测阳性，或者被认为使用或持有该种类别的禁用物质，对第 3 部分第 F 条第 3 款的违反将被作为先前的违反记录。虽如前述，如果该球员能通过明确而令人信服的证据证明其行为与其被视为检测阳性的该种禁用物质无关，则该球员将被视为对其试图逃避检测所使用的禁用物质检测阳性；如果该球员后来出现该种类别的禁用物质检测阳性，或者被认为使用或持有该种类别的禁用物质，此违规行为将被作为先前的违反记录。如果某球员能证明其乃试图逃避刺激剂或 DHEA 检测，并且其之前从未检测出刺激剂或 DHEA 阳性，则其将被处以 25场禁赛；如果该球员后来出现刺激剂或 DHEA 检测阳性，或者被认为使用或持有刺激剂或 DHEA，则该球员将被认为先前存在一次刺激剂或 DHEA 违规行为。

L. 违规行为的通知

在已经实现第 3 部分第 G 条规定的通知要求的情形下，如果某球员第二次或者后续的兴奋剂违规所涉及的物质与第一次阳性检测结果或非典型性阳性检测结果所涉及的物质乃同一禁用物质，而该违规行为发生在该球员收到对其第一次阳性检测结果或非典型性阳性检测结果的实际通知之前，且其第一次违规的处罚并没有被推翻或撤销，则该球员不会因第二次或后续违规而被处罚。

M. 特殊处罚

所有有权主体对违反本规划的球员进行处罚须与执总理事处沟通信息。俱乐部无权因球员对本规划的违反而对其进行处罚或采取不利措施（包括但不限于罚款、禁赛或球员格式合同所规定的任何不利行为）。本部分第 M 条之规定不调整下列问题：（i）俱乐部可能因球员违反本规划引起物理损伤或精神损伤，最终导致其不能向俱乐部提供服务而对球员采取不利措施；或者（ii）俱乐部可能因球员违反本规划的行为引起相应法律程序或者监禁的发生，最终导致其不能向俱乐部提供服务而扣发其薪水。

8. 申诉

A. 仲裁组审查

1. 仲裁组审查：仲裁组有权审查所有认为球员违反本规划的决定，或者依第 3 部分第 I 条规定所做决定（用药治疗豁免）。对所有有关在第 7 部分规定幅度范围内处罚程度的争议亦将由仲裁组进行审查，并且对于这类争议都将对其处罚程度是否基于正当理由进行审查，但是，仲裁组无权缩减执总理事处施加的处罚至第 7 部分为具体违反行为所确立的最轻处罚以下。

2. 仲裁：在申诉程序和仲裁程序中，球员协会和球员只能由球员协会的内部律师和/或球员协会指定的外部律师代理。执总理事处只能由执总理事处的内部律师和/或由执总理事处任命的外部律师代理。

B. 对阳性检测结果的质疑

（1）兴奋剂违规的举证责任：在任何情况下，执总理事处宣称某球员违反本规划第 3 部分第 F 条第 1 款的规定，其都将承担对下列事项的举证责任：该球员的检测结果为"阳性"（该术语已于上文定义）；该阳性检测结果是依据本规划授权的检测而获得；并且其实施符合本规划的采集程序和检测协议以及蒙特利尔实验室协议（统称为采集程序）。执总理事处并不需要证明球员使用禁用物质的意图、过错、疏忽或明知。执总理事处将通过引入药物检查官提供的认证分析，以及证实检测结果乃是由于本规划第 2 部分所定义的禁用物质所引起且该物质达到了检测协议规定的剂量，以最终证明该检测结果呈"阳性"。执总理事处可能利用第 8 部分第 C 条第 1 款第 a 项规定的诉讼文件所包含的信息证明该检测的实施（包括但不限于样本的保存）符合采集程序。

另外，在任何情况下，涉及 hGH 的阳性检测结果，执总理事处都将承担该球员血液样本中存在 hGH 的举证责任。作为履行该责任的一部分，执总理事处需要证明对该球员实施的血液检测的准确性以及可靠性。对此，球员协会以及该球员可提出任何证据，并且球员同意进行检测的协议不能作为仲裁组决定执总理事处是否履行了其举证责任的依据。执总理事处对兴奋剂违规的举证责任不包括证明该球员使用 hGH 的意图、过错、疏忽或明知。

（2）对兴奋剂违规证据的质疑：该球员可能对执总理事处一开始提出的为证明检测结果为"阳性"，或者证明检测结果的获取是依据本规划的授权检测以及检测的实施符合采集程序的证据表示质疑。

如果该球员声称检测没有遵守采集程序，执总理事处将履行其举证责任（a）通过证明检测没有偏离采集程序；（b）该种偏离乃双方或者 IPA 在个案中的授权（于 IPA 在规划授权范围内行为的情况下）；或者（c）该偏离并不影响检测的准确性即可靠性。

（3）积极抗辩：如果检测结果中出现禁用物质并非由于其过错或者疏忽，则不认为该球员违反了本规划。该球员须对这种抗辩负举证责任。球员不能通过仅仅否认其意图使用该禁用物质而作为其抗辩；该球员必须对其辩驳提供客观的证据，其中包括，可以客观证据对"阳性"检测结果的准确性或可靠性提出质疑。

（4）缓解措施：如果一名球员通过明确和令人信服的证据证明其在其测试结果中不存在显著的过失或疏忽，仲裁小组可根据第 7

部分第 A 条的规定减少禁赛，但需要遵守以下规则：（i）仲裁小组不得将第一次违规行为的处罚减至少于 30 场；（ii）仲裁小组不得将第二次违规行为的处罚减至少于 60 场；以及（iii）仲裁小组不得减少第三次违规的处罚。尽管有上述规定，如果根据第 7 部分第 A 条作出的处罚决定是基于对第 2 部分第 B 条所列的任何以下增强体能物质的阳性试验结果导致，则仲裁小组不能减轻处罚。不能减轻处罚的增强体能物质具体包括：睾酮（第 61 号）、人类生长激素（hGH）、促泌激素和肽类，包括亚历山莫林、阿拉莫林、AOD－9604、CJC-1295、生长激素释放激素（GHRH）、生长激素释放肽（GHRP）、六氢瑞林、伊巴莫仑（MK－0677）、伊帕莫林、肌抑制素抑制剂、普拉莫林、舍莫林、特萨莫林、胸腺肽 β4（TB－500）和曲普瑞林（No. 68）；绒毛膜促性腺激素（hCG）和促黄体生成激素（LH）（编号 70）；选择性雌激素受体调节剂，包括雷洛昔芬、三苯氧胺和托瑞米芬（编号 72）；其他抗雌激素，包括克罗米芬、环芬尼和富维司特（编号 73）；勃龙酮（编号 11）（及其代谢物）；南地龙（编号 46）（和代谢物）；和司他唑醇（59 号）（及其代谢产物）。此外，球员不能仅仅通过否认他故意使用了一种增强体能物质来就达到举证责任，球员必须提供客观证据来支持他的否认。

C. 对增进体能性物质阳性检测结果、第二次以及后续刺激剂或 DHEA 阳性检测结果的申诉程序

当药物检查官向 IPA 报告某球员可能出现增进体能性物质或 DHEA 检测阳性，或者第二次或后续刺激剂或 DHEA 检测阳性之时，将适用下列程序。所有关于或产生于这些程序的信息都将依上文第 5 部分以及第 6 部分进行保密。除非有本规划或仲裁组主席的授权，IPA、执总理事处以及俱乐部都不得泄露其获得的有关该程序的信息（但可以对与该申诉程序直接相关的个人或者案件中对潜

在的事实证人透漏相关信息）。

（1）根据上文第 3 部分第 G 条之规定，IPA 须将阳性检测结果立即通知双方，包括药物检查官所提供的分析认证书的复本。由球员协会将该结果报告在第 3 部分第 G 条规定的时间内通知该球员。

（a）通知双方之后，IPA 须将药物检查官提供的样本"A"的文件包根据实际情况尽快且至迟在样本"B"进行检测的前一天提交给执总理事处及球员协会双方。IPA 将指令药物检查官安排样本"B"的检测，而且该检测可能在球员代表、球员协会或者执总理事处的代表的观察下进行。没有特殊情况下，样本"B"的检测须在 7 天内完成。IPA 须将药物检查官提供的样本"B"的文件包根据实际情况尽快提交给双方。（样本"A"和样本"B"的文件包统称为"诉讼文件包"）

（b）如果球员意图引用上文第 3 部分第 H 条之规定（"同一次使用的多次违反"），则其须在收到通知后的 3 个工作日内向 IPA 提出申请。随后，IPA 将根据第 1 部分第 E 条以及第 3 部分第 H 条之规定就相关问题咨询药物检查官。药物检查官将提出其意见，并由 IPA 将该意见作为诉讼文件包的一部分提交给双方。

（c）如果就有关阳性检测结果适用上文第 3 部分第 I 条之规定（用药治疗豁免）发生争议，争议的相关信息将作为诉讼文件包的一部分收集并提交给双方。

（2）双方将在收到上文第 8 部分第 C 条第 1 款规定的所有信息后的 3 个工作日内就阳性检测结果的报告进行商议。双方讨论的内容是保密的，并不得作为该检测结果申诉程序中的理由或依据。如果双方认为该检测结果不构成规划意义上的阳性检测结果，则将对该球员进行相应通知。

（3）除非已对球员进行了上述不构成阳性检测结果的通知，在双方会议结束后（即上文第 8 部分第 C 条第 2 款所描述的会议）的第二个工作日的 5：00 p. m. ET 之前，执总理事处须通知该球员及球员协会针对该检测结果报告而对球员施加的处罚。任何禁赛都将在处罚决定发布后的第三个工作日生效实施。如果该球员或者球员协会在禁赛生效之前对其提起申诉，禁赛将被延缓直到仲裁组宣布其裁决。如果之前已出现过依据本部分第 C 条第 3 款或者第 D 条第 1 款的规定而延缓禁赛的情况，除非其之前的禁赛被推翻或撤销，其无权要求再一次延缓。

（4）任何申诉都将被自动作为向仲裁组提起的上述。在听证会之前双方仍然可以召开第二阶段会议。仲裁组将根据实际情况尽快召开听证会，没有其他正当理由，应在申诉提交后 10 日以内召开。听证会将按照程序规则组织召开，但考虑到双方的辩论情况，仲裁组主席有权适用其认为适当的程序。仲裁组主席将适用适当的程序以合理的方式控制听证的时间以在听证召开后的 25 日内宣布其裁决。仲裁组将于宣布其裁决后的 30 日内发布其书面意见。

（5）如果仲裁组维持了禁赛的决定，则应通知该球员及其所属俱乐部并且对该球员的禁赛处罚将立即开始实施。如果仲裁组裁定处罚是不合理的，申诉程序的所有相关信息都将予以保密。

（6）球员基于新发现的质疑检测结果的准确性或可靠性的科学证据，在任何时候都可以对阳性检测结果提出质疑。即使该结果先前得到仲裁组的维持，该球员仍然可以提出申诉。如果申诉应当得到支持，仲裁组为依据基本协议第 12（A）条规定对球员提供救济，可能考虑禁赛的管理机构而不是球员所属的俱乐部，且在特殊情况下仲裁组有权决定是否以裁决的方式补救以及何种程度的补救是适当的。

D. 对依据第 7 部分第 G 条第 2 款进行处罚的申诉

当执行总裁依本规划第 7 部分第 G 条第 2 款之规定，对因涉及增进体能性物质而第一次违反本规划以及因涉及刺激剂而第二次违反本规划的球员进行处罚，将适用下列程序。所有关于或产生于这些程序的信息都将依上文第 5 部分以及第 6 部分进行保密。除非有本规划或仲裁员主席的授权，IPA、执总理事处以及俱乐部都不得泄露其获得的有关该程序的信息（但可以对与该申诉程序直接相关的个人或者案件中对潜在的事实证人透漏相关信息）。如果有关某球员违反本规划的言论已经通过某种并非执总理事处或者俱乐部的渠道而公之于众，执总理事处可能公开宣布对某球员的处罚。另外，为回应该球员或其代表的可能破坏联盟团结以及基本协议、大联盟规则、本规划或双方之间的其他协议的公信力的错误或误导性的公开言论，执总理事处或俱乐部可以公开与处罚有关的信息。

（1）任何依据第 7 部分第 G 条第 2 款的规定对因涉及增进体能性物质而第一次违反本规划以及因涉及刺激剂而第二次违反本规划的球员所进行处罚，将于处罚决定发布之日起的第三个工作日开始生效。如果该球员或者球员协会在处罚生效之前对其提起申诉，处罚将被延缓直到仲裁组宣布其裁决。如果之前已出现过依据本部分第 C 条第 3 款或者第 D 条第 1 款的规定而延缓处罚的情况，除非其之前的禁赛被推翻或撤销，其无权要求再一次延缓。

（2）任何申诉都将被自动作为向仲裁组提起的上诉。在听证会之前双方仍然可以召开第二阶段会议。仲裁组将根据实际情况尽快召开听证会，没有其他正当理由，应在申诉提交后 20 日以内召开。听证会将按照程序规则组织召开，但考虑到双方的辩论情况，仲裁组主席有权适用其认为适当的程序。仲裁组主席将适用适当的程序以合理的方式控制听证的时间以在听证召开后的 25 日内宣布其裁决。仲裁组将于宣布其裁决后的 30 日内发布其书面意见。

（3）如果仲裁组维持了禁赛的决定，则应通知该球员及其所属俱乐部并且对该球员的禁赛处罚将立即开始实施。如果仲裁组裁定处罚是不合理的，作为本部分第 D 条的延伸要求，申诉程序的所有相关信息都将予以保密。

E. 其他申诉

被指控违反第 3 部分第 F 条第 2 款以及第 F 条第 3 款的行为，药物检查官依据第 3 部分第 H 条所做的决定，IPA 依据第 3 部分第 I 条所做的决定以及仲裁组对 IPA 或药物检查官所做决定的审查，都可以被提起申诉。执总理事处以及球员协会对药物检查官或 IPA 的决定是否应由仲裁组裁决不承担举证责任。

9. 教育性项目和宣传资料

根据上文第 1 部分第 A 条第 2 款第 f 项的规定，为实现本规划的目标，IPA 将在咨询双方的意见后，开展教育性项目并分发教育性宣传资料。

A. 教育性项目

IPA 和执总理事处、球员协会双方在每个赛季都会为球员开展教育性项目。教育性项目包括合理营养、训练、健身的授课，在这个方面双方和 IPA 都将积极寻求体能与训练咨询委员会的帮助。

B. 教育性宣传资料

IPA 在与双方商议后将筹备制作包含本规划相关信息的教育性宣传资料。在每个赛季的春训期间教育性资料将被分发给大联盟的所有俱乐部及球员。

10. 规划的运行费用

治疗计划中球员治疗和检测的任何费用并不包含在棒球大联盟球员福利计划（"计划"）之中，而将由该球员所属俱乐部承担。如果俱乐部无条件让处治疗计划的球员成为自由球员，则其须负担对该治疗计划中所有不能被计划所涵盖的费用直到该球员成为自由球员。所有其他依据本规划而实施检测的费用将由执总理事处承担。虽如前述，实验室的检测设备将由双方联合采购，并由各方负担因各自事务而使用设备的费用。各方将通过各自的医疗代表支付费用。

11. 第三方的权利

本规划的条款无意同时也不会创设第三方权利，包括但不限于，IPA、CDT 以及蒙特利尔实验室。

12. 期限

本规划的终止日期是 2021 年 12 月 1 日。